2級建築士受験
スーパー記憶術

新訂
第2版

100倍早く学

忘れない！

kg/m³

k cal / m²·h·℃

ass

dB

cd

原口秀昭

著

彰国社

JN022939

本書に出てくる法令・規準などの略語

法	建築基準法（本文中は、「基準法」と略した）
令	建築基準法施行令
JIS	日本産業規格
JASS	建築工事標準仕様書（日本建築学会）
昭○建告	昭和○年建設省告示
平○国交告	平成○年国土交通省告示
労安規	労働安全衛生規則
木造住宅工事仕様書	フラット35対応　木造住宅工事仕様書
木質構造設計規準	木質構造設計規準・同解説
枠組壁工法住宅工事仕様書	フラット35対応　枠組壁工法住宅工事仕様書
RC規準	鉄筋コンクリート構造計算規準（日本建築学会）
配筋指針	鉄筋コンクリート造配筋指針・同解説
S規準	鋼構造設計規準（日本建築学会）
鉄骨工事技術指針	鉄骨工事技術指針・工事現場施工編
壁規準	壁構造関係設計規準（日本建築学会）
共仕	建築工事共通仕様書（国土交通大臣官房官庁営繕部）
公仕	公共建築工事標準仕様書（国土交通大臣官房官庁営繕部）
技術規準解説書	建築物の構造関係技術基準解説書

計　計画（学科Ⅰ）
構　構造（学科Ⅲ）
施　施工（学科Ⅳ）

装丁・本文デザインフォーマット：篠原孝治
カバーイラスト原案：大熊明美
編集協力：涌井彰子

試験は暗記だ！

　私は学生時代には、構造、環境などの退屈な授業はさぼってばかりで、製図室で絵や図面ばかり描いていました。建築士試験前に構造でわからないところは構造研の友達に頭を下げて教わりに行き、法規は過去問を解きながら法令集にインデックスを貼りながら読み込んでいきました。特に暗記には非常に苦労した思い出があります。もともと暗記は超絶に苦手で苦痛を常に感じており、大学入試では2次試験で歴史、地理のない理系を受けたのも、それが主たる理由という情けない状況でした。その後も苦手な暗記を克服するために、語呂合わせや屁理屈を考えては覚えていました。

　暗記ばかりの詰め込みはよくない、思考力を鍛えるべきだ！　とはよく言われることで、ある面では正しくはあります。しかしこれから建築士として活躍すべき若者が、建築の基本事項を知らない、その場になって考えます、スマホで検索しますでは困ります。

　建築士受験の合否を左右するのは暗記です。木造各部材などの基本用語、コンクリートのスランプ値などの施工管理の数字、風力係数や換気の式などの構造や環境の公式などは、暗記していないと手も足も出ません。過去問を解いてみればすぐにわかりますが、建築士試験ではその場で考えて解ける問題は少なく、暗記していなければ解けない問題ばかりです。またその場で考えて解ける問題は、だれでも解けるのです。

暗記は語呂合わせやイメージからの連想で！

つらくてすぐに忘れてしまう棒暗記はやめて、あの手この手と工夫して覚えましょう。語呂合わせはすぐれた方法です。なぜなら新しくゼロから覚えるのではなく、すでに頭に入っている語句に関連づけられるからです。

本書では語呂合わせのほかに、指や体の部位や文字の形から連想する方法なども取り入れています。たとえばコンクリートの強度は設計基準強度、耐久設計基準強度などと、調合強度を出すまでにさまざまな強度があり、相互に関係が決められていて覚えるのは大変やっかいです。それを頭からおしりまで順にたどって覚えられるようにしました。またコンクリートの6種の検査項目を、左手のパーと右手のグーを使って覚えられるように工夫しました。基準強度は F、F_c という文字形とグラフの位置を対応させる方法をとっています。

重要度順に覚えよう！　似たものを集めて覚えよう！

いまどき英単語を、Aから順に覚える暇な受験生はいません。建築士の重要事項を出る順、重要度順に覚えるのも、英単語と一緒です。2級建築士での暗記の重要度は、木造、鉄筋コンクリート造、鉄骨造、基礎・地盤、その他工事の順。次に構造、環境、設備で、この順で暗記することによって差がつくと私は考えています。覚えて点のとれることを真っ先にやってしまうのがコツです。設計や施工の実務でも、木造、RC造、S造、基礎・地盤の基礎知識は、大いに役に立ちます。また計画は、実務でも重要な寸法、面積関係、建築史の重要建築物などを巻末に付けました。

教え子によると予備校は構造計算からはじめるところが多いようです

が、数題しか出ない計算問題ばかりに最初からエネルギーを費やすと、またその辺で劣等感をもってしまうと、その後の勉強に差し障ります。

　試験で計画、法規、構造、施工と分かれているからといって、暗記もそのように分類する必要はありません。木造各部の名称は、構造、施工でどうやって分けているのだろうと思うくらい微妙な分類です。木造、RC造などと構造別、構法別に一緒に覚えてしまう方が、能率が良く頭にも残りやすいはずです。英単語でも派生語、類似語、反意語、政治用語、経済用語などと似たものをグルーピングして覚えるなど工夫しますが、そのまねをすればよいわけです。

暗記はなるべく短期間に、なるべく多く繰り返そう！

　各項目はすべてQ＆A方式とし、繰り返しチェックしやすい構成としています。次に囲みで記憶術を入れ、なるべくイラストも付けました。その下に解説も加えています。むやみに暗記するよりも理屈を覚えた方がよい場合は、その理屈の説明や理屈から覚える記憶術も載せました。各項目には可能な限り解説、イラスト、図を載せるようにしました。

　暗記はなるべく短期間に、なるべく多く繰り返すのがポイントです。記憶のなかで、中期記憶の忘却を表す忘却曲線では、暗記したての頃は負の傾きが急で、徐々に緩やかになります。暗記してすぐのときがもっとも忘れやすいので、頭から抜ける前にすぐに繰り返すのが効果的です。1週間後に繰り返すよりも1時間後、1時間後よりも5分後に繰り返すことです。本書を電車の中やトイレ、風呂の中で見るようにすれば、毎日必ず繰り返せます。寝る前に見るようにすれば、繰り返し回数は増え、寝ている間に記憶は定着します。ちなみに私は毎日風呂で、下半身浴をしながら本を読んでいます（暗記ではないですが）。暗記はこういった短い時間を使っ

て、毎日、なるべく多く繰り返すのがポイントです。<u>体に沁み込ませるように、楽しみながら覚えていきましょう！</u>

2 級建築士受験スーパー記憶術の歴史は 25 年超！

『2 級建築士受験スーパー記憶術』は 1995 年から版を重ねて 29 年が経ちます。各々の分野についての詳しい解説は拙著「ゼロからはじめるシリーズ」で、法規については『建築士受験　建築法規スーパー解読術』で勉強されることをおすすめします。また講義動画や拙著をまとめたウェブサイト（ミカオ建築館 https://mikao-investor.com）やブログ（ミカオ建築館：https://plaza.rakuten.co.jp/mikao/）も参考にしていただければ幸いです。

本書の作成にあたり、多くの専門家のご教示、学生や読者、視聴者からの意見やアイデア、多くの専門書、ウェブサイト、2 級建築士過去問などを参考にしました。また彰国社編集部の尾関恵さんには、面倒な編集をしていただきました。本当にありがとうございました。

JASS5 が改定され、水セメント比の厳密化、高強度コンクリートの定義の変更などがあったため、本書も大幅に改訂しました。「水セメント比」は一般に普及しており、他のマニュアルでは踏襲されているので、水セメント比の後に JASS5 で変更後の用語をかっこ書きで付けることにしました。また読者から要望が寄せられた省エネ関連などの頻出事項や索引、イラスト、解説文を大幅に追加して、結果的に 32 頁増やしています。ゼロからはじめるシリーズと同様にスーパー記憶術でも、図、イラストを少しでも多く載せることを心掛けました。楽しみながら建築士の試験勉強をして、合格後の実務でも役立つ知識を身に付けていただければ幸いです。

2024 年 4 月　原口秀昭

2級建築士受験 スーパー記憶術

新訂第2版

目次

かたっぱしから
覚えるのよ！

1 木造

Q 木材は大きく分けて（　　）樹の軟木（やわぎ）（soft wood）と（　　）樹の硬木（かたぎ）（堅木、hard wood）がある 構 施

A 針葉（しんよう）、広葉（こうよう）

広　い　肩
広葉樹　　　硬木

ひろ〜い

● 広葉樹は硬木、硬材などの呼び名がある。平らで広い葉に特色があり、材質は硬い。
● 葉が落ちる落ちないで落葉樹、常緑樹という分類もある。落葉広葉樹、落葉針葉樹、常緑広葉樹、常緑針葉樹がある。
● 照葉樹林（しょうようじゅりん）とは常緑広葉樹林を主にした森林で、亜熱帯から暖温帯の多湿な地域に見られ、日本では本州南部にある。
● 広葉樹の許容応力度＞針葉樹の許容応力度
● 一般に、広葉樹の方が針葉樹より比重が大きい（重い）。

Q 軟木（針葉樹）の代表的なものは？ 構 施

A ヒノキ、スギ、マツ、ツガ、モミ

日の 過ぎるまで待つがもみ消された
ヒノキ スギ　　　　マツ　モミ
　　　　　　　　　　ツガ

● 針葉樹はまっすぐで長い材がとれるので、柱や梁によく使われる。スギは柱に、硬い マツは柱や梁に用いられる。ヒノキは腐りにくいので、土台に使われ、さらに目が少なく白 くきれいなので和室の柱にも使われる。最近では、集成材の柱の外側だけヒノキを張っ たものが多い。土台にはヒノキのほかにもヒバや、防腐材が注入された注入材も使われ る。

ついでに漢字も覚えよう。

　ヒノキ→檜
　スギ→杉
　マツ→松
　ツガ→栂　（←つがいで母になる）
　モミ→樅　（クリスマスという決まりに従う）

Q 硬木（広葉樹）の代表的なものは?
構 施

A ナラ、ブナ、カシ、クリ、ケヤキ、クヌギ

並 ぶなら「おかしのマロン ケーキ！」
ナラ ブナ　　　　カシ　クリ　ケヤキ

とくぎを刺す
クヌギ

● 広葉樹はまっすぐで長い材はとれないので、柱、梁などの構造材には向かない。し かし硬いので、家具やフローリングなどによく使われる。
● 上記のほかに、サクラ、カエデ、モミジ、ツバキなどがある。

　ナラ→楢
　ブナ→橅　（←無難）
　カシ →樫　（←カシは堅い）
　クリ →栗
　ケヤキ→欅
　クヌギ →櫟　（←くぎを使うのは楽）…カエルの手から来ている
　サクラ →桜

カエデ→楓（←かえでの葉は風で散る）…カエルの手から来ている

モミジ →椛（←花のような紅い葉）

ツバキ→椿

● 針葉樹（軟木）の樹形はクリスマスツリーを思い浮かべればよく、葉は文字通り針が集まったような形をしている。広葉樹（硬木）の樹形は丸っこい広がった形で、葉の形も丸く広い形である。年輪は針葉樹ははっきり見えるが、広葉樹はぎっしりと詰まっていて、はっきり見えないものもあり、いかにも硬いといった印象である。

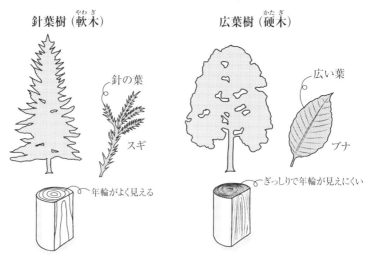

針葉樹（軟木） やわぎ

針の葉

スギ

年輪がよく見える

広葉樹（硬木） かたぎ

広い葉

ブナ

ぎっしりで年輪が見えにくい

● 室内出入り口の下枠のくつずりは、摩耗しやすいのでナラ、ブナ、ケヤキなどの広葉樹（硬木）を用いる。

Q 木材を半径方向に切ったまっすぐな目を（　　）という

構 施

A 柾目 まさめ

まっすぐな目
まさ　　　　目

● 柾目は、収縮や狂い、割れが少ない。

Q 木材を接線方向に切った曲線の目を（　　）という
構 施

A 板目

> ## 接戦 で体を痛める
> 接線方向　　　板目

● 板目は幅の広い板がとりやすいが、狂いや割れが起きやすい。
● 柾目と板目の中間を追柾（おいまさ）という。

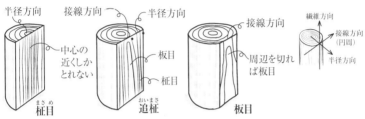

半径方向　接線方向　半径方向　接線方向　繊維方向
中心の近くしかとれない　板目　柾目　周辺を切れば板目　接線方向（円周）　半径方向
柾目（まさめ）　追柾（おいまさ）　板目

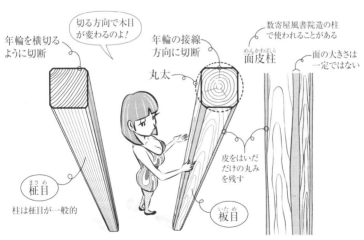

切る方向で木目が変わるのよ！
年輪を横切るように切断　年輪の接線方向に切断　数寄屋風書院造の柱で使われることがある
丸太　面皮柱（めんかわばしら）　面の大きさは一定ではない
柾目（まさめ）　皮をはいだだけの丸みを残す
柱は柾目が一般的　板目（いため）

Q **目切れとは？**
構 施

A 材の繊維方向が長さ方向に平行ではなく、木目が斜めになって途中で断ち切られていること。その材は目切れ材という

目が途中で切れた、目が斜めに入った材

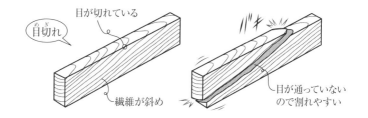

目が切れている

目切れ

繊維が斜め

目が通っていないので割れやすい

● 構造材は目切れがあると割れやすくなるので、根太などの細い材は注意が必要。プロ野球でバットが折れるのは、目切れのため。湾曲している丸太を製材すると、目切れが起こる。

Q **死節とは？**
構 施

A 枯れ枝の根元が幹の中に閉じ込められてできる、他組織とのつながりがない節

枝が死んでできた節

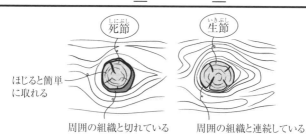

死節

生節

ほじると簡単に取れる

周囲の組織と切れている

周囲の組織と連続している

● 死節は枝が枯れた状態で幹に包み込まれてできた節。まわりの組織と連続性がなく、構造的、意匠的な欠点となる。ほじると簡単に取れてしまう。枝があるのは木としては自然なことだが、節の多い木材は構造的、意匠的に良くない。きれいな木目をつくるために、10月〜2月の木の成長の止まった時期に枝打ちして節を減らすことが行われる。

● 生節は生きた枝の根元の跡で、他組織とのつながりがある節。
● 丸身とは断面が四角にならずに、樹皮をもつ円弧状となった部分。

Q 木口、木端とは?
構 施

A 繊維と直角に切断した断面が木口、繊維と平行に切断した断面が木端

長い木の切り口	木の端の面

● 小片の意味の木端は「こっぱ」と読む。一般的な切断面は小口（こぐち）と書き、レンガや石の小口は直方体の一番小さな面を指す。

木口
繊維と直角に
切断した断面

木端
繊維と平行に
切断した断面

Q 春材は（　　）ともいい、色は（　　）、硬さは（　　）
構 施

A 早材、淡く、軟らかい

早 春 の淡くて柔らかい恋

早材 春材　　軟らかい

年輪

春材（早材）　　秋材（晩材）

● 春材は、春から夏にかけて形成された木材組織。各細胞は大きい。
● 秋材は、夏から秋にかけて形成され、晩材、夏材ともいう。細胞は小さくて密。

Q 杢目（もくめ）とは?
　[構] [施]

A 木目のうちで形の変わった装飾的価値のあるもの

木工に使える変わった木目
杢

Q 木材の芯材は辺材に比べ、強度、虫害の受けやすさは?
　[構] [施]

A 芯材は強度は大きく、虫害は受けにくい

芯は硬くて食えない！
芯材　強度大　　虫害小

芯材　　辺材

● 芯に近い方が繊維組織が密実で、強度は大きく、乾燥収縮は小さく、腐朽しにくく、虫害は受けにくい。総じて<u>芯材</u>の方が良質な材となる。

● 芯を有する<u>芯持ち材</u>は、芯材が収縮しない一方で辺材が収縮するので、割れが入ってしまう。それを防ぐため、事前に背に割れを入れるのが背割り。芯をもたない<u>芯去り材</u>は、芯持ち材よりも割れにくい。

● 辺材は色が薄く、立木の状態で含水率が高い。

	芯　材	辺　材
強　度	大	小
乾燥収縮	小	大
腐　朽	小	大
虫　害	小	大

芯材の方が良質

背割り

収縮

芯持ち材

● 土台は腐りやすいので、ヒノキ、ヒバや防腐防蟻剤を加圧注入した加圧式防腐処理木材（注入材）を使う。注入材の場合も、小口（切断面）には防腐防蟻剤を塗る必要がある。

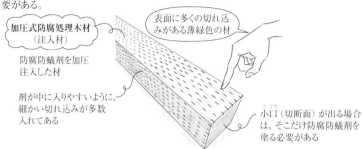

加圧式防腐処理木材（注入材）

防腐防蟻剤を加圧注入した材

剤が中に入りやすいように、細かい切れ込みが多数入れてある

表面に多くの切れ込みがある薄緑色の材

小口（切断面）が出る場合は、そこだけ防腐防蟻剤を塗る必要がある

● 木材腐朽菌は、酸素、温度、水分、栄養源の4条件がすべてそろうと繁殖する。
● 土台、柱、筋かいで地面から1m以内は防腐防蟻剤を塗る。防蟻剤には、クロルピリホスを含有するものは使用不可。人体への安全性と環境への影響を配慮した薬剤を使用し、2回塗りとする。

Q 木材は含水すると膨張、乾燥すると収縮するが、その大小を繊維の方向によって比べると？ 構

A 接線（円周）方向 ＞ 半径方向 ＞ 繊維方向

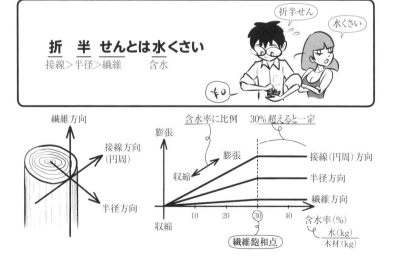

折　半 せんとは水くさい
接線＞半径＞繊維　　含水

折半せん
水くさい

繊維方向

接線方向（円周）

半径方向

膨張

含水率に比例

30%超えると一定

膨張

収縮

接線（円周）方向

半径方向

繊維方向

収縮

10　20　30　40　含水率(%)

繊維飽和点

$\dfrac{水(kg)}{木材(kg)}$

● 木材は水を含むと膨張し、乾燥すると収縮する。その大小は、接線（円周）方向＞半径方向＞繊維方向の順となる。<u>含水率が30%の繊維飽和点を超えると、ほとんど膨張、収縮しなくなる。</u>

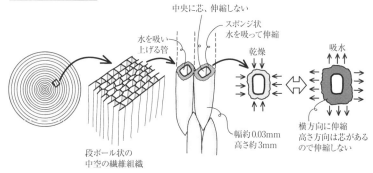

水を吸い上げる管

中央に芯、伸縮しない

スポンジ状　水を吸って伸縮

乾燥

吸水

幅約0.03mm　高さ約3mm

横方向に伸縮　高さ方向は芯があるので伸縮しない

段ボール状の中空の繊維組織

● 木材の繊維組織は、ストローを集めたような段ボール状の形をしている。各々のストローは、中央の芯、周囲のスポンジ状の部分からなる。スポンジ状の部分は、吸水、乾燥によって膨張、収縮する。長さ（高さ）方向は、芯があるので伸縮しない。そのため接線方向や半径方向に比べて、<u>繊維（高さ）方向は含水、乾燥による伸縮は小さい。</u>

Q 木材の繊維飽和点は、含水率何パーセント？
構

A 約30%

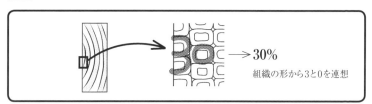

→30%

組織の形から3と0を連想

● 繊維のスポンジ状部分（細胞壁）が、水を吸ってそれ以上吸えなくなるのが繊維飽和点。それ以上水を吸うと、中空部分に水が入ることになる。繊維飽和点を超えると、含水乾燥による伸縮はしなくなる。また強度は含水によって低下するが、繊維飽和点を超えると強度は一定となる。<u>繊維飽和点を超えると、伸縮、強度ともに一定</u>と覚えておく。

Q 木材の真比重は樹種によって変わる？　一定？
[構] [施]

A ほぼ一定

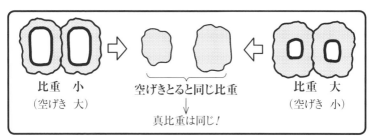

比重　小
（空げき　大）

空げきとると同じ比重
↓
真比重は同じ！

比重　大
（空げき　小）

● 木材の比重は樹種や含水率によって異なるが、空げきをとって細胞だけにした<u>細胞自体の密度、真比重はほぼ一定</u>で約 1.5g/cm³ となる。水の比重の 1g/cm³ よりも大きいので、水に沈むことになる。

Q 木材は乾燥すると、木裏は凸、凹どっちに変形する？
[構] [施]

A 凸

裏　山
木裏　凸

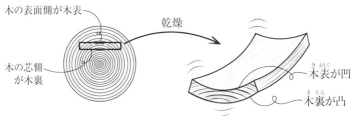

木の表面側が木表

乾燥

木の芯側が木裏

木表が凹
木裏が凸

● 木裏とは芯側、木表とは表面側の面。乾燥で一番収縮するのが接線方向【**折半せんとは水くさい**】（p.15 参照）で、年輪の接線側の繊維が一番多い木表が引っ張られて凹に、その反対側の木裏が凸に変形する。

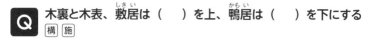

Q 木裏と木表、敷居は（　）を上、鴨居は（　）を下にする
[構] [施]

A 木表、木表

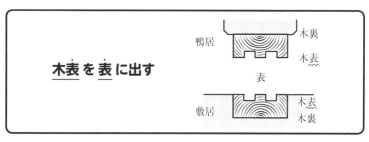

木表 を 表 に出す

鴨居　木裏　木表　表

敷居　木表　木裏

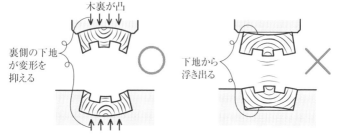

木裏が凸

裏側の下地が変形を抑える

下地から浮き出る

● 木裏側に凸になるので、凸になる側を下地側とすると、下地が変形を抑えられる。木表を下地側とすると、下地から外れる方に変形してしまう。木表、木裏と変形は頻出事項なので、確実に覚えておく。床板も同様に、木表を表（上側）とする。

Q 梁は（背、腹）を上にする
[構] [施]

A 背

折れ曲がりそう！

背を丸める方が楽！

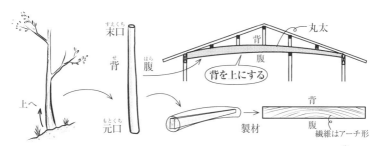

● 斜面に生えた木は上へと伸びるので、湾曲することになる。湾曲した凸側を背、凹側を腹という。また根元の方を元口、梢の方を末口と呼ぶ。丸太の場合は背を上にしてアーチ状に架けると、曲げが少し楽になる。また製材した材の場合、凸に湾曲していた側に繊維がアーチ状になるので、やはり背を上にすると曲げの力を受けやすくなる。木材は繊維方向が一番強度が大きいので、その繊維がアーチ状になるように架ける。

● 小屋梁に丸太を使う場合、細い方の末口寸法で指定し、最小断面積を確保する。元口で指定すると、末口がどれくらいの細さになるかわからない。

● 柱として使う場合は、立木と同様に元口を下、末口を上とする。立木の繊維は、重力を受け続けているため下の方（元口）が強い。

Q 大引は（腹、背）を上にする
構 施

A 腹

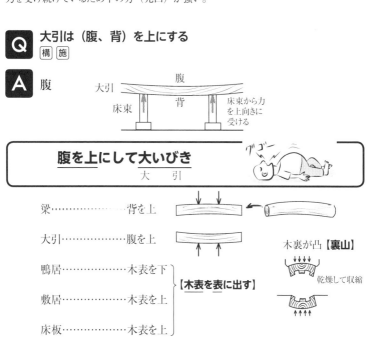

腹を上にして大いびき
大　　引

梁 …………… 背を上	
大引 ……………… 腹を上	
鴨居 ……………… 木表を下	**【木表を表に出す】**
敷居 ……………… 木表を上	
床板 ……………… 木表を上	

木裏が凸【裏山】
乾燥して収縮

● 大引の場合は、床束から上向きに力を受けるので、それを押えるように背を下にする。梁の場合は上から小屋束の重さがかかるので、それに抵抗できるように背を上にする。敷居、鴨居、床板では、乾燥して凸になる木裏を下地のある側にし、木表を表にする。梁、大引では力のかかり方で考え、敷居、鴨居、床板では乾燥時の変形の仕方で考える。

Q **梁幅が小さいとどうなる?**
構 施

A 横座屈しやすくなる

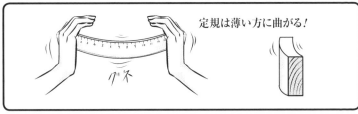

定規は薄い方に曲がる!

グネ

● 梁は上からの力で曲がらないように、断面は縦長に使う。しかし横幅が小さいと、横に湾曲する横座屈が起きやすくなる。それを防ぐには、梁幅を大きくする、小梁を梁と梁の間に入れる、厚い合板を使うなどとする。S造(鉄骨造)でも梁幅が小さいと横に座屈しやすくなるので、小梁(横補剛材)を入れるなどする。定規の両端を押すと横座屈するので、それで覚えておく。

Q **木材の強度は、含水率が大きいとどうなる?**
構 施

A 強度は小さくなる(含水率が繊維飽和点の30%より大きいと強度は一定になる)

水ぶくれ は 弱い
含水率大きい

● 含水率15%（気乾）の強度は、30%（繊維飽和点）の強度の1.5倍ある。

● 気乾とは大気の湿度と平衡状態になることで、含水率は約15%。繊維飽和とは細胞壁が水で飽和となる状態で約30%、生木はそれよりも多く、繊維の中空部に水がある状態。

● 木材の含水率が増えると強度は下がり、30%の繊維飽和点を超えると強度は一定となる。

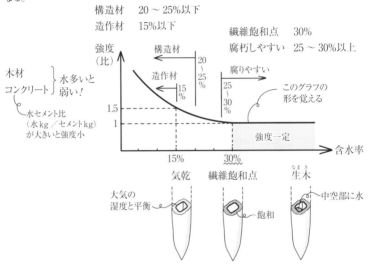

● 含水率25〜30%以上だと腐りやすい。構造材は強度を高く、腐りにくくする必要から、20〜25%以下とする。造作材（軸組以外の床板、敷居、鴨居、ドア枠、階段など）は変形しにくくする必要から15%以下。造作材は目につくので、一般に構造材よりも高価な材とする。

● コンクリートは水セメント比（水÷セメント）が大きい、すなわちセメントに対して水が多いと、強度は小さくなる。木、コンクリートともに、水が多いと強度は小さい【水ぶくれは弱い】と覚えておく。

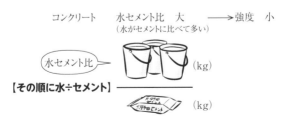

Q 木材繊維方向と強度の関係は?
構 施

A 繊維方向 > 半径方向 > 接線(円周)方向

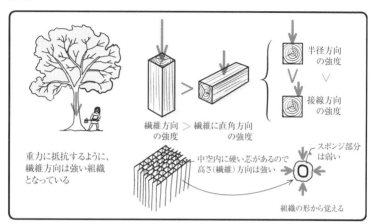

重力に抵抗するように、繊維方向は強い組織となっている

繊維方向の強度 > 繊維に直角方向の強度

半径方向の強度 ∨ 接線方向の強度

中空内に硬い芯があるので高さ(繊維)方向は強い

スポンジ部分は弱い

組織の形から覚える

● 木は重力に抵抗して立っているので、繊維方向が強いようにできており、その繊維と直角方向は強度がずっと小さくなる。繊維の中央には芯があり、その周囲のスポンジ状の部分は軟らかく壊れやすいので、そのような結果となる。直角方向の中で、芯の方向（半径方向）に力をかける方が、周辺の接線方向に力をかけるよりも強度は大きい。

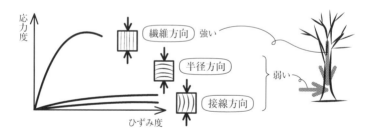

応力度

繊維方向 強い

半径方向

接線方向

弱い

ひずみ度

● 含水率による伸縮率は接線>半径>繊維、強度はその逆の接線<半径<繊維となる。要は繊維方向が一番品質が良く、半径、接線がそれに続くことになる。

Q 木材の繊維方向の基準強度を大きい順に並べると、
（　　）＞（　　）＞（　　）＞（　　）　構 施

A 曲げ　＞　圧縮　＞　引張り　＞　せん断

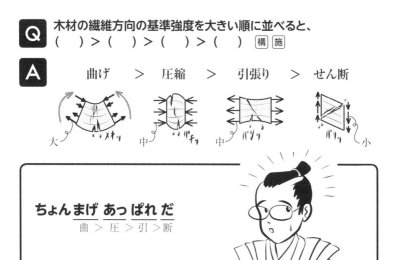

大　　　　中　　　　中　　　　小

> **ちょんまげ あっぱれ だ**
> 曲 ＞ 圧 ＞ 引 ＞ 断

令89、平12建告1452

● ほとんどの木材がこの順だが、引張り＞圧縮となる木材も少数だが存在する。

● 木材の強度はヤング係数（＝曲げヤング係数）が大きいほど大きい。ヤング係数 E とは、材料によって決まる変形しにくさを表す係数。鋼＞コンクリート＞木の順。

Q クリープとはどんな現象？　またどんな材料に起こる？
構 施

A 荷重を継続的に受けるとき、弾性範囲内で、長い時間をかけてひずみが増す現象のこと。
木材、コンクリート

> **クリープとコーヒーだけの食事では、**
> **既 婚者のうちに、長い間にひずみが起こる**
> 木　コンクリート

● 鋼にはクリープは起こらない。

● 圧縮力を受けるRC造の柱では、コンクリートがクリープによって収縮しても、鉄筋は縮まないので、鉄筋の圧縮応力が徐々に増加する。

● 弾性とはゴムやバネのように、2倍の力で2倍変形し、力を取り除くと元に戻る性質のこと。

Q 木材の引火点（火災危険温度）は約（　　）℃
構 施

A 約260℃

風呂 は 薪の火 で
260℃　　　引火点

● 木材の引火点は約260℃、自然発火点は約450℃。木材が炭化するスピードは1分間に0.6mm程度。一度炭化すると、内部への燃焼を防げる効果がある。
● 木材は紫外線で木材成分が分解し、劣化する。

Q 木を円周状にむいた薄い板を（　　）と呼ぶ
構 施

A 単板
たんばん

単パンは足のまわりに付く
単板　　　　　　円周状にむく

● 合板や集成材などに使う薄い板には、大きく分けて、円周状にむいた単板と、のこぎりでひいたひき板がある。

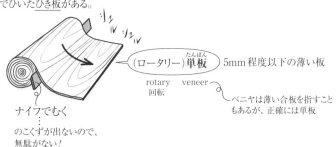

（ロータリー）単板 ← 5mm程度以下の薄い板
たんばん
rotary　veneer
回転

ベニヤは薄い合板を指すこともあるが、正確には単板

ナイフでむく
のこくずが出ないので、
無駄がない！

（挽）ひき板　のこぎりでひいた板　単板より厚め

lamina 【のこぎりでつくった寺見な!】
ラミナ

Q 単板の繊維方向を直交させて積層した板が（　　）、平行に積層させた板が（　　）［構］［施］

A 合板、LVL

> ## ラブラブで平行に重なる
> Ｌ Ｖ Ｌ

● 単板を接着剤で貼って板をつくる。繊維を直交させて重ねると合板となり、平行にして重ねるとLVLとなる。

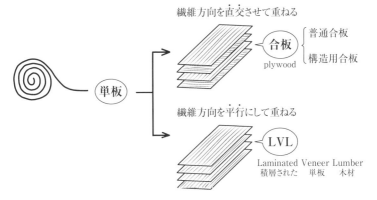

繊維方向を直交させて重ねる
合板 plywood ― 普通合板 / 構造用合板

単板

繊維方向を平行にして重ねる
LVL
Laminated Veneer Lumber
積層された　単板　木材

● 耐力壁の面材には普通合板は使用できず、構造用合板などを用いる。

Q ひき板を繊維方向を平行に積層した板が（　　）、直交させて積層した板が（　　）である ［構］［施］

A 集成材、CLT

> **く るってる　チョコを集めるなんて**
> C　L　T　　　直交

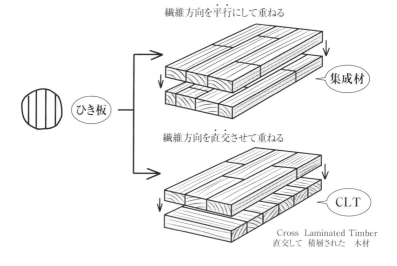

繊維方向を平行にして重ねる

集成材

ひき板

繊維方向を直交させて重ねる

CLT

Cross Laminated Timber
直交して 積層された 木材

	平行	直交
単板	LVL	合板
ひき板	集成材	CLT

● 合板、集成材は古くから使われている広く普及している材。一方LVL、CLTの横文字の材は、最近になって使われるようになった。

Q 屋外や水のかかる場所で普通合板を使う場合、（　　）類を使う
構 施

A 1類

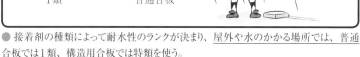

一塁 は 屋外 が 普通
1類　　　　　　　　普通合板

● 接着剤の種類によって耐水性のランクが決まり、屋外や水のかかる場所では、普通合板では1類、構造用合板では特類を使う。

耐水性　　普通合板　　[1類] ＞ 2類
　　　　　構造用合板　[特類] ＞ 1類
　　　　　　　　　　　　└─── 屋外、水のかかる場所

Q 合板などのF☆☆☆☆（エフフォースター）の意味は?
構 施

A ホルムアルデヒド発散量が少なく、使用面積の制限がない

フォスターの曲は発信が少なくなった
フォスター　　　　　　　　　発散量少ない
☆☆☆☆

● S. C. フォスターは、「夢路より」「おおスザンナ」「懐かしのケンタッキーのわが家」などで知られる作曲家。アメリカ音楽の父と呼ばれる。

● 接着剤に使われるホルムアルデヒドは、発散量によって、等級（星数）が決められていて、使用可、不可、使用面積などが指定されている。

最近発信されない…

Foster

F☆☆☆☆ → 使用制限なし
F☆☆☆、F☆☆ → 使用面積が制限される
表示なし → 使用禁止

● 接着剤に使われるホルムアルデヒド、防蟻剤に使われるクロルピリホスなどが、めまいや吐き気などのシックハウス症候群を引き起こす。ホルムアルデヒドは使用制限され、クロルピリホスは使用禁止となった。　令第20条の7第4項（発散速度≦0.005mg/m²h）

Q 構 施 パーティクルボード（particle board）とは?

A 木片（小片、チップ）に接着剤を加え、加熱圧縮成形した板

> # パーティーくるって破片だらけ
> パーティクル　　　　　　　木片

パーティクルボード

化粧材

木片
particle

● パーティクル（particle）とは小さな粒、小片のこと。
● パーティクルボードは内装の下地や家具が主な用途。構造用パーティクルボードは耐力壁にも使われる。

Q 構 施 インシュレーションボードとは?

A 軟質繊維板

繊維業界には因習がある

繊維板　　　　　インシュレーションボード

繊維板 ⎧ **軟質繊維板＝インシュレーションボード**（insulation board）
　　　　　　　　　　　　　　　　　　　　　　断熱
　　　⎨ **中質繊維板＝MDF**（Medium Density Fiberboard）
　　　　　　　　　　　　中ぐらいの　密度の　　　繊維
　　　⎩ **硬質繊維板＝ハードボード**（hard board）
　　　　　　　　　　　　　　　　　　　硬い

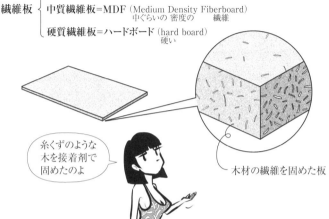

糸くずのような
木を接着剤で
固めたのよ

木材の繊維を固めた板

● 木材を繊維状にほぐして、接着剤とともに加熱圧縮成形したのが繊維板。密度の低い順にインシュレーションボード＜MDF＜ハードボードとなる。インシュレーションボードは断熱性、防音性に優れ、内壁下地、畳床などに使われる。MDF、ハードボードは内装下地、家具などに、構造用MDFは耐力壁にも使われる。

Q 1階の床組の順番は上から、床板→（　　）→（　　）→（　　）
構 施

A 根太→大引→束（床束）

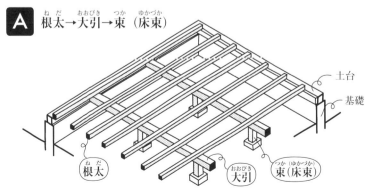

土台

基礎

根太

大引

束（床束）

ねだって帯をつかむ
　　根太　　大引 束

● 根太を「ねぶと」と読む人がいましたが、「ねだ」が正解。太い根が平行に並ぶ様を想像して覚えるとよい。
● 大きい角材を引き渡すから大引。
● 束の間とは短い間のことで、束は短い柱のこと。
床に使うのが床束、小屋（屋根）組に使うのが小屋束。

太い根が並ぶ＝根太

Q 際根太、根太掛けとは?
構 施

A 壁際の根太、端で根太を掛けるための材

際根太

土台

柱

根太掛け

壁際の根太→際根太　　根太を掛ける→根太掛け
文字の意味から覚える

● 壁際に根太がないと、そこだけ床が凹んでしまうので、必ず際根太を入れる。学生に床伏図を描かせると際根太を描かないミスが多い。また根太を土台上端よりも上に持ち上げたい場合、土台に根太掛けを打ち付け、その上に根太を載せる。際根太と根太掛けは混同されやすく、試験でもよく出題される。

Q 小屋組の順番は上から、
野地板（のじいた）→（　　）→（　　）・（　　）→（　　）→**小屋梁** 構 施

A 垂木（たるき）→母屋（もや）・棟木（むなぎ）→小屋束（こやづか）

棟木（むなぎ）
母屋（もや）
小屋束
垂木（たるき）
軒桁
小屋梁

> **たるんだ母のムネをつかむ**
> 　垂木　　母屋　棟木　小屋束

● 垂れ下がった木の枝から垂木と覚える。

● 中心となる建物を母屋（おもや）と呼ぶが、小屋組では母屋は「もや」と読む。細い子どもの材（垂木のこと）を支える母なる木と覚える。

● 屋根の頂上や稜線を棟ということから、一番上に配する材を棟木という。

● 小屋束が長くなると倒れやすいので、左右と前後に斜めに小屋筋かいを打つ。

Q 隅木（すみぎ）、振れ隅木（ふりすみぎ）とは？
構 施

A 隅棟を支える材が隅木、45°をなさない隅木が振れ隅木。

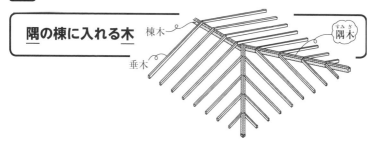

> **隅の棟に入れる木**

棟木
隅木（すみぎ）
垂木

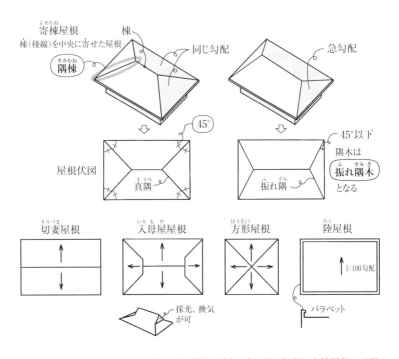

● 寄棟屋根の隅棟を支える棟木のような材を<u>隅木</u>という。同じ勾配の寄棟屋根では隅棟の方向は45°の角度をなし、<u>真隅</u>という。妻側が異なる勾配だと隅棟の方向は45°とはならず、<u>振れ隅</u>となる。振れ隅の場合の隅木を、<u>振れ隅木</u>という。

Q	**飛び梁とは?** 構 施

A	寄棟屋根の隅木などを支えるために、梁から梁に架ける小梁

梁から梁に飛ばす小梁

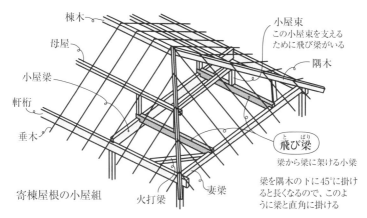

棟木

母屋

小屋梁

軒桁

垂木

小屋束
この小屋束を支える
ために飛び梁がいる

隅木

(と) (ばり)
飛び梁
梁から梁に架ける小梁

梁を隅木の下に45°に掛け
ると長くなるので、このよ
うに梁と直角に掛ける

寄棟屋根の小屋組

火打梁

妻梁

● ゴシックの教会で、アーチが開こうとするのを両脇から抑えるフライングバットレスの和訳として、飛び梁といわれることもある。

Q 天井板を支える細長い部材は何という?
構 施

A (の) (ぶち)
野縁

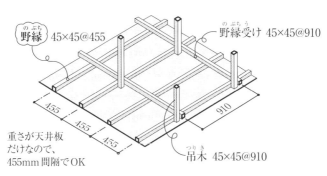

(の) (ぶち)
野縁 45×45@455

(の) (ぶち) (う)
野縁受け 45×45@910

455 455 455

910

重さが天井板
だけなので、
455mm間隔でOK

(つり) (き)
吊木 45×45@910

裏に隠れた	細い棒
野	縁

● 野縁には薄い天井板の重さしかかからないので、455mm間隔でかまわない。野縁の「野」は隠れた、下地のという意味。野地板は屋根の下地板、野垂木は隠れた垂木で、化粧垂木の上に小屋裏に隠して入れる垂木を指すことが多い。そのような小屋裏の構造をもつ屋根を、野屋根という。野縁の「縁」は細い棒を指すことがあり、押え縁は外装の板などを押さえる細い棒のこと。

 根太、垂木、野縁の継手はどうする?
施

A 根太は受け材芯で突き付けて釘打ち、垂木は受け材上でそぎ継ぎで釘打ち、野縁は野縁受けとの交差部を避けて両面添え板当て釘打ちとする。継手位置はどれも乱に配置する

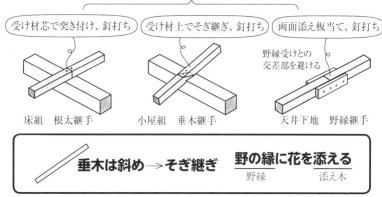

継手は乱に配置…位置をそろえると構造的弱点となる

受け材芯で突き付け、釘打ち / 受け材上でそぎ継ぎ、釘打ち / 両面添え板当て、釘打ち

野縁受けとの交差部を避ける

床組　根太継手　　　　小屋組　垂木継手　　　　天井下地　野縁継手

垂木は斜め → そぎ継ぎ　**野の縁に花を添える**
野縁　　添え木

JASS11

● 継手位置は乱に配する。鉄筋の継手位置も必ずずらす。また板を根太などに張る場合、目地を通さないように互い違い（千鳥）に張り、板の長手方向は根太などの方向と直交するようにする。レンガを積む場合、目地を通す（いも目地）のでは

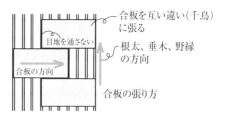

合板を互い違い（千鳥）に張る

目地を通さない

根太、垂木、野縁の方向

合板の方向

合板の張り方

なく、互い違い（馬目地）に積む方法が昔から行われている。これらはみな力を1カ所に集中しないように、目が通って壊れやすくならないようにした工夫である。

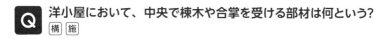

Q 洋小屋において、中央で棟木や合掌を受ける部材は何という?
構 施

A 真束 (キングポスト)

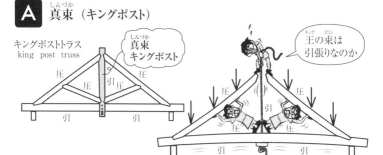

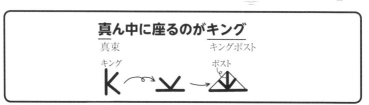

真ん中に座るのがキング

● 和小屋は小屋梁の上に小屋束を載せて屋根を支えるので、小屋梁には曲げ応力がかかる。一方洋小屋は3角形のトラスとするので、陸梁(ろくばり)には引張り応力がかかる。開いた本を棒で支えるのが和小屋、糸を張って支えるのが洋小屋。洋小屋は明治時代に伝わり、レンガ造の工場や倉庫で使われたが、大工が慣れていなかったため、一般の家屋には普及しなかった。

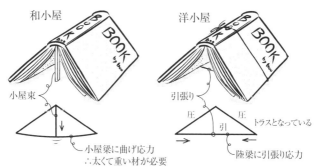

Q 転び止めとは?
[構] [施]

A 洋小屋の合掌の上で、母屋が移動、回転しないように打つ材

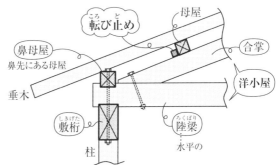

- 転び止め
- 母屋
- 合掌
- 鼻母屋
  鼻先にある母屋
- 洋小屋
- 垂木
- 陸梁
  水平の
- 敷桁
- 柱

母 が 転ばないように支える
母屋 　　　　　転び止め

● 転び止めのほかに、鼻母屋、敷桁、合掌、陸梁もしっかり覚えておく（頻出）。

Q 火打とは?
[構] [施]

A 床組が平行四辺形にならないように、隅に斜めに入れる材のこと

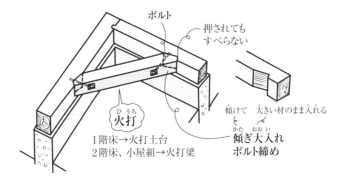

- ボルト
- 押されても
  すべらない
- 火打
  1階床→火打土台
  2階床、小屋組→火打梁
- 傾けて　大きい材のまま入れる
  傾ぎ大入れ
  ボルト締め

床組の形から火を連想

● 1階床では火打土台、2階床や小屋組では火打梁ともいう。押されてもすべらないように傾いた彫込みをした傾ぎ大入れボルト締めとする。鋼製の火打金物もある。厚さが24、28、30mmなどの構造用合板を張る根太レス工法（根太を使わない床組）の場合は、それだけで水平面は固くなるので、火打は省略できる。

Q 柱と水平材が平行四辺形にならないように、材の中間から中間に斜めに入れる材は？ 構 施

A 方杖（ほうづえ）

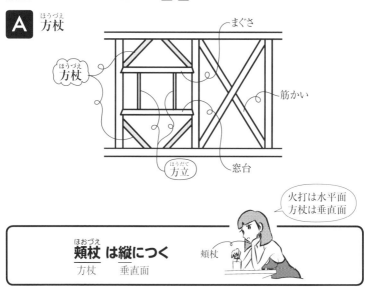

火打は水平面
方杖は垂直面

頬杖（ほおづえ）は縦につく
方杖　　垂直面

● 方杖を柱に直接付けると、柱に曲げモーメントが強くかかって壊れる可能性があるので、補強のために添え板や添え柱を付けることがある。窓の左右に立てる方立と似ているので注意。

Q 窓や出入口の開口上部に渡す水平材を何という?
構 施

A まぐさ

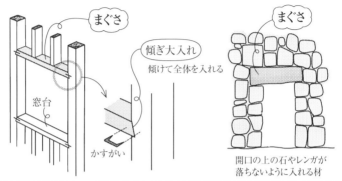

まぐさ

傾ぎ大入れ
傾けて全体を入れる

まぐさ

窓台

かすがい

開口の上の石やレンガが
落ちないように入れる材

窓の上にグサッと差す
ま　　ぐさ　　傾ぎ大入れ

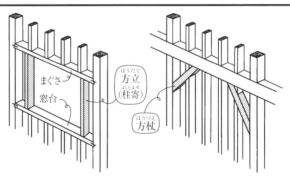

まぐさ
窓台

方立（柱寄）
ほうだて（はしらよせ）

方杖
ほうづえ

● 開口の左右に付ける縦材が方立。材の中間から中間に斜めに付けるのが方杖。間違いやすいので区別して覚えておく。

Q 地貫、内法貫とは?
じぬき　うちのりぬき
構 施

A 地貫は、最下部で柱を貫き通す薄くて幅の狭い板。内法貫は内法の高さで柱を貫き通す薄くて幅の狭い板

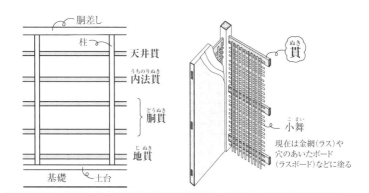

地面の近くで柱を貫く → 地貫
内法の高さで柱を貫く → 内法貫

● 柱を貫く平べったい板を、文字通り貫という。下から地貫、胴貫、内法貫、天井貫と呼ぶ。内法とは敷居から鴨居の高さを指し、内法高ともいう。また内側から内側までの有効寸法を内法、内法寸法、外側から外側までの寸法を外法、外法寸法と呼ぶ。

● 貫は鎌倉時代に大仏殿をつくる際に導入された大仏様で使われ、柱の倒れを防ぐ役割があった。その後、壁の中に貫を隠して入れて構造補強をするほかに、壁仕上げ材を支える役も担うようになる。近代に入って筋かいが使われるようになり、貫の使用は減ってきている。

Q 胴縁とは?
構 施

A 壁の板を付けるための細い材

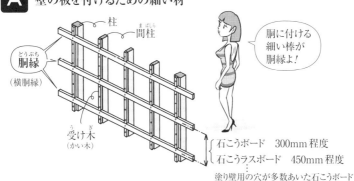

胴に付ける
細い棒が
胴縁よ!

石こうボード　300mm程度
石こうラスボード　450mm程度
塗り壁用の穴が多数あいた石こうボード

壁の胴に付ける細い棒
胴　　　　　縁

● 胴縁を打たずに、石こうボードを柱と間柱に直接取り付けることも実際は多い。縁は物の周縁部のことだが、外装材を押さえる細い棒を押縁などといい、縁は細い棒を指すこともある。外装材の下地には、通気胴縁という通気のために外装材を浮かす縦胴縁を打つことが多い。

● 胴縁は、石こうボードでは300mm程度間隔、石こうラスボードでは450mm程度間隔に入れる。

Q 階段の踏み板（段板）を支える桁を何という？
構 施

A ぎざぎざの形のものはささら桁、直線状の形のものは側桁

ぎざぎざした桁がささら桁よ！

ささら桁

側桁

踏み板、段板

ぎ ざ ぎ ざ ⇨ ささ ⇨ ささら

● ささらとは棒に溝を彫った楽器で、ささら桁の名はそのぎざぎざの形から来ている。側桁は、踏み板の側面に付ける桁からこのように呼ばれる。

Q 軒先の垂木の上に打つ横木は何という？
構 施

A 広小舞、淀

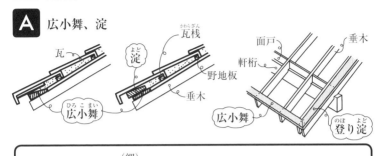

瓦
瓦桟
淀（よど）
野地板
垂木
広小舞（ひろこまい）

面戸
軒桁
垂木
広小舞
登り淀（のぼりよど）

幅広（はばひろ）のこまい板（細）　淀川に水が集まる
　広　小舞　　　　　　　　軒先

● 土壁の下地として竹や細い木材を縦横に組んだものを小舞（木舞）と呼ぶ。そのほかに、垂木の上に垂木に直交させて打つ細い桟も小舞という。軒先の小舞は幅広の材を使うので、広小舞と呼ばれる。垂木が横に振れたり反ったりしないようにするほかに、軒先の化粧ともなっている。瓦は前後で羽重ねして段々の形とするが、軒先では下の瓦がないので、角度を調整するためにも広小舞が必要となる。瓦の先をさらに持ち上げたい場合は、淀と呼ばれる小さな材を広小舞の上に付ける。妻側の屋根側面の端部（けらば）に付ける材は、登り淀と呼ばれる。

Q 垂木を母屋、軒桁に留める金物は？
構 施

A ひねり金物、折曲げ金物、くら金物

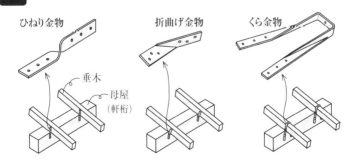

ひねり金物　　　折曲げ金物　　　くら金物
垂木
母屋（軒桁）

直交する面 → ひねる か 折り曲げる
ひねり金物　　　折曲げ金物

● 屋根面の上に風が通ると、飛行機の羽根と同じ原理で上に持ち上げられる。また軒が出ていると、下からも持ち上げられる。台風の強い風で垂木が外れないように、金物でしっかりと母屋、軒桁に留める。直交する面に留めるので、金物はひねるか折り曲げる必要がある。そのためひねり金物、折曲げ金物となる。また馬の鞍（くら）のように垂木にまたいで載せるくら金物は、より強固に留めることができる。

持ち上げる

Q 軒桁の上で垂木の間にできる隙間をふさぐ板を何という？
構 施

A 面戸（めんど）（面戸板）

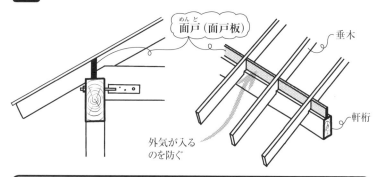

面戸（めんど）（面戸板）

垂木

軒桁

外気が入るのを防ぐ

隙間に面で戸をする

● 垂木と垂木の間に面戸を挟むと、垂木の転び止めにもなる。

Q 垂木の端部（木口）を隠す板、妻面で母屋の端部や垂木側面を隠す板を何という？ 構 施

A 鼻隠し（鼻隠し板）、破風（破風板）

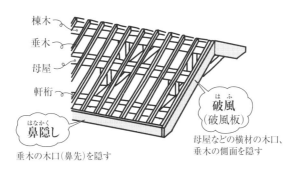

棟木
垂木
母屋
軒桁

破風
（破風板）
母屋などの横材の木口、
垂木の側面を隠す

鼻隠し
垂木の木口（鼻先）を隠す

垂木の鼻先を隠す板	先頭（妻面）で風を破る板
<u>鼻</u>　<u>隠し</u>	<u>破風</u>

● 母屋のうち軒先に近いものを鼻母屋という。軒桁の上に梁を掛け、さらにその上に母屋を置く場合、その母屋を鼻母屋という。洋小屋でよく使われる。

Q 雨押えとは？ 構 施

A 屋根端部の立ち上がり部に、雨水が壁内に入らないように打つ板。

上からふたをして雨を押え込む

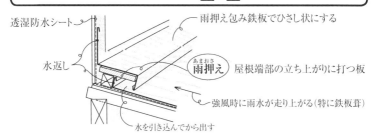

透湿防水シート

水返し

雨押え包み鉄板でひさし状にする

雨押え 屋根端部の立ち上がりに打つ板

強風時に雨水が走り上がる（特に鉄板葺）

水を引き込んでから出す

● 雨押えは雨が漏りやすい立ち上がり部に打つ板で、屋根端部を段状にして鉄板で包んで雨が壁内に入らないようにする。

Q 和室の壁面で、鴨居の上などに付ける水平の化粧材は何という? 構 施

A 長押

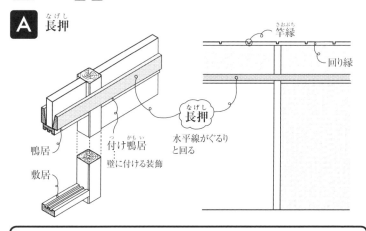

竿縁

回り縁

長押

水平線がぐるりと回る

鴨居

付け鴨居

壁に付ける装飾

敷居

長い材を柱に押し付ける

● 鴨居の上に付ける一般的な長押が内法長押、回り縁の下に付けるのが天井長押、内法長押と天井長押の間の壁に付けるのがあり壁長押という。天井長押、あり壁長押は、天井高の高い部屋で使われる特殊な長押。

Q 溝のない敷居、鴨居などの横材を何という? 構 施

A 無目

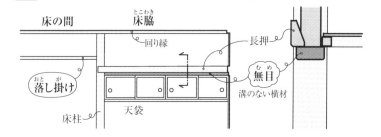

床の間

床脇

回り縁

長押

無目

落し掛け

溝のない横材

床柱

天袋

目地が無い横材

(溝)

無目

● 溝のない横材は、ぬめ（滑）がなまって無目となった。溝のない鴨居を無目鴨居、溝のない敷居を無目敷居といい、両者ともに略して無目ともいう。床脇の長押の下の横材は、溝がないので無目となる。

● 床の間の上に掛ける溝のない横材は落し掛けという。【天井から落して掛ける】

Q 壁と床の角を納める材は?
構 施

A 真壁造（和室）では畳寄、大壁造（洋室）では幅木。床の間や押入れでは雑巾摺

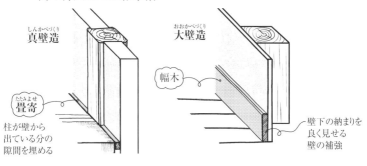

真壁造

畳寄
柱が壁から
出ている分の
隙間を埋める

大壁造

幅木

壁下の納まりを
良く見せる
壁の補強

床の間
押入れ

雑巾摺

畳を寄せるための棒	幅をもった板	雑巾がすれる棒
畳寄	幅木	雑巾摺

Q 壁と天井の角を納める材は？
[構] [施]

A 回り縁（まわりぶち）

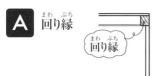
回り縁

回り縁
天井長押

目透し回り縁（めすかし）

天井の縁をぐるっと回る
回り縁

● 回り縁を2段にした場合は、下の材を天井長押という。回り縁を付けずに目地をあけて目透し（めすか）で納めるのは、目透し回り縁という。

Q 目透し目地の裏に付ける幅の狭い板は何という？
[構] [施]

A 敷目板（しきめいた）

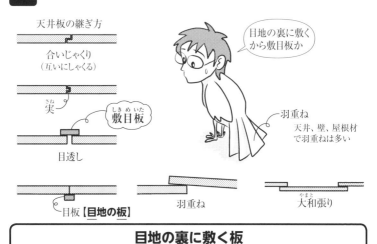

天井板の継ぎ方

合いじゃくり
（互いにしゃくる）

実（さね）

敷目板（しきめいた）

目透し

目地の裏に敷く
から敷目板か

羽重ね
天井、壁、屋根材
で羽重ねは多い

目板【目地の板】

羽重ね

大和張り（やまと）

目地の裏に敷く板
敷目板

● 天井板の継ぎ方には、互いにしゃくる合いじゃくり、先端を細くして差し込む実、目地を透かして裏に敷目板を付ける目透し、目地の前に細長い板を付ける目板、鳥の羽のように重ねる羽重ね、互い違いにして重ねる大和張りなどがある。羽重ねは雨仕舞が良いため、外壁、屋根によく使われる。和室のもっとも一般的な天井は、細い棒（竿、縁）の上に薄い板を載せる竿縁天井。

Q 床板を継ぐにはどうする？
構 施

A 本実継ぎ、雇い実継ぎなどとする

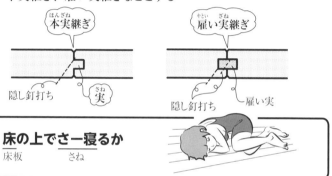

本実継ぎ

雇い実継ぎ

隠し釘打ち　実

隠し釘打ち　雇い実

床の上でさー寝るか
床板　　　　さね

Q 框とは？

構 施

A 床の段差部分で、上の床端部に入れる化粧の横材。建具の四周を固める枠材

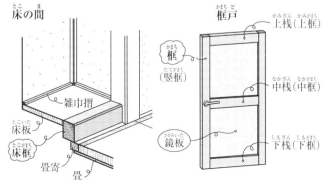

床の間

雑巾摺

床板

床框

畳寄

畳

框戸

上桟（上框）

框
（竪框）

中桟（中框）

鏡板

下桟（下框）

上段に座る王の形から框を連想

● 床の間端部に付けるのは床框、玄関の上がりに付けるのは上がり框。建具の框は縦枠を指し、横枠は桟と呼ぶことが多い。そのほかに畳の短辺を框という。

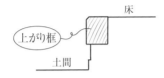

Q 海老束とは?
構 施

A 床脇の違い棚で、上と下の棚を連結する縦材

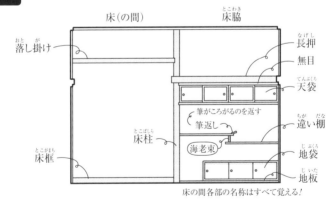

床の間各部の名称はすべて覚える!

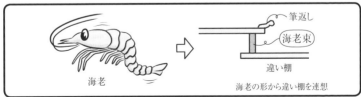

海老の形から違い棚を連想

048

● 短い時間を束の間というように、短い柱のことを束という。小屋組に使う束を<u>小屋束</u>（こやづか）、床組に使う束を<u>床束</u>（ゆかづか）と呼ぶ。

● 床の間に向かって側面の壁に設ける障子を付けた出窓は<u>（付け）書院</u>という。

Q 柱を横材に留める仕口（しぐち）はどうする？
構 施

A ほぞ差しの上、短冊金物、山形プレート、ホールダウン金物などの金物を打つ

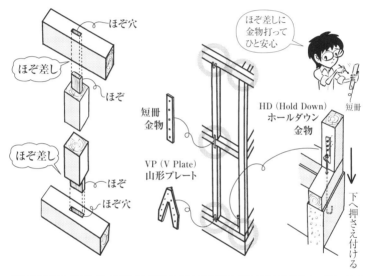

ほぞ穴

ほぞ差し

ほぞ

ほぞ差し

ほぞ

ほぞ穴

短冊金物

VP（V Plate）山形プレート

ほぞ差しに金物打ってひと安心

HD（Hold Down）ホールダウン金物

短冊

下へ押さえ付ける

先を細くして差す
ほぞ　　　　　差し

● 部材を同じ方向に継ぐ接合部が<u>継手</u>、違う方向の部材の接合部を<u>仕口</u>という。

● <u>ほぞ差し</u>をしないと、横からの力によってずれてしまう。また金物を打たないと、引張りで抜けてしまう。引き寄せる力のもっとも強い金物はホールダウン金物（引寄せ金物）である。1階柱の下でホールダウン金物を使うと、柱を土台ではなくコンクリートの基礎に直接引き付けることができる。また2階と1階の<u>管柱</u>（くだばしら）（1階分の長さの柱）同士を、ホールダウン金物でつなげることができる。

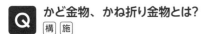

Q かど金物、かね折り金物とは?
構 施

A L形、T形の金物がかど金物。直角に折り曲げた金物がかね折り金物

かど金物

かね折り金物
（矩）
直角

矩とは直角
のことなのか

直角に折る
↓
矩折り

直角に折る ──→ かね折り
（矩）

矩 グネ

● 矩計図とは、地面と直角方向、矩の方向を計る図で、断面詳細図を指す。かど金物、かね折り金物は、混同しやすくひっかけ問題に頻出するのでここでしっかり覚えておく。

Q 土台の継手は?
構 施

A 腰掛けあり継ぎ、腰掛け鎌継ぎなどとする

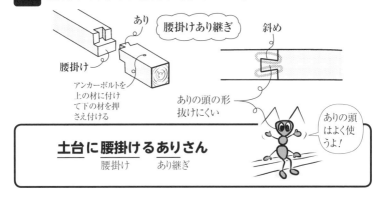

あり

腰掛けあり継ぎ

腰掛け

アンカーボルトを
上の材に付け
て下の材を押
さえ付ける

斜め

ありの頭の形
抜けにくい

ありの頭
はよく使
うよ!

土台に腰掛けるありさん
腰掛け　　あり継ぎ

● 腰掛けにするのは、上の材（上木）の方をアンカーボルトで締め付けることで、下の材（下木）を押さえ付けることができるから。ありの頭や鎌の形にするのは、抜けにくくするため。継手は、差し込む側の男木と差し込まれる側の女木からなり、上下に外れないように、引張りで抜けないように、長い伝統の中でさまざまな形がつくられてきた。

Q 小屋梁と軒桁の仕口は?
構 施

A かぶとあり掛け、羽子板ボルト締めなどとする

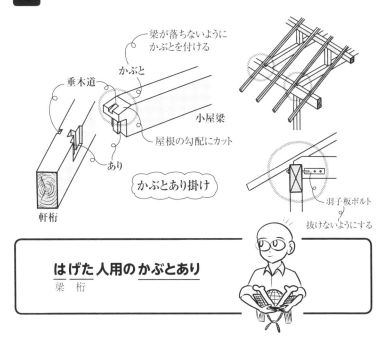

はげた 人用の かぶとあり
梁　　桁

● ありは台形状の抜けないようにする仕口。かぶとは梁が落ちないように上に載せる仕口で、屋根勾配に合わせてカットし、垂木の通る垂木道（垂木彫り、垂木欠き）を彫る。さらに羽子板ボルトで引っ張って抜けないようにする。小さな梁ならば大入れあり掛けでも留めることができる。

Q 曲げモーメントがかかる大断面の桁、梁、胴差しの継手は？
構 施

A 追掛け大栓継ぎなどとする

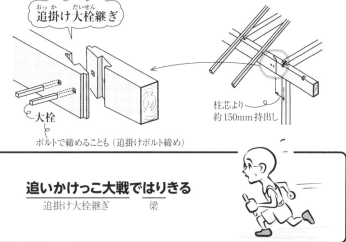

追掛け大栓継ぎ

大栓

柱芯より約150mm持出し

ボルトで締めることも（追掛けボルト締め）

追いかけっこ大戦ではりきる
追掛け大栓継ぎ　　　梁

● 桁、梁、胴差しなどの継手は、追掛け大栓継ぎや金輪継ぎなどを使う。柱の上は曲げモーメントが大きいので、継手位置は柱芯から約150mm持ち出す。相互にすべり勾配をもたせることで、押し引きの際に材が横へとずれようとし、それによってさらに固く締まる継手である。斜めにすると、先を細く梁側を太くして、壊れにくくなる効果もある。「追掛け」は、同じ形を引き続きつくって組み合わせることから来ている。

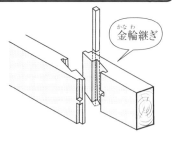

金輪継ぎ

● 金輪継ぎは追掛け大栓継ぎの先の部分をT字形（ ）にした、金物で輪を掛けたように強い継手。**【金輪継ぎにはかなわない！】** 金輪継ぎは柱の継手にも使われる。

Q 大引、棟、母屋、桁、梁の継手位置は?
[構] [施]

A 柱芯（束心）より150mm程度持ち出し、曲げモーメントが大きい点を避ける

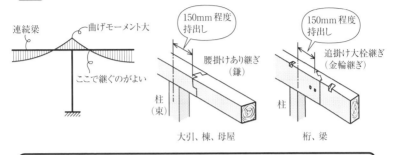

連続梁

曲げモーメント大

ここで継ぐのがよい

150mm程度持出し

腰掛けあり継ぎ（鎌）

柱（束）

大引、棟、母屋

150mm程度持出し

追掛け大栓継ぎ（金輪継ぎ）

柱

桁、梁

$$\boxed{\text{柱の上は } \mathbf{M}\,\text{（曲げモーメント）が大} \longrightarrow \text{柱芯から150mm持出し}}$$

● 継手位置を横でそろえると構造的に弱くなるので、集中しないように分散させる。

Q 小屋梁を受け材の上で継ぐには?
[構] [施]

A 末口150φ以上では台持ち継ぎ、150φ未満では斜め相欠き継ぎの上ボルト締め

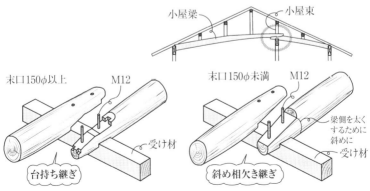

小屋梁

小屋束

末口150φ以上　　M12

受け材

台持ち継ぎ

末口150φ未満　　M12

梁側を太くするために斜めに

受け材

斜め相欠き継ぎ

末口：木の先端側の小径　　M12：メートルねじ径12mm

台で上の材を持つ
台　　　　　持ち継ぎ

● 梁は柱や受け材から約150mm持ち出して追掛け大栓継ぎ、金輪継ぎとするが、小屋梁を受け材の上で継ぐ場合、受け材の上で台持ち継ぎ、斜め相欠き継ぎとする。

Q 通し柱と胴差しの仕口は?
構 施

A 傾ぎ大入れ（短）ほぞ差し
かた　おお　い　　　　たん

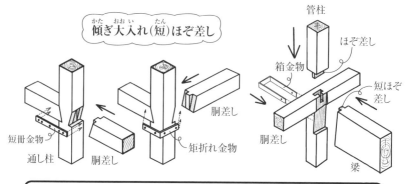

傾ぎ大入れ（短）ほぞ差し
かた　おお　い　　　たん

短冊金物

通し柱　　胴差し

胴差し

矩折れ金物

管柱

箱金物

ほぞ差し

短ほぞ差し

胴差し

梁

傾けて断面が大きいまま入れる　先を細くして差す
傾ぎ　　　　大　　　入れ　　　　　ほぞ　　差し

● 傾ぎ大入れほぞ差しは、傾けて材の大きさごと入れることで下に落ちないようにし、ほぞを差すことで左右に動かないようにしている。差した後に短冊金物、かね折れ金物、箱金物などの金物で留めて、抜けないようにする。

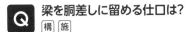

Q 梁を胴差しに留める仕口は？
[構] [施]

A 大入れあり掛け

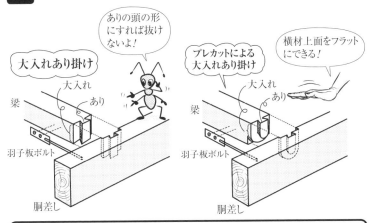

「ありの頭の形にすれば抜けないよ！」

大入れあり掛け
大入れ
梁
あり
羽子板ボルト
胴差し

「プレカットによる大入れあり掛け」

大入れ
梁
あり
羽子板ボルト
胴差し

「横材上面をフラットにできる！」

> ## 断面が大きいまま入れて、ありの頭で引っ掛ける
> 大入れ　　　　　　　　　　　　あり掛け

● 断面が大きいまま入れるので大入れ、ありの頭の形を引っ掛けるのであり掛け、合わせて大入れあり掛けとなる。さらに羽子板ボルトで留めて抜けないようにする。梁と胴差しの上端をフラットにできるので、24、28mmなどの厚板を釘打ちして面剛性をつくる<u>根太レス工法</u>（根太を使わない工法）でよく使われる。

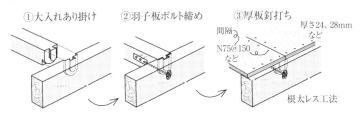

①大入れあり掛け　②羽子板ボルト締め　③厚板釘打ち

厚さ24、28mmなど
間隔
N75@150など

根太レス工法

● プレカットとは工場で事前に（pre）カット（cut）した仕口、継手のこと。形に丸みがあり、手彫りよりも耐力がある。

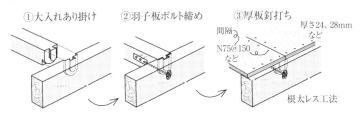

Q 根太の間隔は?
　構　施

A 洋室は約303mm、和室は約455mm間隔

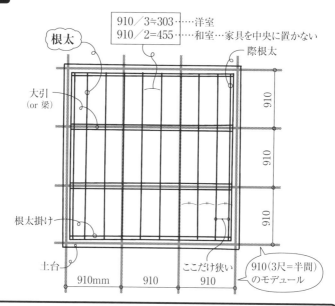

910／3≒303·····洋室
910／2＝455·····和室···家具を中央に置かない

根太

大引
(or 梁)

際根太

根太掛け

土台

910mm　910　910

ここだけ狭い

910（3尺＝半間）
のモデュール

910

910

910

910mm/3≒303mm　　910mm/2＝455mm

● 木造は一般に、3尺（3×303）≒910mmのモデュールでつくられる。910mmの3分割の303mmが根太の間隔となるが、和室の場合は中央付近に家具を置かないので、455mm間隔としても可能である。モデュールの910mmの3分割の303mm、2分割の455mmと覚えておく。3尺、6尺、間などについては、拙著『ゼロからはじめる［木造建築］入門』を参照のこと。

● 910/3≒303で芯−芯で割ると、部屋の隅では間隔が狭くなる。隅は家具を置くことが多いのでそのままでもOK。現場で内−内寸法で割って、きっちり等間隔にすることもある。

Q 床組において、根太、梁、胴差しの上端高さが同じ場合、根太の間隔は? 構 施

A 約455mmでも可能

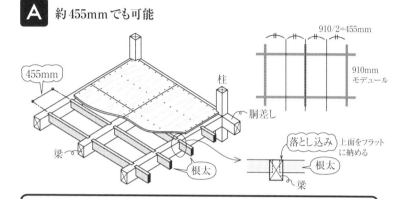

910/2=455mm

455mm

柱

胴差し

梁

根太

落とし込み 上面をフラットに納める

根太

梁

910mm
モデュール

上面フラット ⇨ 梁も重さを支える ⇨ 455mmで可能

転ばし 根太 梁

半欠き(渡りあご)

落とし込み

梁、胴差し上面がフラット

床倍率 小 < 床倍率 中 < 床倍率 大

床が平行四辺形
に変形しやすい

床が平行四辺形
に変形しにくい

● 梁や胴差しの上端をそろえると、梁、胴差しも床の重さを支えることができ、また合板を釘打ちすると床が平行四辺形に変形しにくくなる(水平剛性が大)。そのため根太間隔は455mmでも可能となる。(公財)日本住宅・木材技術センターの「木造軸組工法住宅の許容応力度設計」によると、厚さ12mm以上の構造用合板を張る場合、根太を落とし込むと根太間隔が500mm以下で床倍率は1.4、根太を落とし込まずに梁の上に載せると床倍率は0.7とされている。床倍率とは壁倍率と同じで、一定の力によって一定の変形をするときを倍率1とした場合の各床の数値。合板の厚み、根太上端の位置、根太間隔によって、床の構造的な強度が違ってくる。<u>根太の間隔は、基本は1尺の303mm間隔、和室や落とし込んでフラットにした場合は455mm間隔でも可</u>と覚えておく。実務では根太は303mm間隔が無難。

Q 厚さ24mm以上の合板を張り、根太を使わない根太レス工法の場合、梁、小梁、胴差しの間隔は？ 構 施

A 縦横ともに約910mm間隔

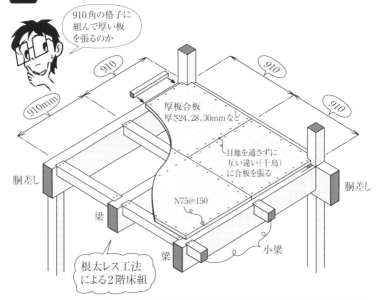

910角の格子に組んで厚い板を張るのか

厚板合板
厚さ24、28、30mmなど

目地を通さずに互い違い（千鳥）に合板を張る

N75@150

胴差し

梁

梁　　　小梁

根太レス工法による2階床組

厚板 ⟹ 910mmモジュールで支えられる

● 24mm厚以上の合板の四周に75mmの長さの釘を150mm以下ピッチで打つ（N75@150以下）と、床倍率は4倍となり、45°の火打を打たなくても平行四辺形になりにくい水平面となる。梁などの水平材は床板が24mm厚以上あれば、910mmモジュールのままの正方形グリッドに並べれば、根太は不要となる。厚板は、24、28、30mmなどが使われる。

根太	転ばし	303mm間隔（和室は445mmでも可）
根太	落とし込み	455mm間隔
根太レス		910mm間隔

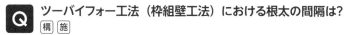

Q ツーバイフォー工法（枠組壁工法）における根太の間隔は？
[構] [施]

A 455mm間隔（規定では650mm以下）

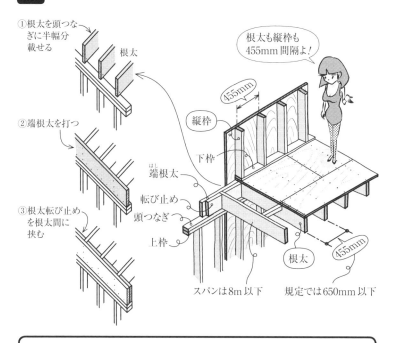

①根太を頭つなぎに半幅分載せる

根太

根太も縦枠も455mm間隔よ！

②端根太を打つ

455mm

縦枠

下枠

端根太

転び止め

頭つなぎ

上枠

③根太転び止めを根太間に挟む

根太

455mm

スパンは8m以下　　規定では650mm以下

$$910/2=455mm \implies 根太、縦枠とも455mm間隔$$

● ツーバイフォー工法の根太は、壁から壁に渡すような、ほとんど梁のような掛け方をする。根太端部を壁に、壁の半幅分だけ載せ、根太と根太の間に転び止めを挟む独特な掛け方である。根太も壁に使う縦枠も455mm間隔に入れる。この根太の上に合板、下に石こうボードなどを張る。合板の釘打ちで平行四辺形になるのを防ぐ（面剛性をつくる）やり方は、現在の火打梁を使わない根太レス工法に応用されている。

Q 床下地の構造用合板の厚さは?
[構] [施]

A 根太間隔が303mm、455mmでは、厚さは12mm以上
根太レス工法で大引、梁、小梁、胴差しの間隔が910mmでは、
厚さは24mm以上

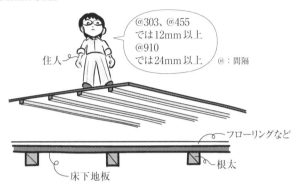

@303、@455
では12mm以上
@910
では24mm以上

@：間隔

住人

フローリングなど

床下地板

根太

住人 の 重さを支える 床板

×2 { 12mm以上
24mm以上

● パーティクルボードで根太間隔が303mm、455mmの場合は、構造用合板よりも強度が弱いので厚さは15mm以上とする。【パーティーくるってイチゴケーキを踏んづける】
パーティクルボード　　　15mm以上　　　　　　床

Q 木造軸組工法の建方精度は?
[施]

A 垂直、水平ともに1/1000以下

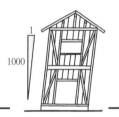

1
1000

建 方 精 度

センイチ → 1000分の1

Q 壁量計算はどうする？
[構]

A 各階、各方向において、(実際の壁の長さ)×(壁倍率) を合計する

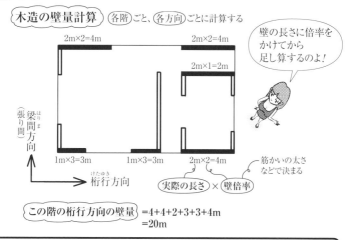

木造の壁量計算 各階ごと、各方向ごとに計算する

壁の長さに倍率をかけてから足し算するのよ！

2m×2=4m   2m×2=4m

2m×1=2m

梁間方向（張り間）

桁行方向

1m×3=3m   1m×3=3m   2m×2=4m

筋かいの太さなどで決まる

実際の長さ × 壁倍率

この階の桁行方向の壁量 ＝4+4+2+3+3+4m
＝20m

$$(実際の長さ)×(倍率)の合計 \begin{cases} 各階 \\ 各方向 \end{cases}$$

令46

● 壁は横力で平行四辺形に崩れようとするが、筋かいや合板がそれに抵抗する。<u>壁倍率は、筋かいの太さや合板の打ち方などの構造に対する効き具合で、建築基準法で2倍、3倍などとその値が決められている</u>。実際の長さは1mでも、壁倍率が3倍あれば、壁量計算は3mで行う。壁量は実際の壁の長さの合計ではなく、壁倍率をかけた、壁の効き具合を含んだ構造的な長さとなる。<u>壁量の計算は各階ごとに、x y方向（桁行方向、梁間方向）ごとに行う</u>。この壁量計算は厳密な応力計算ではなく、簡易計算である。

● 構造に対する効き具合とは、具体的には、<u>長さ1mの壁に200kgf（1960N＝1.96kN）の力をかけた場合に1/120（rad）の角度（層間変形角）の変形が生じる場合を倍率1としている</u>。壁倍率2ならば2×200kgf＝400kgfで1/120まで傾き、壁倍率3ならば3×200kgf＝600kgfで1/120まで傾く。筋かい、合板などの各仕様で実験によって、壁倍率が決められている。1.96kNの値は、軸組工法でも枠組壁工法でも同じ。

【<u>壁を変形させるのはひと苦労！</u>】
1 . 9 6 k N

Q 構

必要壁量はどのように計算する?

A 地震力に対する必要壁量=床面積×係数
風圧力に対する必要壁量=見付面積×係数

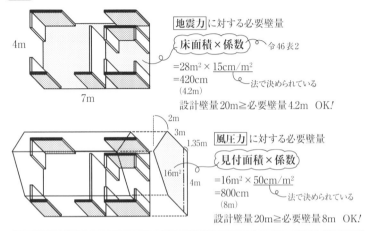

4m

7m

地震力に対する必要壁量

床面積×係数 — 令46表2

=28m² × 15cm/m² — 法で決められている
=420cm
(4.2m)

設計壁量20m≧必要壁量4.2m OK!

2m
3m
1.35m
16m²
4m

風圧力に対する必要壁量

見付面積×係数

=16m² × 50cm/m² — 法で決められている
=800cm
(8m)

設計壁量20m≧必要壁量8m OK!

地震力は質量にかかる ⟶ 床面積×係数
風圧力は立面にかかる ⟶ 見付面積×係数

令46

質量が大きいと
地震力は大きくなる

風を受ける面

支える壁

● 地震力=質量×地震加速度なので、質量が大きいと地震力も大きくなる。質量をすべて足し算で出すのは大変なので、質量は床面積に比例すると考えて、床面積に係数をかけることで概算する。重い屋根と軽い屋根で質量が大きく異なるので、建築基準法の必要壁量の表では、屋根の仕上げによって2種類に分けられている。<u>風荷重=風圧力×見付面積</u>なので、見付面積に係数をかけることで概算する。<u>床面から1.35mから上の面積を見付面積とする</u>。1.35mは、階高を2.7mとした場合の半分の高さから上の部分として定められている(実際の階高は2.7mよりも高いことが多い)。階高の半分の高さで水平に切断して、その上にかかる水平力(層せん断力)を考えるので、1.35mが採用されている。<u>風圧力を支える壁は、風を受ける面と直角の方向の壁となるので注意する</u>。

必要壁量は建築物の階数に関係する?
構

A 地震力に対する必要壁量は建築物の階数が多いほど大きくなるが、風圧力に対する必要壁量は建築物の階数に関係しない

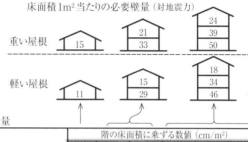

床面積1m²当たりの必要壁量（対地震力）

地震力に対する必要壁量

建築物	階の床面積に乗ずる数値（cm/m²）					
	平屋	2階建の1階	2階建の2階	3階建の1階	3階建の2階	3階建の3階
重い屋根（瓦葺等）の建物	15	33	21	50	39	24
軽い屋根（スレート、金属板等）の建物	11	29	15	46	34	18

1階が一番力を受ける

軟弱地盤の場合は1.5倍

風圧力に対する必要壁量

	区域	見付面積に乗ずる数値（cm/m²）
(1)	特定行政庁がその地方における過去の風の記録を考慮して指定する区域	50を超え75以下の範囲で、特定行政庁が定める数値
(2)	(1)に掲げる区域以外の区域	50

風はこれだけ！

(令46)

風 は これ だけ
50cm/m²

● 地震力は階数が多いほど上に重さが積み重なるので地震力が大きくなる。そのため必要壁量は3階建ての場合が一番大きい。また軟弱地盤では震度が大きくなるので、必要壁量は1.5倍となることも覚えておく。風圧力は1〜3階程度では階数であまり変わらないので、特別に風が強い区域以外は風圧力に対する必要壁量は50cm/m²と一定となる。

Q 壁量の左右、上下のバランスを見るにはどうする?
[構]

A 左右、上下1/4の側端（そくたん）部分（ぶぶん）にある壁量を比較する

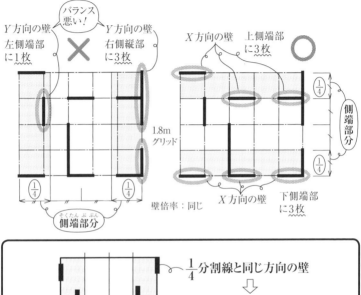

平12告示

● 壁は中央部にあるよりも、周辺部にある方が建物全体がねじれにくくなる。周縁部にある壁が左右、上下でバランス良く配置されていなければならない。そのため1/4の側端部分の壁量を比較する。側端部分に1/4分割線と同じ方向の壁がどれくらいあるかを数え、左右、上下を比較する。上の例では、左図では左が1枚、右が3枚でバランスが悪い。右図では上が3枚、下が3枚でバランスが良い。

● 2級建築士の多くの問題では、左右、上下の壁の長さを比較すればどれが不適当かがわかる。1級建築士の問題では、次の壁量充足率、壁率比の計算が必要となるケースもある。

Q 壁量充足率、壁率比の求め方はどうする？
構

 A ①側端部分の**存在壁量**を出す（側端部分：平面の両端から1/4の部分）
②側端部分の**必要壁量**を出す
③壁量充足率を**存在壁量／必要壁量**で出す
④壁率比をX、Y方向で壁量充足率の**小さい方／大きい方**で出す

存在 が 必要！　　　小学校 と 大学

存　　　必　　→　　$\dfrac{存}{必}$　　→　　$\dfrac{小さい方}{大きい方}$

平12告示

● 壁のバランスを見るための規定。建物の周辺部に壁がバランス良くあると、ねじれにくい。偏心率≦0.3（0.15の倍）あればこの計算は不要だが、偏心率計算の方が大変。

【十五夜に変身！】
0.15　偏心率

● 偏心率は固さの中心である剛心が、重さの中心である重心からどれくらい離れているかを示す率。

● 壁率比は両方向とも0.5以上。上下、左右のバランスの規定。ただし壁量充足率が両側端ともに1を超える場合はその必要がない。

● 計算例

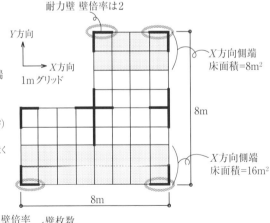

耐力壁 壁倍率は2

Y方向
X方向
1mグリッド

X方向側端
床面積=8m²

8m

X方向側端
床面積=16m²

8m

存：存在壁量
必：必要壁量
充：壁量充足率
X上：X方向上部側端
　　　以下同様
長さの単位：cm
必要壁量 a（cm/m²）
⋮
分母分子で消えるのでaと置く

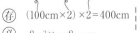

実長　壁倍率　壁枚数

X上　存　$(100\text{cm}×2)×2=400\text{cm}$
　　　必　$8\text{m}^2×a=8a$ cm
充足率 存／必 $\dfrac{400}{8a}=\dfrac{50}{a}$

Y右　存　$(100\text{cm}×2)×4=800\text{cm}$
　　　必　$16\text{m}^2×a=16a$ cm
充足率 存／必 $\dfrac{800}{16a}=\dfrac{50}{a}$

$\boxed{X\text{下}}$　　$\textcircled{存}$　$(100\text{cm}×2)×2=400\text{cm}$ 　┊　$\boxed{Y\text{左}}$　　$\textcircled{存}$　$(100\text{cm}×2)×2=400\text{cm}$

$\qquad\qquad\textcircled{必}$　$16\text{m}^2×a=16a$ cm 　┊　$\qquad\qquad\textcircled{必}$　$8\text{m}^2×a=8a$ cm

充足率 $\textcircled{存}\diagup\textcircled{必}$　$\dfrac{400}{16a}=\dfrac{25}{a}$ 　┊　充足率 $\textcircled{存}\diagup\textcircled{必}$　$\dfrac{400}{8a}=\dfrac{50}{a}$

$\boxed{X\text{方向の壁率比}}=\dfrac{\textcircled{充}\text{小}}{\textcircled{充}\text{大}}=\dfrac{\frac{25}{\cancel{a}}}{\frac{50}{\cancel{a}}}=\underline{0.5}$ 　　$\boxed{Y\text{方向の壁率比}}=\dfrac{\textcircled{充}\text{小}}{\textcircled{充}\text{大}}=\dfrac{\frac{50}{\cancel{a}}}{\frac{50}{\cancel{a}}}=1$

計算手順　① $\textcircled{存}$ =(壁の長さ×倍率)×枚数(cm)

　　　　　② $\textcircled{必}$ = $\left(\dfrac{1}{4}\text{部分の床面積}\right)×a$ (cm)

　　　　　③ 充足率= $\dfrac{\textcircled{存}}{\textcircled{必}}$ 　**【存在が必要!】**

　　　　　④ 壁率比= $\dfrac{\textcircled{充}\text{小}}{\textcircled{充}\text{大}}$ 　**【小学校と大学】**　$\boxed{≧0.5\text{を確認}}$

Q 耐力壁の上下の位置はどうする?
[構]

A 上下重ねるか、市松配置とする

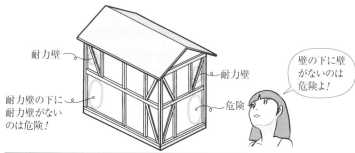

耐力壁

耐力壁

耐力壁の下に
耐力壁がない
のは危険!

危険

壁の下に壁
がないのは
危険よ!

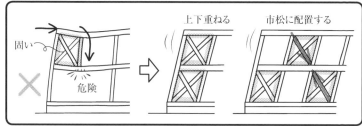

固い

危険

上下重ねる　　市松に配置する

● 地震や風の水平力が下階にうまく伝わるように、耐力壁を上下重ねるか市松に配置する。

● RC耐震壁付きラーメン構造も、力がうまく流れれば、市松配置は可能。

Q 床面、小屋面、屋根面などの水平構面の剛性が低いとどうなる？ 構

A 一部の耐力壁に力が集中し、変形がそこだけ大きくなる

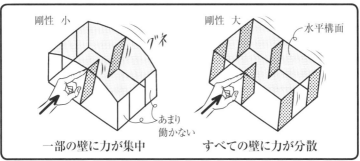

剛性　小　　　　　グネ

あまり
働かない

一部の壁に力が集中

剛性　大　　　　水平構面

すべての壁に力が分散

● 剛性とは変形のしにくさ、固さのこと。水平構面とは、火打の入れられた床面や厚い板を釘打ちされた根太レス工法の床面など、変形しにくい構造的な水平面のこと。耐力壁は垂直構面となる。

● 水平構面の剛性が低い、すなわち変形しやすいと、地震力を受けたときに上図左のようにぐねっと変形し、一部の壁に力が集中してしまう。上図右のようにすべての壁に地震力を分散させるためには、水平構面の剛性が高くなければならない。そしてすべての壁が一緒に変形しなければならない。

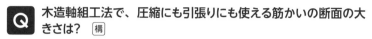

Q 木造軸組工法で、圧縮にも引張りにも使える筋かいの断面の大きさは？ 構

A 厚さ3cm以上、幅9cm以上

> ### <u>サン</u> <u>キュー！</u> <u>オレを推してくれて</u>
> 3cm × 9cm 　　　　　　　　　お
> 　　　　　　　　　　　　　押して（圧縮）

令45

● 引張りだけでは<u>1.5cm×9cm以上</u>、または9φ以上の鉄筋。1.5cm×9cmを圧縮すると、湾曲して折れて座屈してしまう。1.5cm×9cm以上の筋かいの場合、壁倍率は1となる。

Q 厚さ3cm以上×幅9cm以上の筋かいの壁倍率は？ 構

A 1.5倍

> ### <u>サン</u> <u>キュー！</u> <u>（オレを）推してくれて</u> 　<u>い一子 ばい</u>
> 3cm × 9cm 　　　　　　　お　　　　　　　　（九州弁）
> 　　　　　　　　　押して（圧縮）　　1.5　倍

令46

● 1.5cm×9cm 　　　　　　　　………1倍 ⎫……圧縮×
　1.5cm×9cm たすき掛け ………2倍 ⎭×2

　(3cm×9cm) 　　　　　　　　……(1.5倍) ⎫………圧縮○
　3cm×9cm たすき掛け ………3倍 ⎭×2

　9cm×9cm 　　　　　　　　………3倍 ⎫
　9cm×9cm たすき掛け ………5倍 ⎭×2　でない点に注意！壁倍率は5が限度

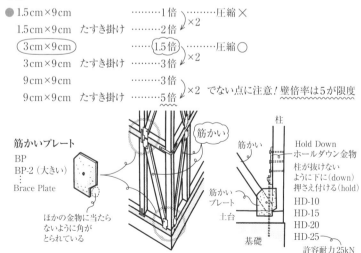

筋かいプレート

BP
BP-2 (大きい)
Brace Plate

ほかの金物に当たらないように角がとられている

筋かい

筋かいプレート

土台

基礎

柱

Hold Down
ホールダウン金物

柱が抜けないように下に(down)
押さえ付ける(hold)

HD-10
HD-15
HD-20
HD-25
許容耐力25kN

壁倍率の限度は?
[構]

 5倍

壁倍率が高い!
こう→5倍が限度

9cm×9cm
の筋かい
⇨
3倍

たすき掛け

3×2=6倍×
↓
5倍 ○

3cm×9cm
たすき掛け

1.5×2=3倍

構造用合板
7.5mm 以上
N50@150 以下
3+2.5=5.5倍×
↓
5倍 ○

＋

2.5倍

● 9cm×9cmの筋かいをたすき掛けにすると、3×2＝6倍とはならず、5倍とする。3cm×9cmのたすき掛けは1.5×2＝3倍であり、その上に7.5mm以上の構造用合板をN50@150で釘打ちすると2.5倍で、合わせて5.5倍となるが、5倍とする。すなわち壁倍率は5倍を限度として、それを超える壁倍率はない。合板による壁倍率は、板の種類、厚み、釘の種類とピッチで決まり、平30国交告で定められている。

 筋かいと間柱がぶつかるところはどちらを欠き込む?
[構]

 間柱

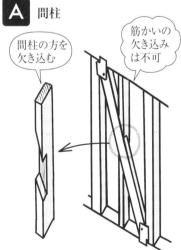

間柱の方を
欠き込む

筋かいの
欠き込み
は不可

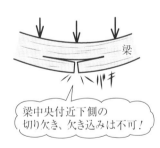

梁

梁中央付近下側の
切り欠き、欠き込みは不可!

● 筋かいと間柱がぶつかるところは、間柱の方を欠き込む。筋かいを欠き込むと、地震力で折れてしまう。また梁中央部で下側に切り欠きや欠き込みを入れると、曲げの際に下が引っ張られて割れてしまうので、梁中央部下側の切り欠き、欠き込みは不可である。

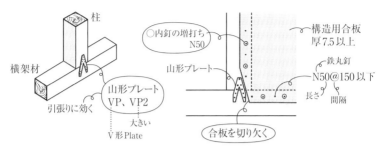

● 構造用合板による大壁造の耐力壁において、柱と土台を山形プレートで接合する場合、金物を避けるために構造用合板を切り欠く。その場合は合板の角に釘が打てないので、周辺に釘を増打ちする。

Q 真壁造の面材耐力壁において、受け材タイプと貫タイプのうち壁倍率が大きいのは? [構]

A 受け材タイプ

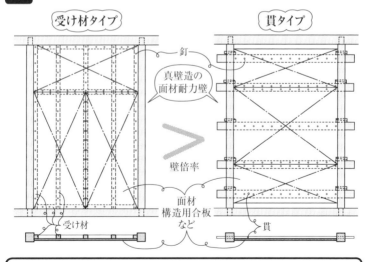

今や 貫 は 抜き で考える

倍率低いので

● 真壁造の場合は柱が壁面よりも出ているので、面材を柱に直接打つことができず、受け材か貫に打つことになる。7.5mm以上の構造用合板を使ってN50の釘（長さ50mmのJIS規格の鉄丸釘）を150mm間隔で打った場合、壁倍率は受け材タイプで2.5倍、貫タイプで1.5倍となる。受け材の方が柱にしっかりと留まるので、現在では貫を使う例は少ない。

Q **1、2階上下同位置に構造用合板を張る場合、胴差し部での相互間の隙間は？** 構 施

A ピッタリ付けず、6mm以上あける

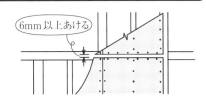

（揺れる）
ロッキングする板同士がぶつからないように！
6mm以上

木造住宅工事仕様書

● 地震で揺れて板同士がぶつかり、それによってはがれることのないように、隙間を6mm以上あける。

6mm以上あける

Q **枠組壁工法において、耐力壁線相互の距離は？　耐力壁に囲まれた面積は？** 構

A 12m以下、40m²以下（構造耐力上有効な補強をした場合は60m²以下）

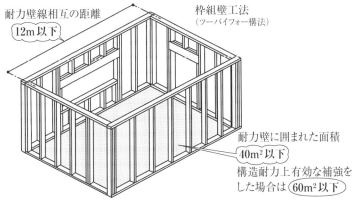

耐力壁線相互の距離
12m以下

枠組壁工法
（ツーバイフォー構法）

耐力壁に囲まれた面積
40m²以下

構造耐力上有効な補強をした場合は60m²以下

$$\underset{\underset{\text{12m以下}}{\underbrace{\qquad}}}{\underset{2}{ツ ー}\ \underset{1}{バイ}\ \underset{40m^2以下}{フォー}}$$

● 耐力壁の面材には、石こうボードも使うことができる。

● 枠組壁工法（ツーバイフォー工法）の接合部には、Cマーク表示金物を使用する。

Q N釘、CN釘とは?
構 施

N釘

A N釘はJIS規格の鉄丸釘。CN釘はJIS規格の太めの鉄丸釘

Nail は 釘	**色のついた釘**
$\underline{N}$ （つめの意味もある）	$\underline{Color}$　$\underline{Nail} \rightarrow CN$

● ネイル（nail）はつめのほかに釘の意味がある。N50は在来軸組工法の耐力壁に、CN50は枠組壁工法の耐力壁によく用いられる、長さによって色分けされた（Color）釘（Nail）。N50、CN50の50は長さ（mm）。

Q GNF釘とは?
構 施

A 石こうボード用平頭釘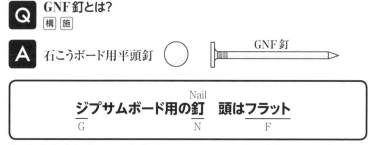

GNF釘

	Nail	
ジプサムボードの釘		**頭はフラット**
$\underline{G}$	$\underline{N}$	$\underline{F}$

● 石こうボードはプラスターボード（Plaster Board、PB）、ジプサムボード（Gypsum Board、GB）とも呼ばれるので、両者ともに暗記しておく。石こうボードは強度が低く割れやすいので、胴部は細く頭部を広くしている。

Q 造作用として、N釘の代わりにFN釘は使える？
〔構〕〔施〕

A 使えない（FN釘は主に梱包用で径が細く、強度が小さい）

FN 釘

~~フシ釘~~ ⟶ クソ釘 ⟶ 使えない

● FN釘はJIS規格外。

Q 板材を釘留めする場合、釘の長さは板厚の何倍？
〔構〕〔施〕

A 2.5倍以上

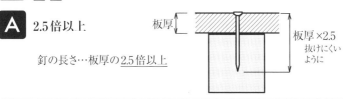

釘の長さ…板厚の<u>2.5倍以上</u>

板厚×2.5
抜けにくい
ように

厚 → 2枚
こ → 5
}2.5枚分の長さ

厚の字形の曰を板2枚に、子を5に連想する

JASS11

● 板厚12mmの場合、釘の長さは12×2.5＝30mm以上。

Q 釘による1面せん断接合において、側材厚、有効主材厚は釘径の何倍？〔構〕

A 側材厚は径の6倍以上、有効主材厚は径の9倍以上

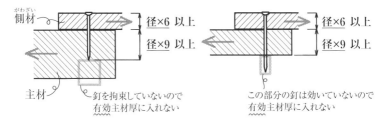

側材（がわざい）

径×6 以上
径×9 以上

主材

釘を拘束していないので
有効主材厚に入れない

径×6 以上
径×9 以上

この部分の釘は効いていないので
有効主材厚に入れない

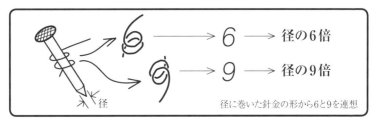

径に巻いた針金の形から6と9を連想

木質構造設計規準

● 1面せん断接合とは、2枚の板を重ねてこすり合うせん断面を1面とする接合。側材2枚で主材を挟むのは、こすれ合うせん断面が2面となるので2面せん断接合という。

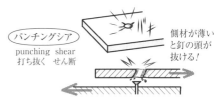

パンチングシア
punching shear
打ち抜く せん断

側材が薄いと釘の頭が抜ける！

板は釘を支える役をするので、薄いと支えきれなくなり、釘がもっても木材の方が壊れてせん断力を支えられなくなる。釘の届かない主材の部分は釘を拘束しないので、その部分を除いた厚みを有効主材厚とする。側材の厚さが薄いと、釘の頭が板を打ち抜いてしまうパンチングシアが起こる可能性もある。

Q 木ねじによる1面せん断接合において、側材厚、有効主材厚はねじ径の何倍？ 構

A 側材厚は径の4倍以上、有効主材厚は径の6倍以上

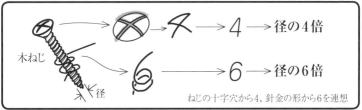

ねじの十字穴から4、針金の形から6を連想

木質構造設計規準

	釘径の	木ねじ径の
側材厚	6倍	4倍
有効主材厚	9倍	6倍

● 木ねじ接合では、ねじ込む前に先孔をあけるが、その径は針葉樹、広葉樹、側材、主材の別で決められており、先孔の深さはねじ込み深さの2/3程度。比重の高い、硬い広葉樹ではねじ込みが難しい場合がある。その場合は木ねじをねじ切らないように、潤滑油などを用いてもよい。

074

Q 変形能力が小さく、繰返し荷重で破断しやすいのは、釘接合と木ねじ接合のどっち？ 構

A 木ねじ接合

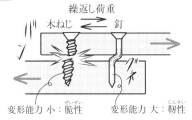

繰返し荷重
木ねじ　釘

【ぜいぜいいってすぐ壊れる】
脆性

【人生 は 粘り強く!】
靭性

変形能力 小：脆性　　変形能力 大：靭性

> 木ねじ → ギザギザ → 破断しやすい

● 木ねじはねじ部分のギザギザの影響で、繰返し荷重で破断しやすい。そのため木ねじ接合部は、釘接合部に比べて変形能力は小さい。

● 木口面に打たれた木ねじを引抜きに抵抗させることは、簡単に抜けてしまうから不可である。

● 木材に割れが生じないように、端あき、縁あきは適切にとる。

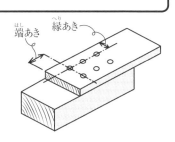

端あき　縁あき

Q 引張り材における釘の許容せん断耐力、終局せん断耐力はどのように低減する？ 構

A 加力の方向に10本以上ならば10%低減、20本以上ならば20%低減する

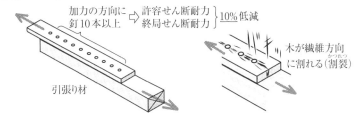

加力の方向に
釘10本以上 ⇒ 許容せん断耐力
終局せん断耐力 } 10%低減

木が繊維方向に割れる（割裂）

引張り材

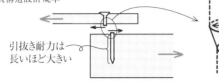

釘10本 → 10%減　　　　釘20本 → 20%減

木質構造設計規準

引抜き耐力は
長いほど大きい

釘断面でせん断力
を受ける

∴せん断耐力は釘径
と樹種で決まり、長さ
には関係しない

● 終局せん断耐力とは、部材がもちうる最大のせん断力で、それを超えると変形が戻らずに破壊に至る。許容せん断耐力とは、法律上、規則上許容しうる最大のせん断力で、終局せん断耐力に安全を見込んで1/3などの係数をかけて求める。釘が10本の場合は、

　　　終局せん断耐力=0.9×(1列の釘の本数)×(列数)×(係数)×(釘の降伏せん断力)

で終局せん断耐力が求まる。20本の場合は0.8をかける。釘が並ぶと木が繊維方向に割れやすくなり、その分の安全を見込んで加力方向に10本以上ならば10%低減、20本以上ならば20%低減を行う。

● 終局せん断耐力は釘断面のせん断耐力の和で決まるので、釘の長さには関係しない。釘を引抜きに抵抗させる場合は、引抜き耐力は長いほど大きくなる。

 Q 接合部のせん断耐力は、施工時に木材の含水率が（　　）％以上の場合は低減する 構

A 20%以上

ゆでた　ニンジン　は　切りやすい
含水　　20%以上　せん断しやすい→せん断耐力低減

木質構造設計規準

● 釘、木ねじ、ラグスクリュー、ボルト、ドリフトピンによる接合部は、どれも含水率によるせん断耐力などの低減を行う。含水した後に乾燥すると木材が収縮して割れ、釘などの周囲を支える木材が耐力をなくすため。

Q 釘とボルトを併用するせん断接合の場合、接合部の耐力は各々の耐力の合計とすることができる？ [構]

A できない

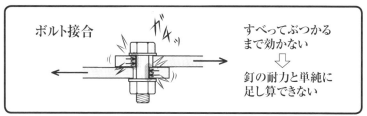

ボルト接合　　　ガ　ッ　　　すべってぶつかる
　　　　　　　　　　　　　　まで効かない
　　　　　　　　　　　　　　⇩
　　　　　　　　　　　　　　釘の耐力と単純に
　　　　　　　　　　　　　　足し算できない

● ボルト接合では、材がすべってボルト軸にぶつかるまで（初期すべり）、ボルトは効かない。一方、釘接合では材が動かなくても初めから効いている。釘とボルトを併用すると、材がすべらずにボルトが効かないおそれがある。よって<u>単純にボルトと釘の耐力を足し算することはできない</u>。

● 鋼材同士の普通ボルト接合でも同様に、ボルト軸によるせん断抵抗で接合される。一方、鋼材同士の<u>高力ボルト接合では、材同士の摩擦によって接合する</u>。

Q 釘の引抜き耐力、ボルトの引張り耐力で長さは関係する？ [構]

A 釘の引抜き耐力は長さに関係し、ボルトの引張り耐力は長さに関係しない

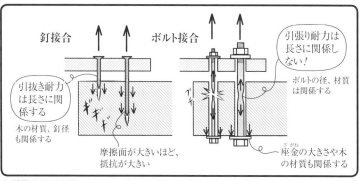

釘接合　　　　　ボルト接合　　　　　引張り耐力は
　　　　　　　　　　　　　　　　　　長さに関係し
　　　　　　　　　　　　　　　　　　ない！

　　　　　　　　　　　　　　　　　　ボルトの径、材質
　　　　　　　　　　　　　　　　　　は関係する

引抜き耐力
は長さに関
係する

木の材質、釘径
も関係する

　　　　　　摩擦面が大きいほど、　　座金の大きさや木
　　　　　　抵抗が大きい　　　　　　の材質も関係する

木質構造設計規準

● 釘は木との摩擦によって引抜きに抵抗するので、長いほど、太いほど引抜き耐力は大

きくなる。一方ボルトはボルト軸と座金で引張りに抵抗するので、ボルト軸の長さは関係しない。長いほど変形量は大きくなるが、戻らなくなる変形がはじまる点（降伏点）や破断する最大強度はボルト軸の材質や断面積で決まり、ボルト軸の長さには関係せずに降伏や破断する。

Q ドリフトピンと先孔の径は違う？　同じ？
構

A 同じ

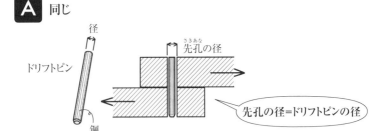

径

ドリフトピン

鋼

先孔の径

先孔の径＝ドリフトピンの径

ピンは 1人　→　孔の径は 1つ（同じ）

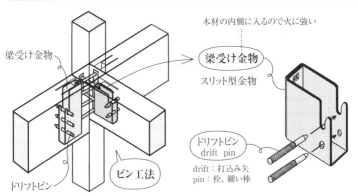

木材の内側に入るので火に強い

梁受け金物

梁受け金物

スリット型金物

ドリフトピン
drift pin

drift：打込み矢
pin：栓、細い棒

ドリフトピン

ピン工法

● ドリフトピンとは孔に打ち込んで材同士を接合する鋼製の棒。

● ドリフトピンと先孔との間に隙間があると、構造的に支障のある変形が生じるので、径は一致させる（木質構造設計規準）。

● 梁などにスリットを入れて金物で支え、横からドリフトピンを打って留めるのがピン工法。梁が落ちにくく、金物は木材の内側に入るので火にも強くなる。

Q ラグスクリューとは?

構 施

A 6角の頭の付いた木ねじ

ラグスクリュー(コーチスクリュー)

ラグ ビー コーチ は太い!
ラグスクリュー コーチスクリュー
（ボルト）　　（ボルト）

● 強いモーメント（トルク）を加えて回した場合も、ドライバーの十字溝のように崩れずに6角用のレンチで回すことができるので、太いねじで使われる。ラグスクリュー（lag screw）、ラグボルト（lag bolt）、コーチスクリュー（coach screw）、コーチボルト（coach bolt）などと呼ばれる。lagは樽の胴板、coachは馬車の意味で、元々の使われていた場所から付けられた名称と思われる。

ラグスクリューは6角用レンチで回せるゴツいネジ

6角

● 木口にラグスクリューを打ち込んだ場合は、木が割れやすいので、耐力を認められないことから低減を行う。ラグスクリューを木口に打ち込んだ場合の許容せん断耐力は、側面打ちの場合の2/3となる。耐力とは、力を抜くと元に戻る（弾性）性質がなくなる限界の力、壊れて変形しはじめる限界の力のこと。

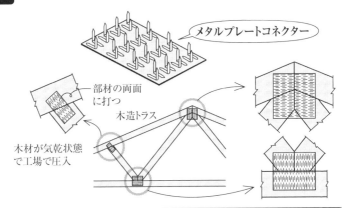

Q メタルプレートコネクターはどこに使う?
[構] [施]

A 木造トラスの接合部などに使う

メタルプレートコネクター

部材の両面
に打つ

木造トラス

木材が気乾状態
で工場で圧入

金属の板で接続
metal　plate　connector

● メタルプレートコネクターは、文字通り、金属（metal）の板（plate）による接合金物（connector）。金属板に孔を多数あけ、それを釘状に立ち上げたもの。木造トラスの接合部などに使われる。接合の際は、工場でのプレス加工が必要となる。メタルプレートコネクター接合において、メタルプレートコネクター圧入時の木材は、気乾状態である必要がある。

Q ジベルとは?
[構] [施]

A 2枚の板の間に挟み、せん断力でずれるのを防ぐ金具

ジベル

dowel ダウエル→ジベル

すべる のを防ぐ
ジベル

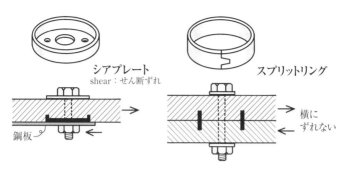

シアプレート
shear：せん断ずれ

スプリットリング

横に
ずれない

鋼板

● 2つの部材をずれないようにする金物を<u>ジベル</u>または<u>シアコネクター</u>という。ジベルは dowel（ダウエル）がなまったもので2部材の間に挟んでずれないようにする金具のこと。<u>シア</u>（shear）とはせん断、ずれという意味で、せん断力によってずれないように接合するからシアコネクターという。<u>シアプレート</u>、スプリットリングもジベルの一種。シアプレートはボルトの軸部が横にずれて木材にめり込まないようにする。シアプレート、スプリットリングを付ける際には、木材に先に孔や彫込みを入れておく必要がある。鉄骨造で梁の上に<u>スタッドボルト</u>を溶接するのはコンクリートとのずれを防ぐもので、<u>スタッドジベル</u>とも呼ばれる。

Q 布（ぬの）基礎、べた基礎上端の地盤面からの高さは（　）mm以上?
構 施

A 400mm以上

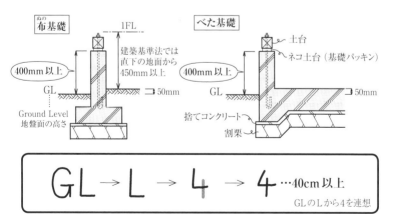

布（ぬの）基礎

1FL

建築基準法では直下の地面から450mm以上

400mm以上

GL
Ground Level
地盤面の高さ

50mm

べた基礎

土台
ネコ土台（基礎パッキン）

400mm以上

GL

50mm

捨てコンクリート
割栗

GL → L → 4 → 4 …40cm以上
GLのLから4を連想

木造住宅工事仕様書、枠組壁工法住宅工事仕様書

● 建築基準法では床直下の地面から床まで45cm以上とされている（令22）ので、基礎上端までは30cm程度で可能となる。べた基礎や防湿コンクリートを打つ場合は、さらに下げることも可能となる。前述の40cm以上は2級建築士の過去問で出てくる数字で、住宅金融支援機構の木造住宅工事仕様書などにある数字。40cmあれば土台は腐りにくいが、実際は北側斜線などを避けるため、40cmとれないことも多い。

Q 基礎の立上がりの厚さ、布基礎底盤の厚さ、布基礎底盤の幅はそれぞれ何mm以上？ 構 施

A 150mm以上、150mm以上、450mm以上

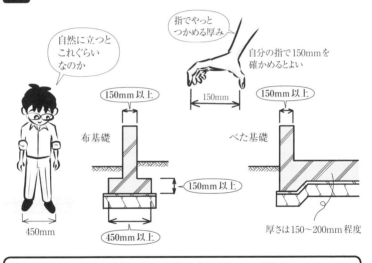

自然に立つと
これぐらい
なのか

指でやっと
つかめる厚み

自分の指で150mmを
確かめるとよい

150mm以上

150mm

150mm以上

布基礎

べた基礎

150mm以上

450mm

450mm以上

厚さは150〜200mm程度

コンクリートの重厚な厚み	横 幅
15cm以上	45cm以上

木造住宅工事仕様書、枠組壁工法住宅工事仕様書

Q 布基礎底盤の主筋は（　　）を（　　）mm以下の間隔で配する [構]

1

A D10、300mm以下

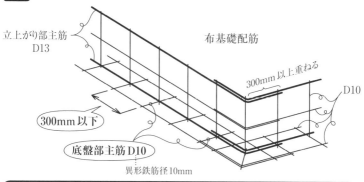

立上がり部主筋
D13

布基礎配筋

300mm以上重ねる

D10

300mm以下

底盤部主筋 D10

異形鉄筋径10mm

（他人の） **デート、しゃくにさわる!**
　　　　　　D10　　　1尺（300mm）間隔

木造住宅工事仕様書

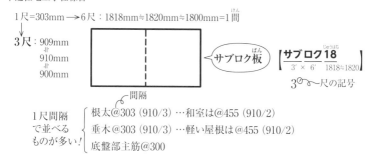

1尺＝303mm → 6尺：1818mm≒1820mm≒1800mm＝1間

3尺：909mm
　　　910mm
　　　900mm

サブロク板

サブロク18
3′ × 6′　1818≒1820

3′〜尺の記号

間隔

1尺間隔
で並べる
ものが多い!
- 根太 @303（910/3）…和室は@455（910/2）
- 垂木 @303（910/3）…軽い屋根は@455（910/2）
- 底盤部主筋 @300

● D10は表面に節がある直径が約10mmの異形鉄筋。底盤部では、D10を300mm以下の間隔で並べる。木造では並べる際に尺（303mm）間隔が多く、根太、垂木なども尺間隔に並べる。サブロク板は3尺（木造の基本モジュール910mm）×6尺（1間）の大きさで、今でも多くの板、ボード類はサブロク板で売られている。尺、間は木造では重要なので、拙著『ゼロからはじめる［木造建築］入門』を参照のこと。

Q 基礎コンクリートの型枠存置期間は何日以上？
（普通ポルトランドセメント、気温5℃以上15℃未満） 構 施

A 5日以上

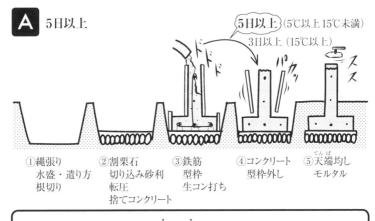

①縄張り　　　②割栗石　　　③鉄筋　　　　④コンクリート　　⑤天端均し
　水盛・遣り方　　切り込み砂利　型枠　　　　型枠外し　　　　　モルタル
　根切り　　　　転圧　　　　　生コン打ち
　　　　　　　　捨てコンクリート

$$5℃～15℃$$

生コン打ち　後、型枠を外す

$$5日以上$$

木造住宅工事仕様書、枠組壁工法住宅工事仕様書

● 普通ポルトランドセメントとは、ごく普通のセメントのこと。イギリスのポートランド島の石灰石に由来がある。15℃以上は早く固まるので、3日以上となる。コンクリートは乾燥して固まるのではなく、水和反応で固まる。水が表面から蒸発すると強度が弱くなるので、湿潤養生が基本。水を含んだむしろを掛け、直射日光や風雨を避ける。気温が低いと固まりにくいので、寒気も避ける必要がある。供試体（テストピース）の標準養生と同様に、打ち込んだ翌日から20℃の水の中につけてしまうのが理想的。

Q 基礎の天端均しのモルタルは、容積比で
セメント：砂＝（　　）：（　　） 施

A 1：3

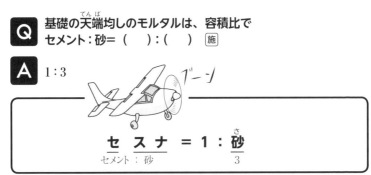

セ ス ナ ＝ 1 ： 砂

セメント：砂　　　　　　　3

木造住宅工事仕様書、枠組壁工法住宅工事仕様書

● 基礎の天端はデコボコしているので、モルタルで平らに均す。均しモルタルは、容積比でセメント：砂＝1：3とし、厚みは20mm程度とする。水平を簡単に出せる流動化剤の入ったセルフレベリング材（商品名レベラーなど）を使うと、型枠を取る前に流し込むことで、簡単に水平が出せる。セメント：砂は1：3が標準と覚える。

● 壁のモルタル塗りの場合のセメント：砂は、下塗りが1：2.5、中塗りと上塗りが1：3。下塗りの方がセメントが多い富調合で、中塗り、上塗りの方がセメントが少ない貧調合。下塗りは下地にしっかりと接着する必要があるので、セメントの多い富調合とする。

【金持ちを先に乗せる（ファーストクラス）】
富調合

● タイル張りのモルタルは、接着力がいるので1：2程度が普通。

【タイルは1：2の寸法が多い】

● 床の石張りにおける敷きモルタルでは、セメント：砂＝1：4。 **【 石 】**
1：4

Q 土間コンクリートの厚みは？
施

A 120mm 以上

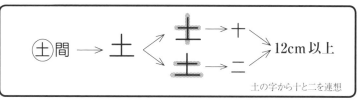

（土）間 → 土 → 12cm 以上
土の字から十と二を連想

木造住宅工事仕様書、枠組壁工法住宅工事仕様書

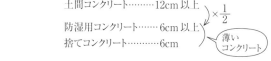

土間コンクリート………12cm 以上
防湿用コンクリート……6cm 以上   ×1/2
捨てコンクリート…………6cm   薄いコンクリート

● 土を固めた作業場などを土間といったため、玄関などに敷くコンクリートを土間コンクリート（土間コン）と呼ぶようになった。厚みは120mm以上で、コンクリートが割れないように、径4mm以上の鉄線を縦横に間隔150mm以内に組んだワイヤーメッシュを入れる。

● 床下の土に載せる防湿用コンクリートの厚みは60mm以上。コンクリートを打つ前に平らな作業平面をつくるための捨てコンクリートの厚みは60mm（50〜100mm程度、2級過去問では60mmとある）とする。薄いコンクリートは、土間コンの12cmの半分の6cm。

Q 床下に敷く防湿フィルムの重ね幅は? 施

A 150mm 以上

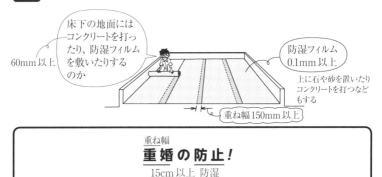

床下の地面にはコンクリートを打ったり、防湿フィルムを敷いたりするのか

60mm 以上

防湿フィルム 0.1mm 以上

上に石や砂を置いたりコンクリートを打つなどもする

重ね幅150mm 以上

重ね幅

重婚の防止!

15cm 以上 防湿

木造住宅工事仕様書、枠組壁工法住宅工事仕様書

● 防湿フィルムは、0.1mm 以上の厚みのポリエチレンフィルムなど。めくれないように上に石や砂を置いたり、防湿フィルムの上に防湿コンクリートを打ったりすることもある。厚みの0.1mm 以上と重ね幅の150mm 以上を覚えておく。

Q ネコ土台の場合、外周部の土台で1m当たりの換気口の有効面積は? 施

A 75cm² 以上

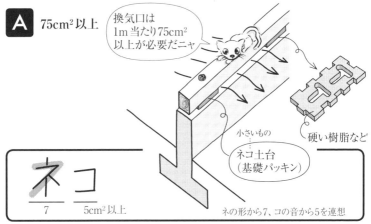

換気口は1m 当たり75cm² 以上が必要だニャ

小さいもの
ネコ土台
(基礎パッキン)

硬い樹脂など

ネコ
7 5cm² 以上

ネの形から7、コの音から5を連想

木造住宅工事仕様書、枠組壁工法住宅工事仕様書

Q アンカーボルト、ホールダウン金物専用アンカーボルトの埋込み深さは?(ホールダウン金物は25kN以下) 施

A 250mm以上、360mm以上

日光 の サル を
25cm以上　　36cm以上

つかまえる*!*
アンカー
ホールダウン

サルのルを口に置き替え

木造住宅工事仕様書、枠組壁工法住宅工事仕様書

● アンカー(anchor)はいかりが原義で、アンカーボルトは土台をコンクリートにいかりを下ろすように留める金物のこと。ホールダウン(hold down)は下に押さえ付けるという意味。ホールダウン金物は柱を直接基礎に引き寄せて留める金物のことで、引寄せ金物ともいう。引き寄せる力によって、10、15、20、25kNなどがある。コンクリートにしっかりと定着するように、各々のボルトの埋込み深さが決められている。

Q 耐力壁両端の柱芯とアンカーボルトの距離は? 施

A 200mm以内

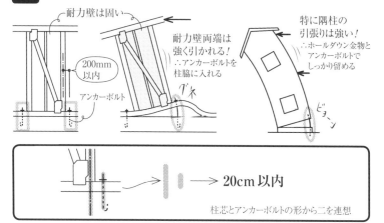

耐力壁は固い

200mm
以内

アンカーボルト

耐力壁両端は
強く引かれる!
∴アンカーボルトを
柱脇に入れる

グイ

特に隅柱の
引張りは強い!
∴ホールダウン金物と
アンカーボルトで
しっかり留める

ビョーン

→ 20cm以内

柱芯とアンカーボルトの形から二を連想

木造住宅工事仕様書

● 耐力壁は固いので、倒れようとすると柱に引張りが強く働く。それに抵抗するために、アンカーボルトは耐力壁両脇の柱に近く、200mm以内の位置に入れる。アンカーボルトだけで足りない場合は、ホールダウン金物を入れる。建物全体では隅柱に強い引張りが働くので、アンカーボルトとホールダウン金物の両方を入れる。3階建ての木造では、ホールダウン金物だらけとなる。阪神・淡路大震災（1995年）で柱の引抜きによる倒壊が多かったため、その後にホールダウン金物が普及した経緯がある。

Q **アンカーボルトの間隔は何m？**
施

A **2.7m以内（3階建てと枠組壁工法では2m以内）**

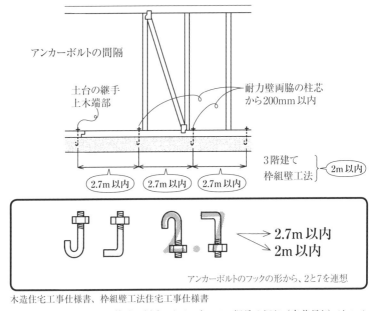

木造住宅工事仕様書、枠組壁工法住宅工事仕様書

● フックはコンクリートから抜けにくくするためのもので、埋込み深さ（定着長さ）はフックの曲線部を含めずに測る。RC造の鉄筋の定着長さも同様に、フックを含めない。

● アンカーボルトの直径は12mm（M12）以上、長さ350mm以上。M12とは、メートルねじ規格の直径12mmのねじ。木造用アンカーボルトでは、M12とM16の既製品が多い。

木造の基礎におけるコンクリートの強度とスランプは?
施

 24N/mm²、18cm

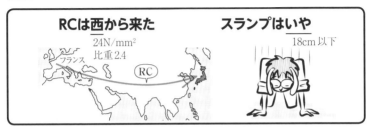

木造住宅工事仕様書、枠組壁工法住宅工事仕様書、JASS5

● コンクリートは古代に起源がさかのぼり、ローマでは大々的に使われていたが、それに鉄筋が入るRC（鉄筋コンクリート造）が開発されるのは19世紀半ば、RCラーメン構造として本格的に使われるようになるのは20世紀初頭のフランスから。

● JASS5では、標準的な耐久性をもたせる強度（耐久設計基準強度）は24N/mm²とされている。コンクリートの比重は2.3（水の2.3倍、2.3tf/m³）で、それに鉄筋を入れたRCの比重は約2.4（水の2.4倍、2.4tf/m³）となる。トンエフ（tf）とは、1tの質量の重さで、力の単位。1tは質量の単位。水1m³で1tfの重さがあり、鉄筋コンクリート1m³でその2.4倍の2.4tfの重さがある。1tfは軽自動車1台分の重さ。1tf=10kNは覚えておくと便利。

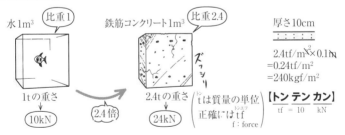

● コンクリートの1m³当たりの質量2.3t/m³を、単位容積質量と呼ぶ。正確には空気中で自然乾燥した状態（気乾）での質量として、気乾単位容積質量という。

● 仕様書では「呼び強度及びスランプは、特記による。特記がない場合のスランプは18cmとし、呼び強度は24N/mm²とする。」とある。呼び強度とは発注する際の強度で、設計基準強度を補正した値（2章RC造を参照）。スランプとはスランプコーンというバケツに生コンを入れ、バケツを上に持ち上げたときに、生コンの山がバケツの高さからどれくらい下がるかという軟らかさ、流動性、施工性（ワーカビリティー）の指標（p.118）。

2 RC造

Q コンクリートは（　　）と（　　）を（　　）で固めたもの
構 施

A 細骨材と粗骨材をセメントペースト（セメント＋水＋空気）で固めたもの

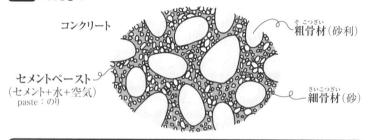

コンクリート

粗骨材（砂利）

セメントペースト
（セメント＋水＋空気）
paste：のり

細骨材（砂）

```
骨   を   のり   でくっつける
｛細骨材（砂）      セメントペースト
 粗骨材（砂利）   （セメント＋水＋空気）
```

セメント袋を積む時は10袋以下

【セメント一】
10%

【再 三 粗 品 を贈る】
細 30%   40%

コンクリート中の
絶対容積比

……隙間を除いた
容積

空気約5%	セメント約10%	水約15%	細骨材（砂）約30%	粗骨材（砂利）約40%

セメントペースト
（のろ）
約30%

骨材
約70%

● ペースト（paste）はのりで、<u>セメントペーストはセメントのり</u>。<u>コンクリートはセメントペーストで骨材を固めた人工的な石</u>。細骨材（砂）だけ固めるのがモルタル。骨材は安くてボリュームがあり、固い（圧縮強度はセメントペーストの約10倍）ので、コンクリートの容積の7割を占める。

● 骨材はあまり吸水しないので、乾燥収縮はほとんどがセメントペーストによる。よって<u>骨</u>

材が多い方が乾燥収縮ひび割れは少ない。またセメントは水和反応時（水と反応して固まる）に熱を出す。水和熱が大きいと、冷えるときに温度ひび割れを起こす。骨材を多くしてセメントを少なくすると、水和熱を抑えられる。このように骨材を70％入れる効果には、①コストを抑えながら強度を出す、②乾燥収縮を抑える、③水和熱を抑えるといったことがある。

Q セメントのコンクリート中の絶対容積は約（　　）％
セメントの袋の保管は（　　）袋以下に積む　施

A 10%、10袋以下

> ## セメントー
> 10%、10袋以下

窓はない方がよい

10袋以下に積んで、シートを掛けるのか

ドアを閉める

通風はダメよ！
湿気を吸うから

床を上げる

● 絶対容積とは、隙間を除いた容積。
● セメントは湿気を吸うとブツブツと固まってしまう。また圧力をかけても硬くなる。通風のない倉庫に床を上げて、10袋以下に積んで保管する。10%のついでに10袋も覚えるとよい。

Q AE剤を使うコンクリートの空気量は（　　）±（　　）％
施

A 4.5 ± 1.5%

空気量は4.5%
±1.5%よ！

> ## ヨウコは空気デブ　でも イー娘
> 4.5%　　空気量　　　　　±1.5%

● 空気量は容積で計り、生コン1m³中に0.045m³の空気なら空気量は4.5%となる。

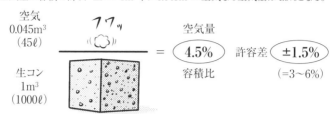

空気
0.045m³
（45ℓ）

空気量
= （4.5%）　許容差 （±1.5%）

生コン
1m³
（1000ℓ）

容積比
（=3～6%）

● AE剤を使う寒中コンクリートでは、空気量は多めの4.5～5.5%（中央の値が5%）。

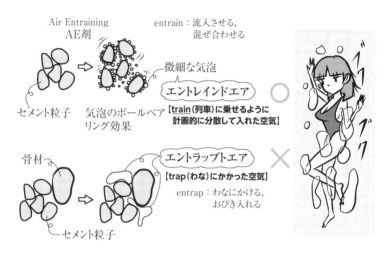

Air Entraining
AE剤

entrain：流入させる、
混ぜ合わせる

微細な気泡

エントレインドエア ○

セメント粒子　気泡のボールベア
リング効果

【train（列車）に乗せるように
計画的に分散して入れた空気】

骨材

エントラップトエア ×

【trap（わな）にかかった空気】

entrap：わなにかける、
おびき入れる

セメント粒子

● AE剤によって計画的に入れられた微細な気泡（エントレインドエア）は、ボールベアリング効果で水が少なくとも生コンを流れやすくし、ワーカビリティー（施工性）を向上させる。冬季では気泡が弾力をもって膨張する力を吸収し、断熱効果もあるため、生コン内部の水が凍って膨張しコンクリート表面をはがすスケーリングや、一部を飛び出させるポップアウトなどの凍害を防ぐ。そのため寒中コンクリートの空気量は、少し多めに決められている。

● 脳血栓を防ぐために、不整脈がある場合は血液サラサラの薬を飲むことがある。AE剤は、生コンがサラサラ流れるようにする薬と考えればよい。AE剤は生コンサラサラの薬。

● 調合時や生コン打設時に巻き込んだ気泡（エントラップトエア）は大きく、不整形でつながっているため、耐凍害性やワーカビリティーの改善は期待できない。

Q セメントは水と反応して硬化する。この反応を（　　）、この性質を（　　）という 構 施

A 水和反応、水硬性

> ## セメントは<u>水</u>と<u>和</u>して固まる
> 水和反応　　水硬性

● コンクリートは乾燥して固まるのではなく、セメントの<u>水和反応</u>で固まる<u>水硬性</u>。試験問題に気硬性と書かれていたら×。<u>湿潤養生</u>は必須。

● <u>セメントペースト</u>（セメント＋水）は徐々に粘性を増し、粒子同士が粘着し、固体として凝結する。固体になってからも、組織を硬くして強さを増す。<u>セメントは硬化する際に収縮する</u>。

● 水和反応では<u>水和熱</u>が発生する。大きな断面のコンクリート（マスコンクリート）ではこの熱で、コンクリートの内外で温度差が大きくなり、外側が先に冷えて収縮し、内側は膨張したままのため外側にひび割れが生じやすい。

● <u>低熱ポルトランドセメント</u>や<u>中庸熱ポルトランドセメント</u>は、水和反応がゆっくり進むため、水和熱は小さく、早期強度も小さい。

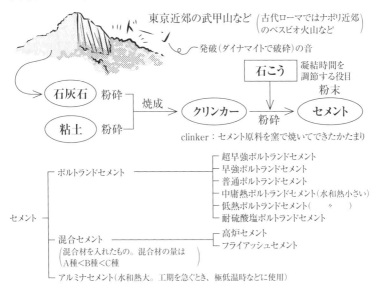

東京近郊の武甲山など（古代ローマではナポリ近郊のベスビオ火山など）

発破（ダイナマイトで破砕）の音

石こう　凝結時間を調節する役目

粉末

石灰石　粉砕 ┐
　　　　　　 ├ 焼成 → クリンカー → セメント
粘土　粉砕 ┘　　　　　　粉砕

clinker：セメント原料を窯で焼いてできたかたまり

セメント
├ ポルトランドセメント
│　├ 超早強ポルトランドセメント
│　├ 早強ポルトランドセメント
│　├ 普通ポルトランドセメント
│　├ 中庸熱ポルトランドセメント（水和熱小さい）
│　├ 低熱ポルトランドセメント（　　）
│　└ 耐硫酸塩ポルトランドセメント
├ 混合セメント（混合材を入れたもの。混合材の量はA種＜B種＜C種）
│　├ 高炉セメント
│　└ フライアッシュセメント
└ アルミナセメント（水和熱大。工期を急ぐとき、極低温時などに使用）

● <u>ポルトランドセメント</u>は、イギリスのポートランド島の石に色が似ていたため付けられた名称。要するに一般的なセメントのこと。

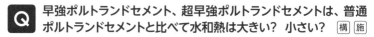

Q 早強ポルトランドセメント、超早強ポルトランドセメントは、普通ポルトランドセメントと比べて水和熱は大きい？ 小さい？ [構] [施]

A 大きい

速く走るほど熱が出る!
早強　　　　水和熱大

● 水和反応が活発で早いと、水和熱も大きくなる。また単位セメント量（単位結合材量：生コン1m³中のセメントのkg数）が大きい、すなわちセメントが多いと水和熱が大きくなり、温度ひび割れしやすくなる。温度ひび割れは、内部は熱をもって膨張したまま表面だけ冷えて収縮するので、表面だけ引っ張られて割れる現象。ダムや大断面の基礎梁などのマスコンクリートでは、水和熱の小さい中庸熱ポルトランドセメント、低熱ポルトランドセメント、混合セメントなどの低熱性のセメントを使う。

● 初期強度が大きいセメントは長期強度は小さく、初期強度が小さいセメントは長期強度は大きい傾向にある。

Q 混合セメント（高炉セメント、フライアッシュセメント）は、普通ポルトランドセメントと比べて水和熱は大きい?小さい？ [構] [施]

A 小さい

（男女）混合リレーでは、スピードは落ちる
　　　　　混合セメント　　　　　水和反応遅い＝水和熱小さい

● セメントに高炉スラグ（slag:くず）、フライアッシュ（fly ash:飛ぶ灰）を入れることで、セメントを少なくしてセメントの中和反応を不活発にし、強度の発現を遅らせて水和熱を小さくする。初期強度は小さいが、長期強度は大きくなる。

● セメントは水和反応が活発なほど早期強度は大きくなり、水和熱も大きくなる。水和反応が不活発に抑えられたセメントは、早期強度は小さく、水和熱も小さいが、長期で徐々に強度が大きくなる。ゆっくり固まるセメントは、早く固まるセメントよりも、長期間では強度は大きく密実な組織となる。カメがウサギに勝つのはセメントも同じ。「中庸熱」という用語はわかりにくいが、「低熱」と「普通」の間のセメントである。

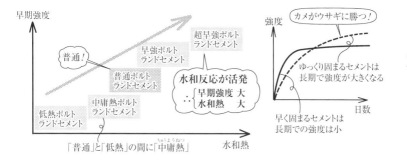

早期強度／強度

超早強ポルトランドセメント

早強ポルトランドセメント

普通！

普通ポルトランドセメント

中庸熱ポルトランドセメント

低熱ポルトランドセメント

水和反応が活発
∴ { 早期強度 大
　　水和熱　 大 }

「普通」と「低熱」の間に「中庸熱」

水和熱

カメがウサギに勝つ！

ゆっくり固まるセメントは
長期で強度が大きくなる

早く固まるセメントは
長期での強度は小

日数

Q 高炉セメントは海水に強い？　弱い？　水密性は高い？　低い？
構 施

A 海水に強く、水密性は高い

（製鉄所）
高 炉 は 臨海部につくる
高炉セメント　海水に強い
　　　　　　　水密性高い

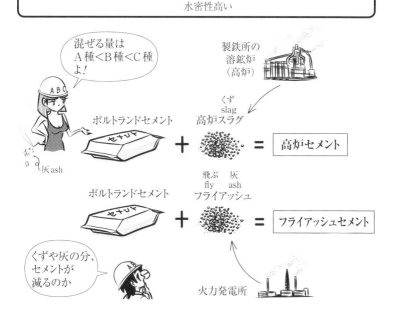

混ぜる量は
A種＜B種＜C種
よ！

製鉄所の
溶鉱炉
（高炉）

ポルトランドセメント ＋ くず slag 高炉スラグ ＝ 高炉セメント

ポルトランドセメント ＋ 飛ぶ 灰 fly ash フライアッシュ ＝ フライアッシュセメント

くずや灰の分、
セメントが
減るのか

火力発電所

灰 ash

● 高炉セメントとは、製鉄所の高炉から出たスラグ（くず）を混ぜたセメント。発電所の灰（ash）を混ぜたフライアッシュセメントとともに、混合セメントと呼ばれる。両者とも混合量はA種＜B種＜C種。混合セメントは、セメントを減らしてくずや灰を入れてあるので、水和反応は鈍く、初期強度は小さく、水和熱は小さい。水和熱が小さいので、温度差でひび割れしやすいマスコンクリート（大断面のコンクリート）に使われる。セメントが減っている分、アルカリ性が弱くなり、中性化速度は早い。高炉セメントは、海水や硫酸塩に強く（化学抵抗性）、水密性が高い。高炉スラグの多く入ったB種、C種の方がその効果が高い。

Q フライアッシュセメントを使うと、コンクリートのワーカビリティーは良くなる？ 悪くなる？ 構 施

A 良くなる

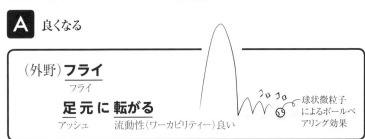

（外野）**フライ**
フライ
足元 に 転がる
アッシュ　　流動性（ワーカビリティー）良い

球状微粒子によるボールベアリング効果

● フライアッシュは球状の微粒子のため、ボールベアリング効果によってコンクリートが流れやすくなり、施工性（ワーカビリティー）が良くなる。AE剤が微細な気泡によるボールベアリング効果によって流れやすくなるのと同じ原理。
● ワーカビリティーとは型枠内、鉄筋周囲の隅々にまで密実に行き渡るような、流れやすさ、材料分離しにくさをあわせ持つ施工のしやすさを表す。
● フライアッシュの分だけセメントが少なくなり、水和熱は低減するが、アルカリ性が弱まって中性化は速まる。

Q 普通コンクリート、普通ポルトランドセメントとは？ 構 施

A 普通コンクリートとは、普通骨材を使ったコンクリート。
普通ポルトランドセメントとは、早強、超早強、中庸熱、低熱、耐硫酸塩などではない一般的なポルトランドセメント

普通 コンクリート
普通　骨材　　コンクリートのコを骨材のコに対応させる

● JASS5では普通コンクリートとは、「主として普通骨材を使用し、気乾単位容積質量がおおむね2.1〜2.5t/m³の範囲のコンクリート」とある。軽量骨材を使った軽量コンクリートに対して使われる用語。

● ポルトランドセメントには、強度の発現を早めたり遅らせたりするものや、硫酸塩に抵抗しやすくするものがあり、それらと区別して普通ポルトランドセメントと呼ばれる。

● 普通コンクリートは普通ポルトランドセメントを使ったコンクリートではなく、普通骨材を使ったコンクリート。混同されやすいので、「普通コンクリートは普通骨材」と「コ」で対応させて覚えておくとよい。

Q 細骨材率は質量比？　容積比？
[施]

A 容積比（表乾状態での絶対容積の比）

骨のつぼ
骨材率　容積

たとえば

注意! kgではない

絶対容積(ℓ/m³)	
細骨材	粗骨材
265	438

$$細骨材率 = \frac{細骨材の絶対容積}{骨材の絶対容積} = \frac{265}{265+438} \times 100 ≒ 37.7\%$$

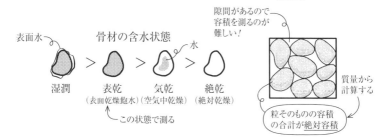

骨材の含水状態

表面水／　　　　　　　　　　水

湿潤　＞　表乾　＞　気乾　＞　絶乾
　　　　（表面乾燥飽水）（空気中乾燥）（絶対乾燥）
　　　　└この状態で測る

隙間があるので容積を測るのが難しい！

質量から計算する

粒そのものの容積の合計が絶対容積

● 粗骨材と細骨材は密度（質量／容積）が違うので、骨材の比率を考えるときは容積比を使う。しかし、容積は隙間があって測りにくいので、計量は質量で行い、密度で換算して絶対容積を出してから容積比を出す。水を混ぜて生コン（フレッシュコンクリート）にする際、骨材が水を吸うと水セメント比が変わり、強度が変わってしまうので、骨材は表乾状態にしてから計量して調合する。

骨材の実積率が大きいと、スランプはどうなる?
構 施

 大きくなる

実績の高い人ほど　スランプは大きい
実積率　　大

 実積率　大　　　実積率　小

 大

骨材が球形に近いほど、　　　球形は流れ　　　スランプ大
隙間が小さく実積率大　　　やすい　　　（水が少なくて も流れる）

● 実積率＝骨材の容積／容器の容積で、容器にどれくらい隙間なく詰められるかの比率。骨材が球形に近いほど実積率は大きくなる。球形の骨材は流れやすくスランプ（p.118）は大きくなり、また同じスランプならば水は少なくてすむ（単位水量は小さくてすむ）。

● さまざまな大きさ（粒径）の骨材が混ざり合っている方が、隙間に骨材が入り込みやすくて実積率は大きくなり、やはり水は少なくてすむ（単位水量は小さくてすむ）。

 **細骨材に山砂を用いるとコンクリートにひび割れが生じやすい?
生じにくい?** 施

 生じやすい

砂山にはひびが入りやすい
山砂

● 山砂には粘土が多く含まれるため、ひび割れしやすくなる。

● 山砂のように吸水率の高い骨材を用いると、水を吸って凍ったとき、体積が膨張して割れるという凍害が生じやすくなる。

● 海砂は塩分を多く含んでいる。川砂がベストだが、河川保護のため規制されている。

Q コンクリートは、酸性またはアルカリ性？
[構] [施]

A アルカリ性

> ## 根気よく　歩く　　（南大門まで）
> コンクリート　アルカリ性　　PH 7 より大

● 東大寺南大門は、鎌倉時代に重源が造営した大仏様の巨大な門。

● 普通ポルトランドセメントの主成分の酸化カルシウム（生石灰）は水と反応（水和）して水酸化カルシウム（消石灰）となってアルカリ性となる。PH＝12～13程度。

● コンクリートのアルカリ性は、鉄筋の酸化によるさびを防ぐ。鉄はアルカリ性の中では、酸化被覆をつくり、酸化しにくくなる（さびにくくなる）。

● 空気中の二酸化炭素とコンクリート中の水酸化カルシウムが反応して中性化する。中性化が鉄筋まで進行すると、鉄筋がさびる。セメントの量を減らすと、アルカリ性は弱くなり、中性化は速い。

Q ガラス、鋼、コンクリートの線熱膨張係数は違う？　同じ？
[構] [施]

A ほぼ同じ

> ## カラス は 合コン
> ガラス　鋼 コンクリート
> ## を 熱望 する
> 熱膨張係数

● 線熱膨張係数とは、1℃上昇すると元の長さに対してどれくらい伸びるかの係数。体積ではなく長さの比なので、線熱膨張係数と線を付ける。

● コンクリートと鋼の線熱膨張係数は、人類にとって幸運なことにほぼ一致し、鉄筋コンクリート（RC）が可能となった。RCとはReinforced Concreteの略で、再び（re）中に（in）力を入れられた（forced）コンクリート、すなわち補強されたコンクリートが直訳。RCは、鉄筋コンクリートの略称としてよく使われる。

● ガラスと鋼の線熱膨張係数もほぼ一緒なので、火事でガラスが落ちにくい網入りガラスが可能となった。ただ膨張が少しだけ違うので、太陽の熱でたまに熱割れすることがある。またガラスの小口から鋼にさびが入って割れるさび割れも起こる。

Q クリープとは（　　）現象で、（　　）と（　　）などの材料に起こる 構 施

A 荷重を継続的に受けたとき、長い時間をかけてひずみが増す
木材、コンクリート

> ## クリープとコーヒーだけの食事では、
> ## 既　　婚　者のうちに、長い間にひずみが起こる
> 木　　コンクリート

● 鋼材にはクリープは起こらない。

● 圧縮力を受けるRC造の柱では、コンクリートのクリープによって、鉄筋にかかる圧縮応力が徐々に増加する。鉄筋はクリープたわみの抑制に有効。

● 木材のクリープによる変形は、湿っている方が変形が大きい。

Q コンクリートの圧縮、曲げ、せん断、付着、引張りの強度の順は？ 構 施

A 圧縮＞曲げ≒せん断≒付着＞引張り

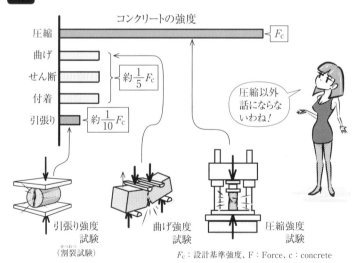

コンクリートの強度

圧縮 　F_c

曲げ
せん断 約$\frac{1}{5}F_c$
付着

引張り 約$\frac{1}{10}F_c$

圧縮以外話にならないわね！

引張り強度試験（割裂試験）　　曲げ強度試験　　圧縮強度試験

F_c：設計基準強度、F：Force、c：concrete

● 引張りの弱さを鉄筋で補強したのが鉄筋コンクリート。

● コンクリートにはひび、亀裂が入りやすいことから、引張りが最小とまず覚える。そして圧縮>引張りの間に、その他の曲げ、せん断、付着が入る。

引張りの弱さを鉄筋で補強
→ 鉄筋コンクリート RC

● ①鋼は引張りの補強に使える、②コンクリートはアルカリ性で鋼をさびさせない、③コンクリートと鋼は線熱膨張係数が等しい、という3点で、鉄筋コンクリート（RC）が成立した。

● 曲げ材には凸側に引張り、凹側に圧縮がかかる。コンクリートの曲げ試験では凸側が引っ張られて壊れるが、そのときの強度は、引張り強度よりも高い。そのため、曲げ>引張りという大小関係となる。

● 部材の曲げモーメントに対する断面算定においては、コンクリートの引張り応力度を無視する。

● JASS5の改定（2022）により、従来セメントと呼んでいたものが厳密に分類された。結合材＝セメント＋混和材（高炉スラグ、フライアッシュなどの微粉末）、粉体＝セメント＋混和材＋非活性無機質微粉末（石粉など）。今までの水セメント比をより正確にするため、JASS5では従来の水セメント比を、水セメント比、水結合材比、水粉体比と3つに分けて呼ぶように改めた。石灰石微粉末、コンクリート用砕石粉などは水和反応して固まらないため、結合材には含まれない。

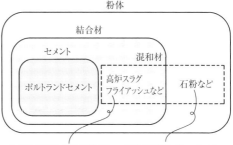

混和材を分けたのか

その物質自体や含有物が水硬性をもつ。セメントと同様に骨材を結合する接着剤となる。活性無機質微粉末

石灰石微粉末、コンクリート用砕石粉は非活性で、結合する接着剤にならない。粉が増えると粘性が高まり、セメントペーストと骨材が分離することに抵抗する

スラグ slagはカス、高炉スラグは高炉で出たカス
アッシュ ashは灰、フライアッシュは発電所で出た灰

$$\left\{\begin{array}{l}\text{水セメント比} = \dfrac{\text{水(kg)}}{\text{ポルトランドセメント(kg)}} \\[3mm] \text{水結合材比} = \dfrac{\text{水(kg)}}{\text{結合材(kg)}} \\[3mm] \text{水 粉 体 比} = \dfrac{\text{水(kg)}}{\text{粉体(kg)}}\end{array}\right.$$

$\left.\begin{array}{l}\\ \\ \end{array}\right\}$ 強度、中性化、水和熱に関係（主に硬化時、硬化後）

…ワーカビリティー、材料分離抵抗性に関係（主に施工時）

● 強度、中性化、水和熱などは水結合材比を使い、ワーカビリティー（施工しやすさ）、材料分離抵抗性（セメントペーストと骨材の分離しにくさ）は水粉体比を使う。結合材は骨材を結合する材で硬化後の性質に関係し、粉は粘性があり施工しやすさに影響する。ただし共仕、公仕などの他のマニュアルは水セメント比のまま。

Q 水セメント比（水結合材比）が大きいとコンクリート強度は？
構 施

A 小さい

セメントに対して水が多い　スポンジ状の多孔質　つぶれやすい（強度小）
(kg)
(kg)

● 水セメント比（水結合材比）とは、その順に水÷セメント（水÷結合材）で、水の質量÷セメントの質量（水の質量÷結合材の質量）。生コン$1m^3$中に水がWkg、セメント（結合材）がCkgだと、水セメント比はW/C。【W/C（トイレ）】この$1m^3$中の質量を、単位水量、単位セメント量（単位結合材量）という。
● 水量が多くても、空気量が多くても、強度は低下する。

【水ぶくれ、空気ぶくれは弱い】

● 水が多いとコンクリートは多孔質（ポーラス）となって、壊れやすくなり、強度は低下する。大げさにスポンジをイメージすると、覚えやすい。逆に水が少なくてセメント（結合材）が多いと、組織が緻密になって強度が増す。スポンジとは正反対の、ギッシリと詰まったイメージだ。コンクリートの強度は、調合の段階では、水セメント比（水結合材比）だけで決まる。骨材はセメントペーストよりも約10倍も強度があるので、強度は骨材では

決まらず、弱いセメントペーストで決まる。つぶれて壊れるときは、骨材とセメントペーストの境界面で主に壊れる。施工の段階では、締固め（タンピング）と湿潤養生が重要となる。いい加減に打って養生したコンクリートは、水セメント比（水結合材比）が小さくても強度は出ない。

Q 水セメント比（水結合材比）が大きいと、中性化、塩害、乾燥収縮はどうなる？ 構 施

A 中性化は早まる、塩害は増える、乾燥収縮は増える

● 水セメント比（水結合材比）が大きいと、すなわち水がセメント（結合材）に対して多いと、スポンジ状の多孔質（ポーラス）となる。一方水セメント比（水結合材比）が小さいと、組織が緻密な強度の大きいコンクリートとなる。スカスカのスポンジとカチンカチンのコンクリートをイメージすると、強度、中性化などがわかりやすい。

● スポンジ状だと二酸化炭素が入りやすいので中性化は早まり、海水などの塩分が入りやすいので塩害は増え、水分が多くてさらに抜けやすいので乾燥収縮は増える。要は水が多いと良いことはない。唯一良いことはコンクリートが流れやすくなることだが、AE剤などを使って流れやすくできるので、コンクリートが固まる範囲で水は減らした方がよい。

● 二酸化炭素は酸として作用するので、アルカリ性のコンクリートと反応して中性化する。アルカリ性下でさびにくい鉄筋が、中性化してさびてしまう。また塩分が多いと塩化物イオン（塩素イオン）Cl^-が酸化鉄の保護被膜を破壊して、鉄筋がさびてしまう。鉄筋がさびると膨張して、コンクリートを破壊する。水が多くてさらにコンクリートから水が抜けやすいと乾燥収縮が進み、引張りが働いてコンクリートにひびが入ってしまう。水セメント比（水結合材比）は、セメントが固まる範囲で小さい方がよい。

　　二酸化炭素がスポンジ中に浸入　→　中性化　→　鉄筋をさびさせる
　　水が多くてスポンジ状　→　水が乾燥して収縮　→　コンクリートにひび

水が多い（水セメント比（水結合材比）大）と中性化は早い？ 遅い？ 施

 早い

水攻めは　中世の戦法
水セメント比大 → 中性化早い

● 水セメント比（水結合材比）が小さいとコンクリートの組織は緻密となり、水や二酸化炭素が浸入しにくくなり、中性化は遅くなる。

● 強度、中性化いずれの面からも、水セメント比（水結合材比）は小さい方がよい。

混合セメントは中性化が早い？ 遅い？ 施

早い

水攻め、火攻めの　混合　は　中世　の戦法
混合セメント　　　中性化早い

● 混合セメントとは、高炉セメント、フライアッシュセメントなど、普通ポルトランドセメントにいろいろな混合材を加えたセメントのこと。

● 混合セメントを用いたコンクリートは、普通ポルトランドセメントを用いたものよりも$Ca(OH)_2$（水酸化カルシウム）が少なく、アルカリ性は弱くなり、中性化は早い。

中性化が早いのは屋内のコンクリート？ 屋外のコンクリート？ 施

屋内のコンクリート

籠城（ろう じょう）するのは　中世　の戦法
屋内　　　　　　　中性化早い

● ヨーロッパも日本も、中世では城を築くのが盛んだった。

● 屋内の方が二酸化炭素濃度が高いため、中性化しやすい。

Q AE剤を用いると中性化は早い？　遅い？
施

 A 遅い

化学兵器	**は**	**中世**	**の戦法ではない**
AE剤		中性化	遅い

● 化学兵器は20世紀になってから。

● AEはAir Entrainingの略。生コン中に小さな気泡を多く発生させ、ボールベアリング作用でコンクリートを流れやすくして、ワーカビリティー（施工性）を向上させる。細かい気泡には断熱効果とクッション効果があるので、耐凍害性は増す。

● 減水剤＜AE剤＜AE減水剤＜高性能AE減水剤の順に、水を減らすことができる。

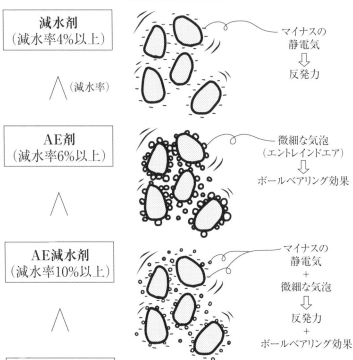

減水剤
（減水率4%以上）

∧（減水率）

マイナスの静電気
⇩
反発力

AE剤
（減水率6%以上）

∧

微細な気泡
（エントレインドエア）
⇩
ボールベアリング効果

AE減水剤
（減水率10%以上）

∧

マイナスの静電気
＋
微細な気泡
⇩
反発力
＋
ボールベアリング効果

高性能AE減水剤
（減水率18%以上）

高強度コンクリートは水が少ない（水セメント比（水結合材比）を小さくして強度を上げている）ので、これを使う

● AE剤を用いると水量を抑えられ（水セメント比（水結合材比）を小さくでき）、コンクリートが密実となる。そのため、水や二酸化炭素が入りにくくなり、中性化を防ぐことができる。

● AE剤には、単位水量を抑えられる、細かい空気泡の断熱効果で凍結融解がしにくくなる、中性化しにくくなるなどのメリットがある。一方、空気量が一定値を超えて増えると多孔質のスポンジ状となり、強度は低下する。空気量が1%増加すると、圧縮強度は約5%減少する。

● 寒中コンクリートには、AE剤、AE減水剤を必ず用いる。AE剤を用いると、気泡の断熱効果や、膨張圧を吸収するため、コンクリートの凍害が生じにくい。

● 水が多いと多孔質となり、混合セメントはセメント量が少なくアルカリ性が弱くなり、屋内では炭酸ガスが多くなり、AE剤を使わないと水が多くなる。これらが原因で中性化が早くなる。

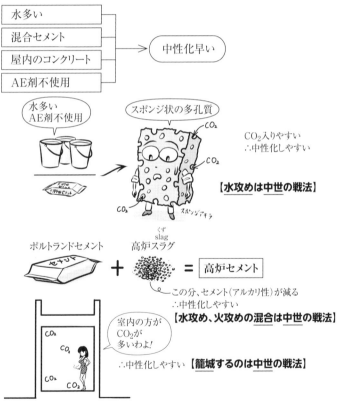

● 中性化すると鉄筋のまわりの酸化被覆（保護膜）が壊れ、さび（酸化し）やすくなる。鉄筋がさびると膨張し、コンクリートにひびが入る。

Q コンクリート中の塩化物イオン量は（　）kg/m³以下
施

A 0.3kg/m³以下

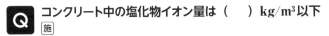

演歌ぶつ　オッサンの体重
塩化物イオン量　0.3　kg/m³以下

JASS5

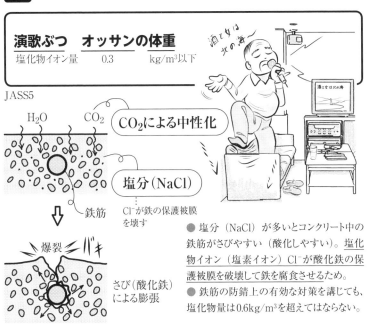

H_2O　CO_2

CO_2による中性化

塩分（NaCl）

鉄筋

Cl⁻が鉄の保護被膜
を壊す

爆裂　バキ

さび（酸化鉄）
による膨張

泊と女は　北の海

● 塩分（NaCl）が多いとコンクリート中の鉄筋がさびやすい（酸化しやすい）。塩化物イオン（塩素イオン）Cl⁻が酸化鉄の保護被膜を破壊して鉄を腐食させるため。
● 鉄筋の防錆上の有効な対策を講じても、塩化物量は0.6kg/m³を超えてはならない。

Q アルカリシリカ反応（アルカリ骨材反応）の亀裂の形は?
施

A 亀甲状（マップ状）
きっこう

アルカリシリカ反応
の模様だよ

亀　が　歩く
亀甲状　アルカリシリカ反応

亀甲状（マップ状）ひび割れ

● セメント中のアルカリ（Na、Kなど）が骨材のシリカ（SiO_2など）と反応して、吸水性のアルカリシリカゲル（$Na_2O・nSiO_2$など）を生成。それが吸水、膨張してコンクリートを壊すのがアルカリシリカ反応（アルカリ骨材反応）。混合セメント（B種、C種）はセメントが少なく、アルカリシリカ反応が起きにくい。

● マップ状とは地図の県境のような形。吸水した骨材が膨張し、骨材を起点として四方にひび割れが延びるため、そのような形となる。コンクリートに有害な化学反応の代表が以下の3つ。理屈と対策を覚えておく。

中性化	：セメント中のアルカリと空気中の二酸化炭素が反応して中性化。アルカリ性が弱まると、鉄の保護被膜が壊れる。鉄筋がさびて膨張し、コンクリートにひびが入る。 ［防ぐには、水セメント比（水結合材比）を小さくする、AE剤を用いて水を減らす、鉄筋のかぶり厚さを大きくするなど］
塩化物の害	：塩化物が鉄の保護被膜を破壊。鉄筋がさびて膨張し、コンクリートにひびが入る。 ［防ぐには、塩化物イオン量を$0.3kg/m^3$以下とする］
アルカリシリカ反応 （アルカリ骨材反応）	：セメント中のアルカリと骨材（砂、砂利）中のシリカが反応してアルカリシリカゲルとなる。それが水を吸って膨張し、コンクリートにひびが入る。 ［防ぐには、アルカリ量を減らす、混合セメントを使うなど］

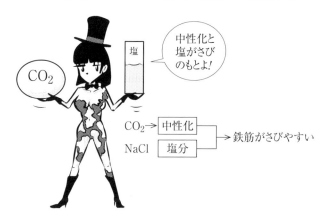

中性化と塩がさびのもとよ！

塩

CO_2

$CO_2 →$ 中性化

$NaCl$ 塩分 → 鉄筋がさびやすい

Q コンクリートの耐久性の指標で標準供用級の場合、計画供用期間はおよそ（　　）年 [構][施]

A およそ65年

65歳まで 働く のが 標準
65年　　　供用期間　　標準供用級

JASS5

● 供用とは使用に供すること、つまり使用すること。耐用年数の方がわかりやすいが、税法でその用語は使われている（減価償却期間）ので、建築では供用期間という用語が使われている。

Q コンクリートの耐久設計基準強度F_dは、計画供用級が標準の場合（　　）N/mm² [構][施]

A 24N/mm²

RC は 西（西洋）から来た
24N/mm²
（比重2.4）

JASS5

● F：force（力）、d：durability（耐久性）。

● 長期ではF_dは30N/mm²。強度が上がるほど水セメント比（水結合材比）は小さく、組織は緻密になり、二酸化炭素、水、塩分などが入りにくく、耐久性が上がる。耐久性は強度を上げる、鉄筋のかぶり厚さを増やすと向上する。標準の$F_d = 24$N/mm²とRCの比重2.4は一緒に覚えておくとよい。

構造体の計画供用期間（ポルトランドセメント、高炉セメントA種、フライアッシュセメントA種など）

計画供用期間	計画供用期間の級	耐久設計基準強度F_d(N/mm²)
およそ 30年	短期供用級	18
およそ 65年	標準供用級	24
およそ100年	長期供用級	30
およそ100年超	超長期供用級	36

Q コンクリートの品質基準強度 F_q の決め方は？
[構] [施]

A 設計基準強度 F_c と、耐久設計基準強度 F_d のうち大きい値を F_q とする

左脳（計算）　右脳（表から）

頭で設計…　設計基準強度 F_c　耐久設計基準強度 F_d

大きい方の値

品質がネック……………　品質基準強度 F_q

JASS5

● c：concrete、d：durability（耐久性）、q：quality（品質）。

● F_c は構造設計者が決め、F_d は計画している耐久性に応じて表から決め、F_c と F_d のうち大きい方を F_q とする。F_c と F_d の平均ではないので注意。左脳で計算し、右脳で図（表）を見ることから覚える。品質基準強度 F_q は建物の構造体コンクリートが満足すべき、品質の基準となる強度。

● 一般劣化環境の非腐食環境では、耐久設計基準強度 F_d は設定しなくてよい。

Q コンクリートの調合管理強度 F_m の決め方は？
[構] [施]

A F_q に構造体強度補正値 S を加えた値を F_m とする

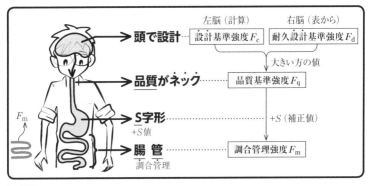

左脳（計算）　右脳（表から）

頭で設計…　設計基準強度 F_c　耐久設計基準強度 F_d

大きい方の値

品質がネック……………　品質基準強度 F_q

F_m

S字形………………………　+S（補正値）
+S値

腸管………………………　調合管理強度 F_m
調合管理

JASS5

● S：Subjunction（補正値）、m：management（管理）。

● F_m は調合を管理するための強度。理想的環境で28日間標準養生された供試体（テ

ストピース）は、現場の構造体に比べて強度が大きめに出るので、F_qに補正値Sを加えたF_mで管理する。F_mで発注すれば、現場の強度はF_q以上となるであろうと考える。

Q 打込みから28日までの予想平均気温θ℃が$8 \leqq \theta \leqq 25$℃の場合、構造体強度補正値Sは（　　）N/mm² 施

A 3N/mm²

JASS5

● $\theta < 8$、$25 < \theta$の場合はSは6N/mm²。寒いと水和反応が鈍くて固まりにくく、暑いと早期強度は高いが長期強度が出にくいため、補正値は倍の6N/mm²とする。

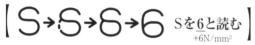

$\{ S \rightarrow S \rightarrow 8 \rightarrow 6$　Sを6と読む $\}$
+6N/mm²

● 補正値Sは28日標準養生強度と91日構造体強度の差を意味するので、$_{28}S_{91}$と書くこともある。標準養生では強度が出やすいが、建物本体の構造体は湿潤養生や温度管理が完全ではないので、強度は低くなる。

Q 構造体コンクリートの圧縮強度推定試験では、どうなったら合格? 施

A 材齢28日の3個の標準養生供試体強度の平均 ≧ 調合管理強度F_mで合格

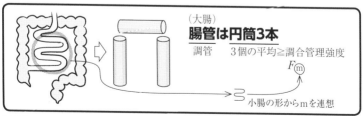

JASS5

● 1回の試験結果（3個の平均）≧F_m→合格

● 標準養生した供試体（テストピース）は強度が高めなので、補正値Sが足されたF_m以上で合格。91日後の建物本体からコア抜きされた供試体ならば、補正なしのF_q以上で合格となる。

● 建物本体の構造体強度≧F_qとするために、$F_m = F_q + S$として供試体強度≧F_mをクリアさせる。建物本体は供試体ほど理想的な湿潤養生ができず強度が劣るため、その分の強度を増やす必要がある。

標準養生　材齢28日（4週）

3個の平均値≧調合管理強度F_m ⇨ OK!

標準養生用に$F_q + S$として補正

20±3℃

3個

置き換え

| 28日標準養生供試体強度≧調合管理強度F_m |
| 91日構造体コンクリート強度≧品質基準強度F_q |

コア強度（建物本体の強度）

● 普通コンクリートの検査では、1回の検査に用いる3個の供試体は、適切な間隔をあけた3台の運搬車（ミキサー車）から各1個ずつ採取する（B法）。

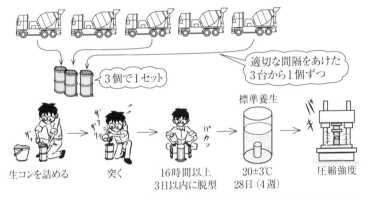

3個で1セット

適切な間隔をあけた3台から1個ずつ

標準養生

生コンを詰める　　突く　　16時間以上　　20±3℃　　圧縮強度
　　　　　　　　　　　　　　3日以内に脱型　28日（4週）

● 供試体が相似形の場合、寸法が小さいほど弱い欠陥部分が少なく、強度は大きく出る。

● 次表のF_rは呼び強度で、調合管理強度F_mに等しい。受入れ検査のミキサー車1台から3個採取する方法は、JISの製品検査に合わせたもの。検査を合理化するため、受入れ検査と構造体検査を併用できるように、A法が新たにつくられた。3台から1個ずつ取る方が安全側の採取となるが、受入れ検査とA法はJISの規定に合わせているため、1台から3個とされている。高強度コンクリートの構造体検査は、打込み日ごと、打

込み工区ごと、300m³ごとに3回の試験で、1回につき1台から採取した3個で、計3回×3個＝9個。【24N/mm²(標準)の倍強い！、150m³の倍多い！】

48N/mm²超　　　　　　　300m³ごと

コンクリート圧縮強度の検査3種（JASS5の解説の表の一部を引用して作成）

	受入れ検査	構造体検査A法	構造体検査B法
検査の意味	発注呼び強度F_rを確保しているかを発注者（施工者）が確認するため	構造体に打ち込まれた強度が品質基準強度F_qを確保していることを施工者が確認するため（理想的な標準養生では強度は高く出るため、F_qに補正値Sを足した調合管理強度F_mを上回るかを確かめる）。	
1回の試験	打込み日、打込み工区ごと、かつ150m³以下にほぼ均等に分割した単位ごとに1回		
試験の回数	3回	1回	
1回の試験での供試体の個数	3個（3回×3個で合計9個）	3個	
供試体の取り方	適当なミキサー車1台から3個		均等に分けた3台のミキサー車から1個ずつ、計3個
養生	標準養生		標準養生が原則
1回の結果X	3個の平均		
判定基準	1回の結果X≧0.85×F_rかつ3回のXの平均≧F_r	X≧F_m	
記憶術	箱入り荷物の受取り85%以上	3本の腸管調合管理強度以上	

Q 普通コンクリートの圧縮強度検査では、1回の検査を行う単位（ロット）は？ [施]

A 打込み日ごと、打込み工区ごと、かつ150m³ごとに1回の検査を行う

イチゴジュースをそそぐ
150m³ごと　　　　　　コンクリートの打込み

JASS5

● 高強度コンクリートの検査では、打込み日ごと、打込み工区ごと、かつ300m³を1単位とし1単位で各3回検査を行う。

Q 受入れ検査での1回の結果≧（　　）×F_r　（F_r：呼び強度）
施

A 0.85（85%）

構造体検査（B法） | 建物本体の強度を推定

打込み日ごと、打込み工区ごと、150m³ごと

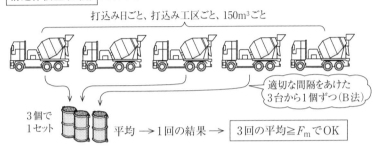

適切な間隔をあけた
3台から1個ずつ（B法）

3個で
1セット　　平均 → 1回の結果 → ┃3回の平均≧F_mでOK┃

受入れ検査

打込み日ごと、打込み工区ごと、150m³ごと

1台から3個

3個で
1セット　　平均 → 1回の結果 → ┃1回の結果≧F_r×85%┃
　　　　　　　　　　　　　　　┃3回の平均≧F_r　　┃でOK

箱 入り荷物 の 受取り
85%以上　　　　受入れ検査

JASS5、JIS

● 受入れ検査は、発注した呼び強度F_rを確保しているかを確認する。構造体検査は、品質基準強度F_qを確保しているかを確認する。構造体がF_qを確保するためには、標準養生供試体は$F_q + S = F_m$以上の必要がある。

発注する際の呼び強度は、調合管理強度 F_m と同じ値?
構 施

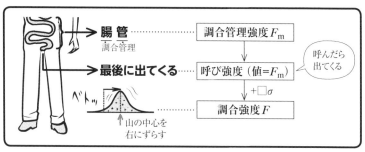 **同じ値である（呼び強度＝調合管理強度 F_m）**

JASS5

● 呼び強度とは、生コン工場に発注する際の強度。生コン工場はそれに工場での誤差を見込んで、工場が実際に調合する調合強度 F とする。ばらつきによる誤差は、今までの工場の実績における標準偏差 σ に係数をかけた値。分布の平均（山の中心）を右に少しずらして、強度を割り増しし、実際の調合を行う。右にずらすと、F_m 以下となる確率を減らすことができる。

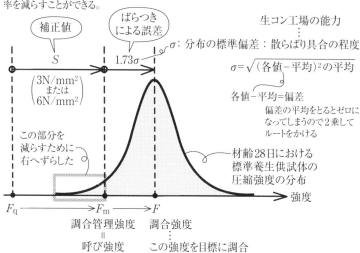

● F_c、F_d、F_q、F_m、Fはまことにややこしい。自分の体を上から下へとたどって一気に覚えてしまおう！

コンクリート強度　まとめ

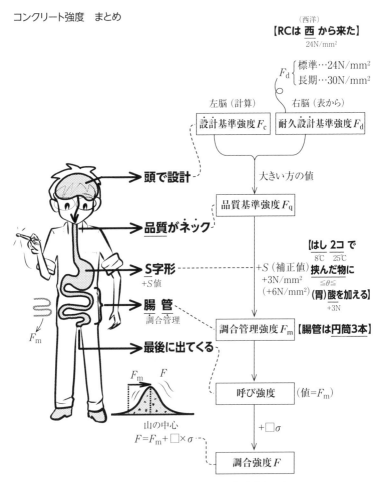

【RCは **西** から来た】
(西洋)
24N/mm²

$F_d \begin{cases} 標準\cdots 24\text{N/mm}^2 \\ 長期\cdots 30\text{N/mm}^2 \end{cases}$

左脳（計算）　　　右脳（表から）

| 設計基準強度 F_c | 耐久設計基準強度 F_d |

頭で設計

大きい方の値

品質基準強度 F_q

品質がネック

【はし **2コ** で
8℃　25℃
挟んだ物に
$\leq \theta \leq$
(胃)酸を加える】
+3N

S字形
+S値

$+S$（補正値）
+3N/mm²
（+6N/mm²）

腸 管
調合管理

調合管理強度 F_m　【腸管は円筒3本】

F_m

最後に出てくる

呼び強度　（値＝F_m）

F_m　F

山の中心
$F = F_m + \square \times \sigma$

$+\square \sigma$

調合強度 F

F：Force　c：concrete　d：durability　q：quality　S：Subjunction　m：management

116

● 供試体の養生は、一般には試験場での<u>標準養生</u>。<u>現場水中養生、現場封かん養生</u>で構造体検査を行うこともある。理想的な養生なので強度は高めに出るため、強度補正したF_m以上で合格とする。コア抜きした場合は構造体強度そのものなので、F_q以上で合格。せき板、支保工を早く取り外したい場合は、現場の環境に近い<u>現場水中養生か現場封かん養生</u>。プレキャストコンクリートは製造工程と近い<u>加熱湿潤養生</u>。

供試体の養生

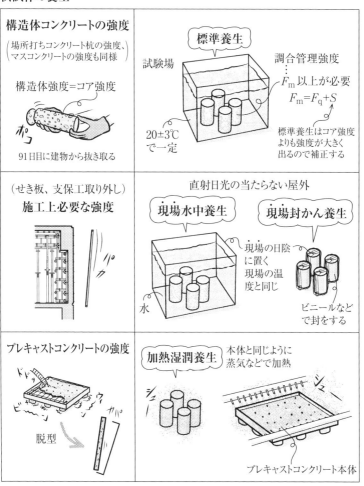

| 構造体コンクリートの強度 | 標準養生 |
| 場所打ちコンクリート杭の強度、マスコンクリートの強度も同様 | 試験場　調合管理強度 F_m以上が必要 $F_m = F_q + S$ |

構造体強度＝コア強度

ポコ

91日目に建物から抜き取る

$20 \pm 3℃$で一定

標準養生はコア強度よりも強度が大きく出るので補正する

（せき板、支保工取り外し）
施工上必要な強度

直射日光の当たらない屋外

現場水中養生　　現場封かん養生

パパ

現場の日陰に置く
現場の温度と同じ

水

ビニールなどで封をする

プレキャストコンクリートの強度

加熱湿潤養生　本体と同じように蒸気などで加熱

ビシ

脱型

プレキャストコンクリート本体

JASS5、JASS10

Q スランプは（　）±（　）cm以下
施

A 18±2.5cm以下（調合管理強度 F_m が33N/mm² 未満の場合）

スランプはいや　でもニコニコで
18cm以下　± 2.5cm

（スランプで）
耳が　たれる
33N/mm² 未満

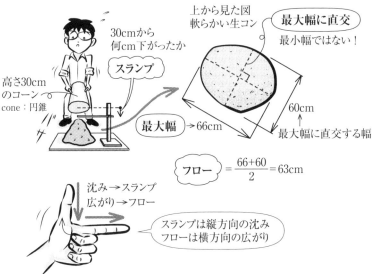

上から見た図
軟らかい生コン

最大幅に直交
最小幅ではない！

30cmから
何cm下がったか
スランプ

高さ30cm
のコーン
cone：円錐

最大幅 →66cm

60cm
最大幅に直交する幅

$$フロー = \frac{66+60}{2} = 63cm$$

沈み→スランプ
広がり→フロー

スランプは縦方向の沈み
フローは横方向の広がり

● スランプはスランプコーンに入れた生コンが何cm下がったかの値で、水や空気が多く軟らかい生コンはスランプが大きくなる。フロー（スランプフロー）は横の広がりが何cmあるかの値。

● 高強度コンクリートは水セメント比（水結合材比）が小さく粘性が高いので、高性能AE減水剤を使う。高性能AE減水剤を使うと非常に軟らかくなって広がるので、スラン

プよりもフローで測って、軟らかさ、流動性、施工性（ワーカビリティー）の指標とする。

● 気温や生コンの温度が高いとセメントの水和反応が早く進み、早く粘りが出てスランプは早く低下する。運搬中のスランプロスは、現場打ちに支障をきたす。

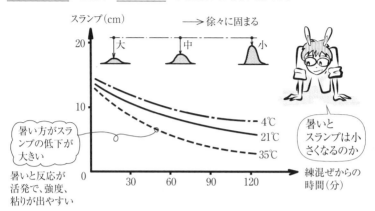

スランプ（cm）
──→ 徐々に固まる
大　中　小

暑い方がスランプの低下が大きい

暑いと反応が活発で、強度、粘りが出やすい

……… 4℃
──── 21℃
‐‐‐‐ 35℃

練混ぜからの時間（分）

暑いとスランプは小さくなるのか

2

Q 普通ポルトランドセメントを用いたコンクリートの水セメント比（水粉体比）は（　　）％以下　施

A 65％以下

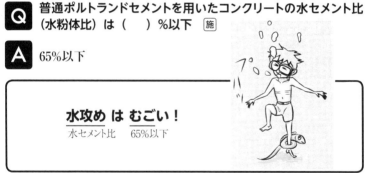

水攻め は むごい！
水セメント比　65％以下

JASS5

● 上記は計画供用期間が、短期、標準、長期の場合。超長期では55％以下。

● ワーカビリティー（施工性）や材料分離抵抗性に関する規定では、従来の水セメント比は厳密には水粉体比を使う。固まらない粉でも粘性に影響するため。

● 水セメント比（水粉体比）は小さいほど、組織が緻密となって、強度が大きくなるばかりでなく、耐久性も向上する。

● 普通ポルトランドセメントの普通とは、早強や中庸熱ではなく一般的なポルトランドセメントということ。普通コンクリートの普通は骨材が軽量、重量ではなく普通という意味。コンクリートの「コ」と骨材の「コ」をこじつけて覚えるとよい。

【普通コン→コツ材が普通】

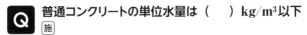

Q 普通コンクリートの単位水量は（　　）kg/m³以下 施

A 185kg/m³以下

$$\underset{1}{\underline{1\,m^3\,の\,箱}}\quad の\quad \underset{85kg/m^3以下}{\underline{水量}}$$

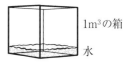

1m³の箱

水

JASS5

● 単位水量の単位とは、生コン1m³という意味。生コン1m³中に何kg水が入っているかが単位水量。水セメント比（水結合材比・水粉体比）がセメント（結合材・粉体）との相対量であるのに対し、単位水量は絶対量での水量の制限。

Q 普通コンクリートの単位セメント量（単位粉体量）は
（　　）kg/m³以上 施

A 270kg/m³以上

$$\underset{270kg/m^3以上}{\underline{\underset{重い→kg}{\textbf{セメント}}を担う}}$$

セメント袋を担う自分をイメージ

JASS5

● 生コン1m³中に何kgのセメント（粉体）が入っているかが単位セメント量（単位粉体量）。水セメント比（水粉体比）と単位水量から決まる。

● 水セメント比（水粉体比）＝（単位水量 kg/m³）／（単位セメント（粉体）量 kg/m³）

● 単位セメント量（単位粉体量）が多すぎると、水和反応が盛んとなって水和熱が大きくなる。またセメントペーストは骨材よりも乾燥収縮しやすい。よって単位セメント量（単位粉体量）が多いと温度ひび割れ、乾燥収縮ひび割れが発生しやすくなる。

● コンクリートの調合では、多くの係数が関係してくる。以下の係数を頭に入れておく。

コンクリート調合の要点

スランプ ——————▶ できるだけ小さく

水の少ない、スランプの小さい　18±2.5cm以下
硬練りの生コンをていねいに打つ

あまり小さいと流れにくい

水セメント比 ——————▶ できるだけ小さく
（水結合材比）

水セメント比小→強度大　　　　　65%以下
強度から水セメント比を決める

強度大　　　　強度小

あまり小さいと流れにくい

単位水量 ——————▶ できるだけ少なく

水が多いとスカスカで、　　　　185kg/m³以下
強度小、密度小、収縮大

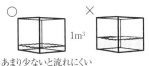

あまり少ないと流れにくい

単位セメント量 ——————▶ できるだけ多く
（単位粉体量）

セメントペーストが少ないと　　270kg/m³以上
流れにくく、強度、水密性、
耐久性が低下する

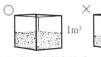

あまり多いと乾燥収縮　大

骨材量 ——————▶ できるだけ多く

骨材は強度が大きく、収縮が少なく、安い

あまり多いと材料分離しやすい

粗骨材最大寸法 ——▶ できるだけ大きく

骨材が大きいと、流れやすく、強度も出やすい

あまり大きいと、鉄筋にひっかかって
詰まる（スクリーニング）

細骨材率 ——————▶ できるだけ小さく

砂が少ないと流れやすい

あまり小さいと材料分離しやすい

Q コンクリートの主要検査項目6種は？
施

A ①スランプ、②フロー、③空気量、④塩化物イオン量、⑤温度、⑥強度

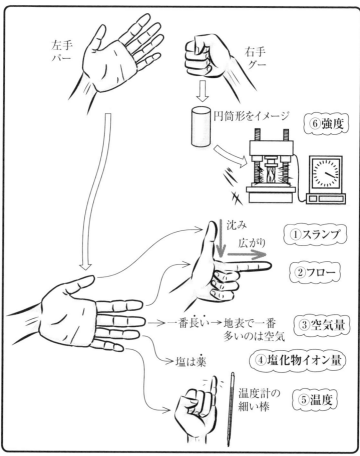

左手
パー

右手
グー

円筒形をイメージ

⑥強度

沈み
広がり

①スランプ

②フロー

一番長い→地表で一番
多いのは空気

③空気量

塩は薬

④塩化物イオン量

温度計の
細い棒

⑤温度

● 生コン受入れ時の主要検査項目6種と次項の管理数字は、スラスラ言えるまで繰り返す。

● 工場で準備され（ready）混ぜられた（mixed）調合済みのコンクリートはレディーミ
クストコンクリート（レミコン）、まだ固まっていない新鮮な（fresh）コンクリートはフレッシュ
コンクリートと正式には言われるが、生コンの方が一般によく使われている。

Q コンクリートの主要検査項目①〜④の管理数字は?
施

A

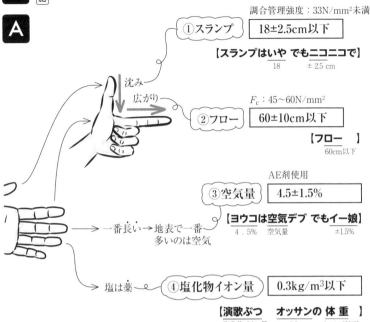

調合管理強度：33N/mm²未満

① スランプ 18 ± 2.5cm以下

【スランプは**いや** でも**ニコニコで**】
　　　　　　18　　　±2.5 cm

F_c：45〜60N/mm²

② フロー 60 ± 10cm以下

【フロー　】
60cm以下

AE剤使用

③ 空気量 $4.5\pm1.5\%$

【**ヨウコ**は空気**デブ** でも**イー娘**】
4.5%　空気量　　　±1.5%

④ 塩化物イオン量 0.3kg/m³以下

【演歌ぶつ　　オッサンの 体 重　】
塩化物イオン量　　0.3　　　kg/m³以下

沈み
広がり

一番長い→地表で一番
多いのは空気

塩は薬

● スランプの18 ± 2.5cm以下、空気量の$4.5\pm1.5\%$以下の±2.5、±1.5はよく狙われるのでしっかりと覚えておく。

Q ブリーディング（bleeding）とは?
施

A 砂利が重さで沈んで水が上昇し、骨材が分離すること

> **骨材　分離**
> ブリーディング

● ブリード（bleed）とは血などの液体を出すこと。blood（血）の動詞形。生コンから水がしみ出るので、そのように呼ばれる。

● 水セメント比（水粉体比）を大きくすると、セメントペーストの粘性が低くなり、ブリーディングが多く発生し、骨材分離が起こりやすくなる。

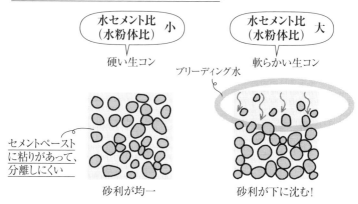

水セメント比（水粉体比） 小
硬い生コン

水セメント比（水粉体比） 大
軟らかい生コン

ブリーディング水

セメントペーストに粘りがあって、分離しにくい

砂利が均一

砂利が下に沈む!

Q レイタンス（laitance）とは?
[施]

A ブリーディングによって表面に浮かぶ微細な物質

タンスの上にチリが積もる
レイタンス

● なべ料理のあくのようなもので、スラブ上にたまる。上に打ち継ぐ場合は、高圧洗浄やワイヤブラシでレイタンスを除去する。レイタンスがたまったまま打ち継ぐと、コンクリートが一体化しない。

Q セメントペーストが回っていない豆板状の部分を（　　）という
[施]

A ジャンカ

ジャンカ　じゃんか!　ダメじゃんか!

● ジャンカの周囲の弱いコンクリートははつり取り、水洗いした後に水の少ない硬練りのモルタルで補修する。豆板とは豆を砂糖で固めたお菓子で、ジャンカに似ている。

● タンピング（生コンの表面を打つ作業、締固め）や湿潤養生を怠ると、白くてパサパサなコンクリートができる。コンクリートは黒くてツルツルしている方が強度、耐久性があってよい。

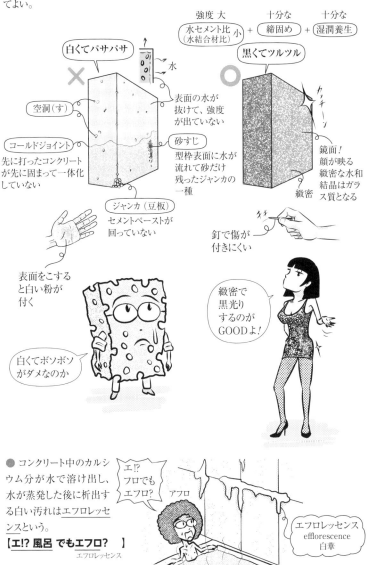

強度 大

$$\frac{\text{水セメント比}}{\text{（水結合材比）}} \text{ 小} + \text{十分な } \boxed{\text{締固め}} + \text{十分な } \boxed{\text{湿潤養生}}$$

白くてパサパサ ✕

水

空洞（す）

コールドジョイント
先に打ったコンクリートが先に固まって一体化していない

砂すじ
型枠表面に水が流れて砂だけ残ったジャンカの一種

ジャンカ（豆板）
セメントペーストが回っていない

表面の水が抜けて、強度が出ていない

黒くてツルツル ○

カッキーン

鏡面！
顔が映る緻密な水和結晶はガラス質となる

緻密

釘で傷が付きにくい

表面をこすると白い粉が付く

白くてボソボソがダメなのか

緻密で黒光りするのがGOODよ！

● コンクリート中のカルシウム分が水で溶け出し、水が蒸発した後に析出する白い汚れはエフロレッセンスという。

【エ!? 風呂 でもエフロ? 】
エフロレッセンス

エ!?フロでもエフロ？

アフロ

エフロレッセンス
efflorescence
白華

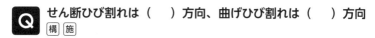

Q せん断ひび割れは（　　）方向、曲げひび割れは（　　）方向
構 施

A 斜め方向、縦横方向（スラブ下面では斜めあり）

選　抜　野球の
せん断　×方向

カーブは縦横のみ
曲げ

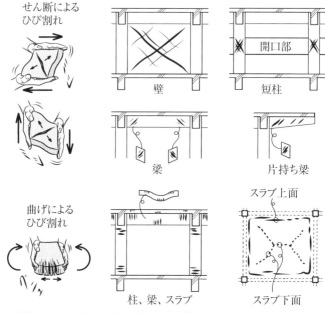

せん断による
ひび割れ

壁

開口部
短柱

梁

片持ち梁

曲げによる
ひび割れ

柱、梁、スラブ

スラブ上面

スラブ下面

● せん断は平行四辺形の変形で、伸びる対角線方向に引っ張られることからひび割れの形がわかる。曲げは扇形の変形を考え、伸びる側が引っ張られることからひび割れの形がわかる。コンクリートは引張りに極端に弱く、すぐに亀裂（クラック）が入る。
● 乾燥収縮ひび割れは、収縮する距離が長い方に引っ張られてそれに直交する方向にひびが入る。

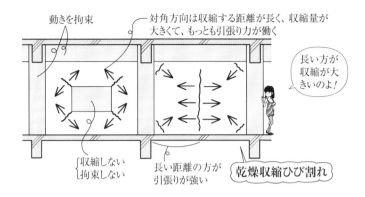

動きを拘束

対角方向は収縮する距離が長く、収縮量が
大きくて、もっとも引張り力が働く

長い方が
収縮が大
きいのよ！

$\begin{cases} 収縮しない \\ 拘束しない \end{cases}$

長い距離の方が
引張りが強い

乾燥収縮ひび割れ

Q 鉛直荷重、水平荷重、各々が働く門形ラーメンの曲げひび割れ
の形は？ 構 施

A

鉛直荷重

水平荷重

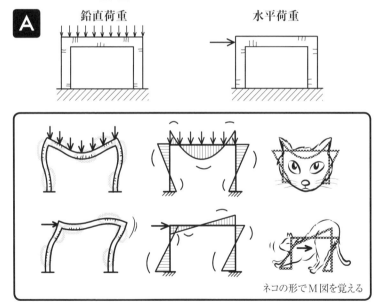

ネコの形でM図を覚える

● 門形ラーメンの曲げモーメント図（M図）は、変形が簡単にわからないので、覚えて
しまうとよい。M図の側が伸ばされるので、M図の側にひびが材に直角に入る。

● コンクリートの有害なひび割れ、たわみの有無は、支保工を取り外して重さをかけてか
ら確認する。

2 | RC造 | 127

主要なひび割れと対策 （構造のひび割れを除く）

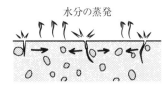

水分の蒸発

乾燥収縮ひび割れ

（対策）
・単位水量を減らす
・水セメント比（水結合材比）の小さい
　硬練りの生コンを、しっかり締め固め、
　突き固めて、十分に湿潤養生する
・骨材を石灰岩の砕石とする
・収縮低減剤、膨張材を使う

打込み直後　　表面水の蒸発

プラスチックひび割れ

（対策）
・固まる前にすぐにタンピング（締固め）
　して均す
・直射日光が当たらないようにする

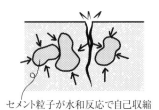

セメント粒子が水和反応で自己収縮

自己収縮ひび割れ

（対策）
・単位セメント量（単位結合材量）を
　減らす
・収縮低減剤、膨張材を使う

外側は冷
えて収縮

内側は膨張
したまま　　　　水和熱
　　マスコンクリートに発生しやすい

温度ひび割れ

（対策）
・単位セメント量（単位結合材量）を
　減らす
・低熱性のセメント（低熱ポルトランド
　セメント、高炉セメントなど）を使う

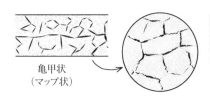

亀甲状
（マップ状）

アルカリシリカ反応
　　（アルカリ骨材反応）

（対策）　　　　【亀 が 歩く 】
・コンクリートの　　亀甲状　アルカリ
　アルカリ量を　　　　　　シリカ反応
　減らす

128

暑中コンクリート、マスコンクリートでは、荷卸し時のコンクリートの温度は（　　）℃以下 施

A 35℃以下

日光
25℃超

サンゴの国は暑い
35℃以下　　暑中コンクリート

サンゴ が 群生
35℃以下　　マス

マスコンクリートは
熱をもつのよ！

JASS5

● 2級の試験では暑中コンクリートとはいわず、「日平均気温の日別平滑値が25℃を超える期間のコンクリート工事」とされている。暑中コンクリートの適用期間は、日平均気温の日別平滑値（10年のデータを平滑化処理した値）が25℃を超える期間。**【日光で暑い】**
　　　　　　　　　　　　　　　　　　　　　　　　　　　　　　　　　　　25℃超

　その25℃は、気温θが8≦θ≦25℃では強度補正$S=3N/mm^2$、θ<8、25<θでは$S=6N/mm^2$とすることにも対応。**【はし2個で挟んだ物に(胃)酸を加える】**

● 暑いとき以外に、マスコンクリート（大断面のコンクリート）も熱をもちやすいので、35℃以下とされている。

Q **コンクリートポンプによる圧送で、粗骨材の最大寸法が20mm、25mmの場合の輸送管の呼び寸法は（　　　）以上** 施

A 100A 以上

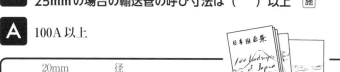

20mm　　　　　　　径
日 本 国 百 景 を 輸出する
　　25mm　　　100A　　輸送

JASS5

● 100Aとは鋼管の内径が100mmを示す。粗骨材の最大寸法が40mmの場合は125A以上。

Q 先送りモルタルは富調合？　貧調合？ [施]

A 富調合

ファーストクラスの
お客さまー
先に御搭乗
お願いしまーす

金持ち
が先よ

金持ちを先に乗せる
富調合　　先送りモルタル

● 富調合はセメント（結合材）が多い調合、貧調合はセメントが少ない調合。輸送管内はコンクリートでザラついていて、生コンをそのまま流すと水が吸われたり流れにくくなったりする。そこで富調合のモルタルを先送りして、水が吸われないように、生コンが流れやすいようにする（潤滑性）。先送りしたモルタルは成分が違うので、型枠内には打ち込まず破棄するのが原則。

● モルタル塗りの場合、下塗りの方が接着力、強度が必要なので富調合とする。この場合も富調合が先となる。

Q コンクリート練混ぜから打込み終了までの時間は、予想気温が25℃未満の場合、（　　）分以内 [施]

A 120分以内

日光
25℃未満

1個　　　　2個
　　120分

ミキサー車のタイヤの数から連想
混ぜてから打つまで

JASS5

● コンクリートは暑いと早く固まってしまう（スランプロスが大きい）ので、25℃以上では90分以内とする。境界の25℃は、強度補正値 S を求める際に8℃以上25℃以下は3N/mm²とする場合の25℃と同じ。ミキサー車（トラックアジテータ）の後ろのタイヤは大型（4.5m³）で2個、小型（1.5m³）で1個。

● ミキサー車のドラムには、スクリュー状の刃（ブレード）が付いていて、生コン工場で混ぜられた生コンが固まったり分離したりしないように、後ろから見て反時計回りに回転させてかくはんしながら輸送する。排出前に反時計回りに高速回転させ、十分にかくはんして材料を均質にする。排出する際はドラムを時計回りに回転させて、アルキメデスのスクリューの原理で生コンを上へと送り出す。

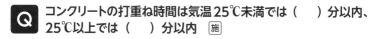

Q コンクリートの打重ね時間は気温25℃未満では（　　）分以内、25℃以上では（　　）分以内　施

A 150分、120分

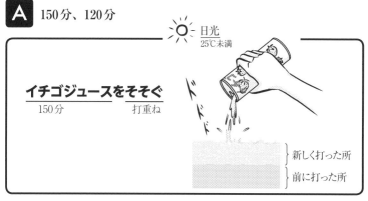

JASS5

● 150m³、150分、と同じ語呂で2つ覚える。

【**イチゴジュースをそそぐ**】 {
構造体コンクリートの強度試験 …150m³ごとに1回
打重ね間隔の時間………………150分
}

● 吹抜けの部屋などの高い壁を回し打ち（部屋を一周しながら打つ）する場合などに、前に打ったコンクリートの上に打つ。あまり時間をおくと、前に打ったコンクリートとの間がコールドジョイントとなって、一体化しない。

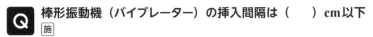

Q 棒形振動機（バイブレーター）の挿入間隔は（　　）cm以下
施

A 60cm以下

> ### （岩）
> ### ロックになる前に振動させる
> 60cm以下間隔

JASS5

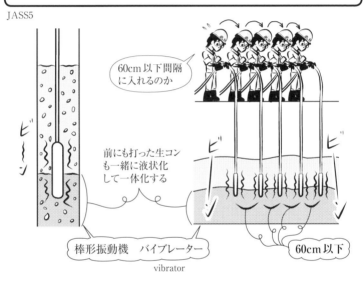

60cm以下間隔
に入れるのか

前にも打った生コン
も一緒に液状化
して一体化する

棒形振動機　バイブレーター
vibrator

60cm以下

● コールドジョイント（一体化されていない継目）が発生しないように、棒形振動機（バイブレーター）で振動させて液状化させ、上下の層を一体化させる。先に打った生コンの層に振動機の先端が入るようにほぼ鉛直に挿入し、コンクリートに穴を残さないように加振しながら徐々に引き抜く。挿入間隔は60cm以下。加振はコンクリートの上面にセメントペーストが浮くまで行う。1カ所であまり長く振動させると、液状化しすぎて砂利だけ下がる材料分離が起きてしまう。型枠支保工の単管（鉄パイプ）にも、小型のバイブレーターを付けて生コンが隅々に回るようにする。

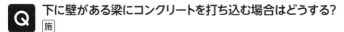

Q 下に壁がある梁にコンクリートを打ち込む場合はどうする？
[施]

A 一気に打たず、壁のコンクリートの沈み込みが落ち着くのを待ってから梁を打つ

壁の生コンが沈み終わる ⇨ 梁を打つ

- 梁への打込み
- 一気に打ち込むと空気を巻き込んだり、空げきができたりするのか
- 高い柱への打込み
- 高い所から落とすとまずいのか
- ホッパー hopper
- 梁との境界にひびが入る！
- 縦型シュート chute またはホース（パイプ）
- 高い所から打つと、砂利だけ先に落ちることあり
- 打込み口
- エントラップトエア entrap：わなにかける　巻き込む
- 沈降　沈むのを待ってから打つ

● 下に壁や柱のある梁に一気に打ち込むと、沈み終わらないうちに上に生コンが流れ込むので、空気を巻き込んだり、空げきがあいたりしてしまう。壁、柱の生コンが沈み終わるのを待って、梁を打つ。

● 柱を打つ場合、直接上から打つと生コンが分離して落ちてしまうので、スラブや梁で受けてから柱に流し込むようにする。柱が高い場合は、縦型シュートやホースを使ったり、途中に打込み口をつくるなどして、分離せずに流れるように工夫する。

● コンクリート輸送管の振動で鉄筋が動かないように、支持台、吊り金具などを使う。

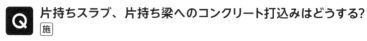

Q 片持ちスラブ、片持ち梁へのコンクリート打込みはどうする？ 施

A 支持する構造体と一体となるように打ち込む

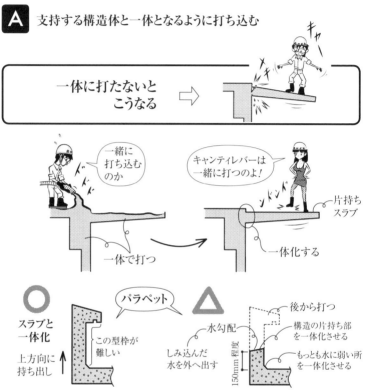

一体に打たないと
こうなる

一緒に
打ち込む
のか

キャンティレバーは
一緒に打つのよ！

片持ち
スラブ

一体で打つ

一体化する

○
スラブと
一体化

上方向に
持ち出し

この型枠が
難しい

パラペット

△

水勾配

しみ込んだ
水を外へ出す

後から打つ

構造の片持ち部
を一体化させる

もっとも水に弱い所
を一体化させる

150mm程度

下だけスラブと一体化

● 片持ち（持出し、キャンティレバー）は支持する構造体と一体となるように打ち込む。別々に打つと、根元の曲げ応力が大きい所で折れ曲がる危険がある。

● パラペットは上方向に片持ちとなる部分で、根元に亀裂が入りやすく、防水の弱点となりやすい。よってパラペットも床スラブと一体となるように打つのがよい。立上がり部内側の型枠は床から浮いてしまってつくりにくいので、立上がりの一部分だけ打ってから上に延ばすこともよく行われる。

Q スラブへのコンクリート打ちは、奥から手前？ 手前から奥？
施

A 奥（遠く）から手前（近く）に打つ

手前から奥に打つ
とこうなる

踏み荒らし

● スラブは奥（遠く）から手前（近く）に向けて、後ろに進みながらコンクリート打ちの作業をすれば、踏み荒らしなどが少なくてすむ。

● 壁への打込みは、ホースの位置を固定して横流すると、材料分離や沈みひび割れが発生しやすくなる。ホースを動かしながら、上から下へ締め固めながら、余分な水や空気を追い出しながら打ち込む。

● スラブ打込み後1日経過すれば、振動、衝撃を与えないようにして、墨出しを行うことができる。

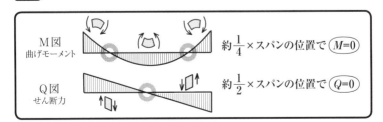

【横流しはダメ!】

柱

砂利が先に流れて多く集まる

柱は鉄筋が多く、砂利が分離しやすい

沈みひび割れが発生する

モルタルは粘性があるのでゆっくり流れる

Q 梁、スラブにおけるコンクリートの鉛直打継ぎ位置は？
施

A スパンの端から1/4付近か1/2付近で打ち継ぐ

M図
曲げモーメント

約 $\frac{1}{4}$ ×スパンの位置で $M=0$

Q図
せん断力

約 $\frac{1}{2}$ ×スパンの位置で $Q=0$

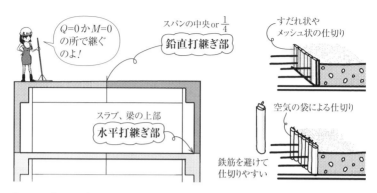

● スパンを1回で打てない場合、M図のM=0の位置か、Q図のQ=0の位置で打ち継ぐ。梁、スラブをスパン端部で打ち継ぐのは不可！ラーメンの梁のM図、Q図の形は覚えておくとよい。

● 水平打継ぎはスラブ、梁の上端で行う。外壁の打継ぎ部は外勾配とし、水がしみ込んでも外に出るようにする。打継ぎ面のレイタンスや脆弱なコンクリートは高圧洗浄やワイヤブラシで取り除く。水セメント比が変わってしまうので、打継ぎ面の乾燥や水たまり（水膜）は避ける。打込み後、24時間経過したらスラブ上で墨出しが可能。

Q 寒冷期の保温養生は、（　　）日以上、（　　）℃以上
施

A 5日以上、2℃以上

| 北海道 | で | ニシン | 漁 |
寒冷期　　　2℃以下

釣針の形から5を連想

JASS5

保温養生 2℃以上 5日以上　　　湿潤養生 5日以上

● 気温が低いと水和反応が進まず、零下では水が凍ってコンクリートが壊れる（凍害）ので、打込み後5日以上は2℃以上に保つ。

Q 普通ポルトランドセメントの湿潤養生期間は短期、標準で（　　）日以上、長期、超長期で（　　）日以上　施

A 短期、標準で5日以上　　　長期、超長期で7日以上

週　　5日　ビールで**湿潤養生**！
7日以上　5日以上

仕事の後は
のどを
湿潤養生！

JASS5　　　　　　　　　　　　　　　　　　　　湿潤養生の期間

セメントの種類＼計画供用期間の級	短　期 および 標　準	長　期 および 超長期
早強ポルトランドセメント	3日以上	5日以上
普通ポルトランドセメント	5日以上	7日以上
中庸熱および低熱ポルトランドセメント、高炉セメントB種、フライアッシュセメントB種	7日以上	10日以上

ゆっくり固まるので、湿潤養生期間は長い

● コンクリートは水と反応して固まる水硬性で、乾いて固まる気硬性ではない。乾燥させると水和反応が進まず強度が低下し、乾燥収縮ひび割れも起こす。散水してシートをかぶせる、湿ったむしろをかぶせる、プラスチックフィルムを表面に張るなどの湿潤養生が必要。透水性の小さいせき板を存置している壁の場合は、湿潤養生していると見なされる。
● 供試体（テストピース）の強度試験で行う20±2℃の水に28日間つける標準養生が、理想的な養生と覚えておくとよい。打継ぎをする際、前に打った部分を湿潤にしておくのも、軽量骨材に吸水させておくのも、水を吸ってコンクリートの強度が出ないことを防ぐ意味がある。
● 湿潤養生期間の5日に±1日すると、垂直せき板存置期間となる。せき板を付けた状態は、湿潤養生と見なされる。

湿潤養生　　　　　　　　垂直せき板存置
（5日以上）　→±1日→　（4日以上）　（6日以上）
　　　　　　　　　　　　20℃≦θ　10℃≦θ<20℃
　　　　　　　　　　（水平せき板は強度が関係するので、もっと長く必要）

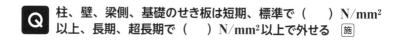

Q 柱、壁、梁側、基礎のせき板は短期、標準で（　　）N/mm² 以上、長期、超長期で（　　）N/mm²以上で外せる 施

A 5N/mm²以上、10N/mm²以上

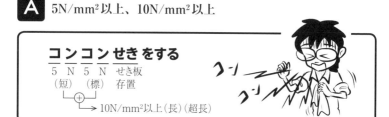

コンコン せき をする
| 5 N | 5 N | せき板 |
| (短) | (標) | 存置 |

＋
→ 10N/mm²以上（長）（超長）

JASS5

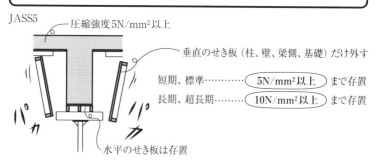

圧縮強度5N/mm²以上

垂直のせき板（柱、壁、梁側、基礎）だけ外す

短期、標準‥‥‥‥‥ 5N/mm²以上 まで存置

長期、超長期‥‥‥‥ 10N/mm²以上 まで存置

水平のせき板は存置

● せき板の存置期間は何日という材齢と、何N/mm²で外せるという圧縮強度があるが、両方満足しなければならないのではなく、片方だけ満足すれば外せる。

Q 柱、壁、梁側、基礎のせき板の存置期間は短期、標準で、20℃以上で（　　）日、20℃未満10℃以上で（　　）日 施

A 4日、6日

コンコン せきをする、 シロ い顔

4日 6日

JASS5

● 湿潤養生は、短期、標準で5日以上。その5日±1日が垂直せき板の存置期間。

138

Q 梁下、スラブ下の水平のせき板は、設計基準強度 F_c の（　）％以上で外せる ［施］

A 50%以上

水兵	高齢	せき をする
水平	50%以上	せき板

高齢

国交告

● 梁下スラブ下のパイプサポートを少し下げ、せき板を外してから、受け板を挟んでパイプサポートを上げて梁、スラブを支える。この作業を<u>支柱の盛替え</u>（もりかえ）という。パイプサポートなどの支保工を外せるのは、梁は F_c の100%、スラブは F_c の85%以上となってから。

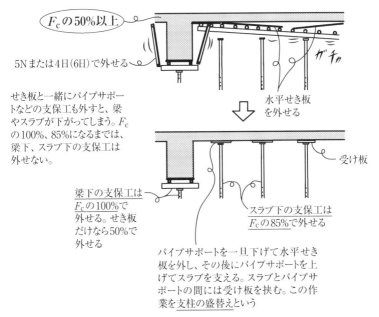

F_c の50%以上

5Nまたは4日（6日）で外せる

せき板と一緒にパイプサポートなどの支保工も外すと、梁やスラブが下がってしまう。F_c の100%、85%になるまでは、梁下、スラブ下の支保工は外せない。

水平せき板を外せる

受け板

<u>梁下の支保工は F_c の100%で</u>外せる。せき板だけなら50%で外せる

<u>スラブ下の支保工は F_c の85%で外せる</u>

パイプサポートを一旦下げて水平せき板を外し、その後にパイプサポートを上げてスラブを支える。スラブとパイプサポートの間には受け板を挟む。この作業を<u>支柱の盛替え</u>という

● <u>型枠と足場を連結するのは不可</u>。足場の振動が型枠に伝わるため。

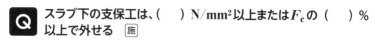

Q スラブ下の支保工は、(　　) N/mm²以上またはF_cの(　　) %以上で外せる 施

A 12N/mm²以上（＋構造計算）、85％以上

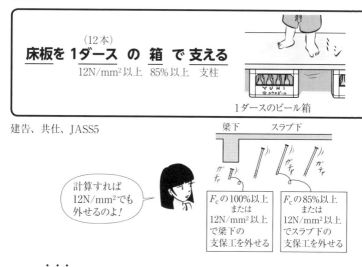

（12本）
床板を 1ダース の 箱 で 支える
12N/mm²以上　85％以上　支柱

1ダースのビール箱

建告、共仕、JASS5

計算すれば
12N/mm²でも
外せるのよ！

梁下

F_cの100％以上
または
12N/mm²以上
で梁下の
支保工を外せる

スラブ下

F_cの85％以上
または
12N/mm²以上
でスラブ下の
支保工を外せる

● 梁、片持ちスラブはたわみやすいので、支保工の存置はF_cの100％以上必要（頻出）。せき板、支保工の存置期間、外せる強度は確実に覚えておくこと。

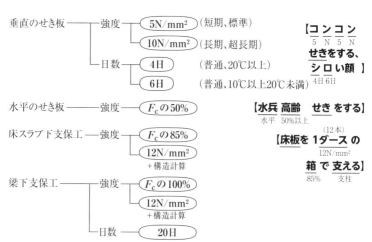

垂直のせき板 ── 強度 ─┬─ 5N/mm²（短期、標準）
　　　　　　　　　　　└─ 10N/mm²（長期、超長期）
　　　　　　　── 日数 ─┬─ 4日　（普通、20℃以上）
　　　　　　　　　　　　└─ 6日　（普通、10℃以上20℃未満）

水平のせき板 ── 強度 ── F_cの50％

床スラブ下支保工 ── 強度 ─┬─ F_cの85％
　　　　　　　　　　　　　└─ 12N/mm²　＋構造計算

梁下支保工 ── 強度 ─┬─ F_cの100％
　　　　　　　　　　├─ 12N/mm²　＋構造計算
　　　　── 日数 ─── 20日

【コンコン
　5 N 5 N
せきをする、
シロ い顔 】
4日 6日

【水兵 高齢 せき をする】
水平 50％以上

（12本）
【床板を 1ダース の
　　　　12N/mm²
箱 で 支える】
85％　　支柱

せき板には針葉樹と広葉樹のどちらがよい?
施

A 針葉樹

針葉 は 信用 できる

● せき板にはスギ、マツなどの針葉樹の方が、コンクリートの硬化不良を起こしにくい。広葉樹はアルカリ抽出物が多く、コンクリートの硬化不良を起こしやすい。それを防ぐために、塗装されたせき板がよく使われている。

● せき板（型枠用合板）の保管は2本の受け材の上に平積みし、シートを掛ける。一方、板ガラスは平積みすると重くて割れるので、縦積みとする。

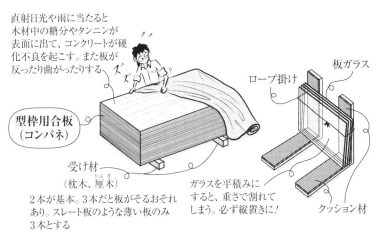

直射日光や雨に当たると木材中の糖分やタンニンが表面に出て、コンクリートが硬化不良を起こす。また板が反ったり曲がったりする

型枠用合板（コンパネ）

板ガラス

ロープ掛け

受け材（枕木、厘木）

2本が基本。3本だと板がそるおそれあり。スレート板のような薄い板のみ3本とする

ガラスを平積みにすると、重さで割れてしまう。必ず縦置きに！

クッション材

● せき板に使う型枠用合板は、特記がなければJAS（日本農林規格）の厚さ12mm。厚さ9mmは不可（頻出）。合板表面のグレードは、節、割れ、欠けの少ない順にA、B、C、Dがある。B－C品は、片面がB、片面がCの合板。

● ウレタン系樹脂で表面処理した型枠用合板（ウレタン塗装コンパネ）は、仕上がりが平滑になるので打放し仕上げによく使われる。またコンクリートからはく離しやすく、傷の少ないものは上階へと転用できる。転用する場合ははく離剤を塗っておく。

Q 両面仕上げありの場合のセパレーターは（　　）型
施

A C型

> # 仕上げあり
> C型

● 両面打放しは<u>B型</u>、両面仕上げありは<u>C型</u>、片面打放し−片面仕上げありは<u>BC型</u>を使う。

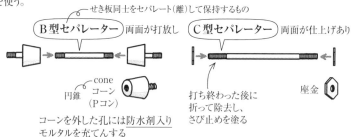

せき板同士をセパレート（離）して保持するもの

B型セパレーター 両面が打放し　　C型セパレーター 両面が仕上げあり

cone
コーン
（Pコン）
円錐

コーンを外した孔には<u>防水剤入り</u>
<u>モルタルを充てんする</u>

打ち終わった後に
折って除去し、
さび止めを塗る

座金

● 地下水が浸透するおそれのある場合は、<u>ゴム製止水板が中央に付いたセパレーター</u>を使う。また打継ぎ面にも<u>止水板</u>を入れる。
● <u>型枠</u>は生コンをせき止める<u>せき板</u>と、それを支持する<u>支保工</u>からなる。<u>パイプサポート</u>は<u>2本まで継ぐ</u>ことができ、<u>4本のボルトか専用の金具</u>でしっかりと留める。

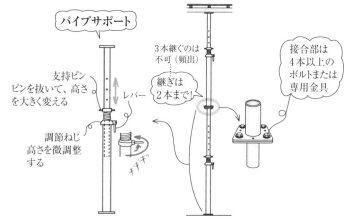

パイプサポート

支持ピン
ピンを抜いて、高さ
を大きく変える

レバー

調節ねじ
高さを微調整
する

ギチギチ

3本継ぐのは
不可（頻出）

継ぎは
2本まで！

接合部は
4本以上の
ボルトまたは
専用金具

● <u>型枠は足場などの仮設と連結しない。</u> 振動が伝わって、コンクリートに悪影響が及ぶため（頻出）。

142

Q パイプサポートの水平つなぎは、高さが（　　）mを超えるときは
（　　）m以内ごとに2方向に入れる　施

A 3.5mを超えるとき、2m以内ごとに

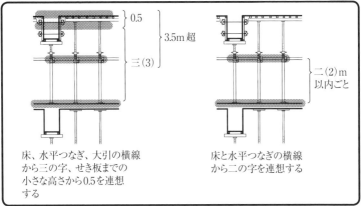

0.5

3.5m超

三（3）

床、水平つなぎ、大引の横線
から三の字、せき板までの
小さな高さから0.5を連想
する

二（2）m
以内ごと

床と水平つなぎの横線
から二の字を連想する

労安規

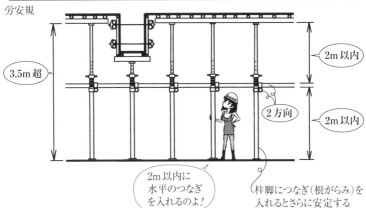

3.5m超

2m以内

2方向

2m以内

2m以内に
水平のつなぎ
を入れるのよ！

柱脚につなぎ（根がらみ）を
入れるとさらに安定する

● パイプサポートと鋼管（単管）は違うので注意。パイプサポートは型枠支保工専用の
支柱、鋼管（単管）は足場などでも使われる。そのほかに既製品の枠組足場である鋼
管枠（枠組式支保工）も支柱として使われる。
● 鋼管（単管）を支柱とする場合も、水平つなぎは2m以内ごとに2方向に入れる。
● クランプは単管の緊結金具、コラムクランプは独立柱の型枠を締める金具。間違えや
すいので注意。

緊結金具…clamp
クランプ

柱　締める金具
column　clamp
コラムクランプ

コラム
column：柱

単管足場

● フラットデッキは捨て型枠として使われる。一方RCと一体化させて構造スラブ（デッキ合成スラブ）とするには、デッキプレートが使われる。

● 柱型枠下部に清掃用掃除口を設け、コンクリート打込み前にゴミを取り除く。

Q SD345、SR295の記号の意味は?
構 施

A 降伏点強度が345N/mm²の異形棒鋼（異形鉄筋）、
降伏点強度が295N/mm²の丸鋼

降伏よ！

降伏点

ドクター（D R）の 幸福は強い!
　　　　SD SR　　　　降伏点強さ

SD 異形棒鋼（異形鉄筋）
Steel Deformed bar
D10……直径約10mmの異形棒鋼

SR 丸鋼
Steel Round bar
9φ……直径9mmの丸鋼

コンクリートとの付着を良くするための凹凸

節

リブ

25φと同じ重さを
D25とした

D25　　　25φ

φは直径の意味

● 正確には降伏点強度の下限値。SD345は降伏点が最低でも345N/mm²あると製鉄所が保証した異形棒鋼。降伏点とは、元に戻らなくなる変形（塑性変形）がはじまる点。力を抜くと元に戻るのが弾性。

【男性 → 女性】
　弾性　　塑性

144

Q RC造の柱と梁の主筋の径は（　　）mm以上、4本以上
〔構〕

A 13mm以上

いざ　出勤!
<u>13mm以上</u>　<u>主筋</u>

RC規準

● 径13mmとは丸鋼で13φ、異形鉄筋でD13。壁式RC造でも壁、壁梁の主筋は13mm以上。

Q 柱の四隅の主筋で、最上部の端部はどうする?
〔構〕〔施〕

A フックを付ける

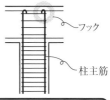

フック

柱主筋

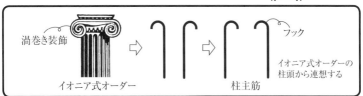

渦巻き装飾

イオニア式オーダー

柱主筋

フック

イオニア式オーダーの
柱頭から連想する

令73、配筋指針

● オーダーとは古代ギリシャ、ローマの円柱とその上の水平材に関する形式で、ギリシャではドリス式、イオニア式、コリント式がある。イオニア式は大きな渦巻き装飾が特徴的。

【ドレスを着たいい女にはこりた 】
ドリス式　　イオニア式　　コリント式

● 柱四隅の主筋が動くと、コンクリートが周囲に少ないため、付着割裂破壊しやすい。主筋が太くて鉄筋間のあきが少ないほど、大きな応力がかかるほど、付着割裂破壊しやすい。四隅の主筋の上端は、コンクリート内にしっかりと埋め込まれるように、フック付きの定着とする。梁の隅角部もコンクリートが少なく付着割裂破壊しやすいので、主筋にはフックが必要となる。

Q 帯筋、あばら筋、どっちが梁でどっちが柱? 構 施

A あばら筋→梁、帯筋→柱

あばらが出るほど張り切った
あばら筋 梁

● あばら骨も和服の帯も垂直なものに巻き付いているので、どちらが柱か梁かまぎらわしい。帯筋、あばら筋ともにせん断補強筋として使われる。試験問題文では、帯筋、あばら筋、せん断補強筋が3つとも使われる。

● 鉄筋は組み立てる前に、コンクリートとの付着を妨げる浮きさび、油、ゴミ、土などを除去する。薄い赤さびは付着を良くするので除去しない。

● 鉄筋の組立てはなまし鉄線で行う。コンクリート打込み時に動かないように、堅固に組み立てる。なまし鉄線は、焼きなまし（徐々に冷やす）した鉄線で、軟らかく緊結しやすい。

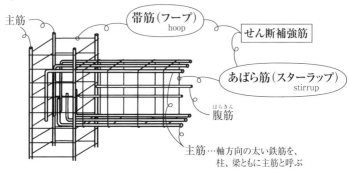

主筋

帯筋（フープ）
hoop

せん断補強筋

あばら筋（スターラップ）
stirrup

腹筋（はらきん）

主筋…軸方向の太い鉄筋を、
柱、梁ともに主筋と呼ぶ

Q 帯筋は曲げモーメント、軸方向力、せん断力のうち、どれに抵抗する? 構

A せん断力

帯 を 仙台 で買う
帯筋 せん断力

● 柱の { 帯筋→せん断力に抵抗
        主筋→曲げモーメント、軸方向力（圧縮、引張り）に抵抗
● 梁の { あばら筋→せん断力に抵抗
        主筋→曲げモーメント、軸方向力（圧縮、引張り）に抵抗

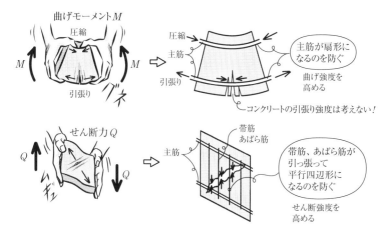

曲げモーメントM

圧縮

M 　 M

引張り

バネ

圧縮

主筋

引張り

主筋が扇形に
なるのを防ぐ

曲げ強度を
高める

コンクリートの引張り強度は考えない！

せん断力Q

Q 　 Q

帯筋
あばら筋

主筋

帯筋、あばら筋が
引っ張って
平行四辺形に
なるのを防ぐ

せん断強度を
高める

● 曲げに対し、圧縮側はコンクリートと鉄筋で抵抗するが、引張り側ではコンクリートはほとんど抵抗できず、鉄筋だけで抵抗する。コンクリートの引張り強度は考慮しない！
● コンクリートはクリープで長い間に変形するが、鋼はクリープが起きない（p.100）。鉄筋はクリープたわみの抑制に有効。

Q 帯筋、あばら筋は、せん断ひび割れの発生を抑制する？　伸展を防止する？ 施

A せん断ひび割れの発生は抑制できないが、伸展は防止できる

帯を締めて胸元が開くのを防ぐ
帯筋（あばら筋）　ひび割れ　伸展を防ぐ

● 帯筋、あばら筋は、平行四辺形にしようとするせん断力に対して、帯を締めるようにして抵抗するせん断補強筋である。せん断ひび割れの発生は抑制できないが、一度できてしまったせん断ひび割れが伸展するのを、帯を締めるようにして防止できる（頻出）。

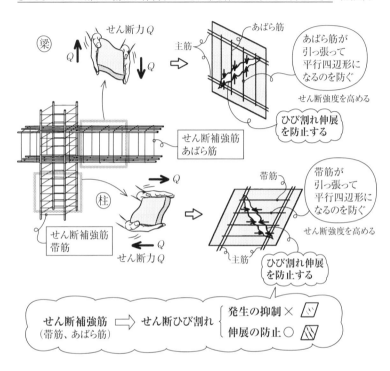

Q 太くて短いRC造の柱は、主筋、帯筋のどちらを多く配する？
構

A 帯筋

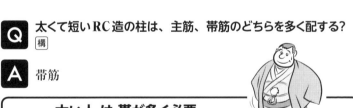

太い人 は 帯が多く必要
太くて短い柱　帯を多く

● 太くて短い柱→変形しにくい→粘らずに、もろくせん断破壊する（脆性破壊）→粘りをつけるために帯筋（せん断補強筋）を密に入れる。太くて短い柱は粘りがないため、地震時に、曲げ破壊よりも先にせん断破壊する場合がある。

● 垂れ壁や腰壁の部分の柱は変形しにくいので、窓の部分の柱にだけ変形が集中する。結果的に短い柱と同じことになり、粘りがなく、もろく、脆性破壊しやすくなる。その部分の帯筋間隔を短くしたり、壁と柱の間に構造スリットを入れることで、強い地震時にはそのスリットが壊れて、柱の窓の部分にのみ変形が集中するのを防ぐなどの対策が必要となる。

構造スリット：柱を長くして変形をゆるやかに

せん断変形が集中　短柱（たんちゅう）

短柱破壊：脆性破壊（一気に壊れる）　**帯筋を多くする**：せん断強度を上げる

【人生には粘りが必要　ぜいぜいいってすぐに壊れる】
靭性　　脆性

● 柱は、圧縮力が大きくなると、変形能力が低下し、粘り（靭性）がなくなる。押さえ込まれると変形できずに、粘らずにすぐ壊れる（p.174参照）。負担する軸方向圧縮力を小さくすることも、粘り強さを確保するうえで重要。主筋を設計より太くしたり本数を多くしたりすることは、耐震上必ずしも安全側の対策ではない。

Q 帯筋の間隔の粗密は部位によりどうする？　構

A 柱の上部、下部は密とし、中央部と柱梁接合部は粗にする

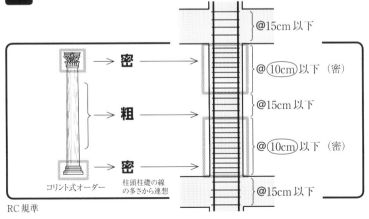

@15cm以下
@(10cm)以下（密）
@15cm以下
@(10cm)以下（密）
@15cm以下

密　粗　密

コリント式オーダー　柱頭柱礎の線の多さから連想

RC規準

● オーダーは柱頭と柱礎に装飾を入れ、長い中間はすらっと伸ばすというデザインが古代で完成。ルネサンス以降に柱身にバンドを入れるなどの工夫をしたオーダーも現れるが、一般化されなかった。コリント式は、柱頭にアカントスの葉と巻蔓（まきづる）を付けた華麗なオーダー。オーダーの形から帯筋の粗密を連想しよう。

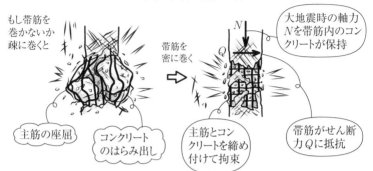

もし帯筋を
巻かないか
疎に巻くと

帯筋を
密に巻く

大地震時の軸力
Nを帯筋内のコン
クリートが保持

主筋の座屈

コンクリート
のはらみ出し

主筋とコン
クリートを締め
付けて拘束

帯筋がせん断
力Qに抵抗

● 帯筋はせん断力に効くだけでなく、帯筋内部のコンクリートを拘束する、柱主筋の座屈を防止するなどの役割がある。柱上部と下部には地震時に強い曲げモーメントがかかって破壊される可能性があるので、帯筋を密に入れる。

Q 9φまたはD10による帯筋間隔は（　　）cm以下、
上下から柱径の1.5倍の範囲外では（　　）cm以下　[構]

A 10cm以下、15cm以下

和服のデートで	天まで行こう!		
帯筋	D10	TEN =10cm	1.5倍 15cm

RC規準

D10で
@10cmよ!

150

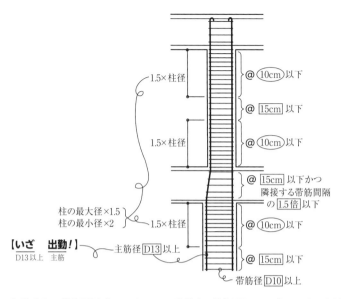

1.5×柱径　@ ⑩cm 以下

@ ⑮cm 以下

1.5×柱径　@ ⑩cm 以下

@ ⑮cm 以下かつ
隣接する帯筋間隔
の ⑤倍 以下

柱の最大径×1.5
柱の最小径×2　　1.5×柱径　@ ⑩cm 以下

【いざ　出勤！】
D13以上　主筋　　主筋径 D13 以上　@ ⑮cm 以下

帯筋径 D10 以上

● 接合部の帯筋間隔「15cm以下かつ隣接する帯筋間隔の1.5倍以下」が頻出。

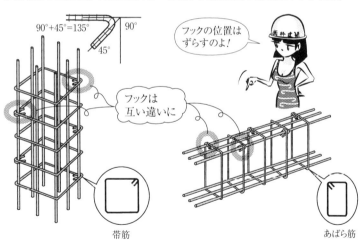

90°+45°=135°　　90°
45°

フックの位置は
ずらすのよ！

フックは
互い違いに

帯筋

あばら筋

Q スパイラル筋は一般の帯筋に比べて効果は? 〔構〕

A 強度、靭性ともに高くなる

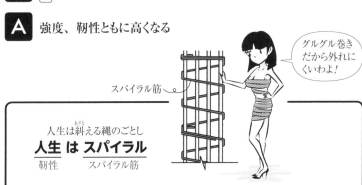

スパイラル筋

グルグル巻き
だから外れに
くいわよ!

人生は糾える縄のごとし
人生 は スパイラル
靭性　　　スパイラル筋

● スパイラル筋は、一般の帯筋よりも外れにくいため、強度、靭性が高くなる。押し縮めて搬入し、主筋の上から落とし込んだ後に上下に引き延ばし、所定の位置に固定する。

Q RC造の柱の主筋量（主筋の断面積の和）はコンクリートの断面積の（　　）%以上確保する 〔構〕

A 0.8%以上

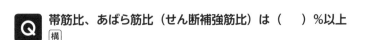

おっぱい　好き
0.8%以上　　主筋

令77、RC規準

● 耐力壁の四周では、梁の主筋量も0.8%以上必要となる。

Q 帯筋比、あばら筋比（せん断補強筋比）は（　　）%以上 〔構〕

A 0.2%以上

帯 → オビ → オ ブ

<u>0 . 2 %以上</u>

令77、RC規準

● せん断補強筋比

$$帯筋比 = \frac{1組の帯筋の断面積}{柱幅 \times 帯筋間隔}$$

$$あばら筋比 = \frac{1組のあばら筋の断面積}{梁幅 \times あばら筋間隔}$$

● 袖壁付きの柱の場合は<u>0.3%以上</u>（平12建告）。開口に近接する柱では<u>0.4%以上</u>。

【おしりの孔】
0.4%以上　開口

● 柱のせん断補強筋比の計算

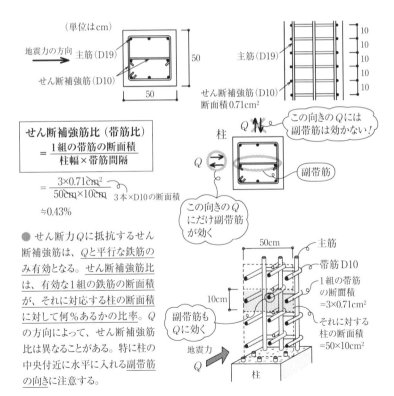

（単位はcm）

地震力の方向　主筋（D19）

せん断補強筋（D10）

50

50

主筋（D19）

せん断補強筋（D10）
断面積0.71cm²

10
10
10
10
10

せん断補強筋比（帯筋比）

$$= \frac{1組の帯筋の断面積}{柱幅 \times 帯筋間隔}$$

$$= \frac{3 \times 0.71\text{cm}^2}{50\text{cm} \times 10\text{cm}}$$

3本×D10の断面積

$$≒ 0.43\%$$

この向きのQには
副帯筋は効かない！

柱

Q

Q

副帯筋

この向きのQ
にだけ副帯筋
が効く

● せん断力Qに抵抗するせん断補強筋は、Qと平行な鉄筋のみ有効となる。せん断補強筋比は、有効な1組の鉄筋の断面積が、それに対応する柱の断面積に対して何%あるかの比率。Qの方向によって、せん断補強筋比は異なることがある。特に柱の中央付近に水平に入れる副帯筋の向きに注意する。

50cm

主筋

帯筋D10

10cm

副帯筋も
Qに効く

1組の帯筋
の断面積
=3×0.71cm²

それに対する
柱の断面積
=50×10cm²

地震力

Q

柱

Q **RC造のスラブにおける鉄筋の全断面積は、コンクリートの全断面積の（　　）%以上** 構

A 0.2%以上

スラブ筋 ⇨ 帯筋比と同じ **0.2%以上**

RC規準

● スラブ各方向の幅全体について、鉄筋の断面積は0.2%以上とする。

● 帯筋、あばら筋、スラブ筋と細い鉄筋はみな0.2%以上と覚えるとよい。

> 帯筋、あばら筋、スラブ筋 —— 細い ——→ (0.2%) 以上
>
> 柱、梁（耐力壁四周） —— 太い ——→ (0.8%) 以上
>
> （梁の引張り鉄筋比 P_t は半分の (0.4%) 以上）

Q **スラブの鉄筋量は、短辺方向と長辺方向でどちらが多い?** 構

A 短辺方向

短い方が大変 ——→

● イラストの十字の棒では、短い棒を持つ方が大変である。スラブも短いスパンの鉄筋に力が多くかかるので、多くの鉄筋を入れる。スラブ筋はD10以上で、間隔は短辺方向が20cm以下、長辺方向が30cm以下とする（RC規準）。

【スラブ人の兄　さん、筋肉隆々】
　　　　　　　　20、　30cm以下

● スラブの梁に近い両端部の方が中央部よりも曲げモーメントが大きいので、配筋量は両端部＞中央部となる。

Q **梁の引張り鉄筋比 P_t は（　　）%以上** 構

A 0.4%以上

ピチピチしたおしり

P_t ────── 0.4%以上

$P_t \geqq 0.4\%$よ！

RC規準

● 柱、梁（耐力壁四周）の<u>主筋量 0.8%以上</u>の半分と覚えてもよい。

● 引張り鉄筋比 P_t とは、梁の断面積に比べてどれくらい引張りの鉄筋があるかの比。分母にくるのは全体の断面積ではなく、<u>有効断面積となるので注意</u>。

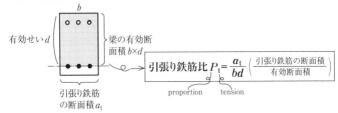

有効せい d

梁の有効断面積 $b \times d$

引張り鉄筋の断面積 a_t

$$引張り鉄筋比 \; P_t = \frac{a_t}{bd} \quad \left(\frac{引張り鉄筋の断面積}{有効断面積} \right)$$

proportion　tension

● 梁は曲げを受けると、圧縮側はコンクリートと鉄筋、引張り側は鉄筋だけで抵抗する。壊れるのは圧縮側のコンクリートか引張り側の鉄筋。鉄はコンクリートより約15倍も強いので、圧縮側の鉄筋が壊れることはない。<u>圧縮側コンクリートと引張り側鉄筋がほぼ同時に壊れるのが、材料として無駄がない</u>。その同時に壊れる点が、つり合い鉄筋比。

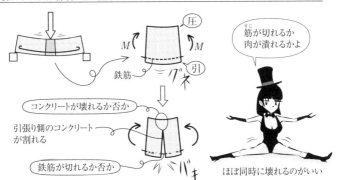

圧

M ～ M

鉄筋 ～ グネ

引

筋が切れるか肉が潰れるかよ

コンクリートが壊れるか否か

引張り側のコンクリートが割れる

鉄筋が切れるか否か

バキ

ほぼ同時に壊れるのがいい

● $P_t \leqq$ つり合い鉄筋比 → 引張り鉄筋が壊れる
$P_t \geqq$ つり合い鉄筋比 → コンクリートが壊れる

鉄筋側で壊した方が材料の信用があるので、<u>$0.4 \leqq P_t \leqq$ つり合い鉄筋比とする。つり合い鉄筋比より少し小さい鉄筋量にして、鉄筋の方が壊れるように設計する。その場合、梁の許容曲げモーメントは、引張り鉄筋の断面積にほぼ比例する</u>。

RC造の耐力壁の壁筋比（せん断補強筋比）は、直交する各方向に対し（　　）%以上 構

A 0.25%以上

壁を使って 鬼ごっこ
0.25%以上

RC規準

せん断補強筋比 $= \dfrac{a_\mathrm{t}}{x \times t} \times 100$（%）

x：鉄筋間隔
t：壁厚
a_t：$x \times t$の面積内の鉄筋の断面積

●柱、梁（耐力壁四周）の太い主筋は0.8%以上、それに巻き付く細い帯筋、あばら筋は0.2%以上。
細くても地震に耐える耐力壁の鉄筋は少し多くて0.25%以上。
梁の引張り鉄筋比 P_t は、主筋の0.8%の半分で0.4%以上。

鉄筋量における重要数値

柱の主筋量	0.8%以上	**おっぱい好き**
梁の主筋量（耐力壁の四周）	0.8%以上	
引張り鉄筋比 P_t	0.4%以上	**ピチピチしたおしり**
帯筋比（せん断補強筋比）	0.2%以上	**帯→オビ→オブ**
あばら筋比（せん断補強筋比）	0.2%以上	
スラブの鉄筋量	0.2%以上	**帯筋比と同じ**
耐力壁の壁筋比（せん断補強筋比）	0.25%以上	**壁を使って鬼ごっこ**

太い
細い

Q 厚さが（ ）cm以上の耐力壁の配筋は複配筋とする
構

A 20cm以上

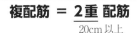

複配筋 ＝ 2重 配筋
20cm以上

RC規準

単配筋
（シングル配筋）
300mm以下

複配筋
（ダブル配筋）
300mm以下

20cm
以上

千鳥配筋
（千鳥状複配筋）
450mm以下

互い違い

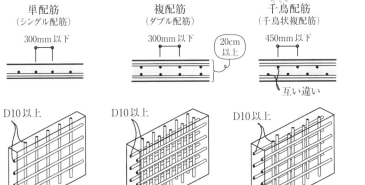

D10以上

D10以上

D10以上

【振動にさおを立てる耐力壁】
30cm以下

壁厚200mm以上
では複配筋

【さおを横にずらした千鳥配筋】
45cm以下

● 複配筋には、通常の複配筋のほかに千鳥配筋もある。間隔は複配筋は30cm以下、千鳥配筋は45cm以下。開口補強筋には少し太めのD13以上を使う。

補強しないとすぐにひびが入るわよ！

壁筋D10以上、
@300以下

開口補強筋D13以上

Q 重ね継手の長さ L_1 ＝（　　）d、
フック付き重ね継手の長さ L_{1h} ＝（　　）d（d：径）
（F_c ＝ 24 ～ 27N/mm² 、SD345の場合） 構 施

A L_1 ＝ 40d 、L_{1h} ＝ 30d（h：hook）

家を継いで	資	産	家	となる
継手	40d	30d		

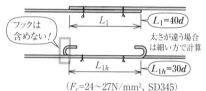

フックは
含めない！

L_1 　L_1＝40d

太さが違う場合
は細い方で計算

L_{1h} 　L_{1h}＝30d

（F_c＝24～27N/mm²、SD345）

● フックは継手長さに含めない。また太さが違う場合は、細い方の径をdとして計算する。
● フックがある方が抜けにくいので、L_1＞L_{1h}となる。F_c（設計基準強度）が大きいと付着力も強くなり、L_1、L_{1h}は短くてよくなる。SD295BからSD345へのように、降伏点強度の強い鉄筋に変えると、鉄筋に大きな応力がかかる設計になるので、L_1、L_{1h}は長くなる。JASS5の表は、そのように構成されている。

● 隣り合う継手位置をそろえると鉄筋の先端がそろい、コンクリートがその位置で割れやすくなる。継手長さ分ずらすとやはり鉄筋の先端がそろってしまうので、継手長さの0.5倍か1.5倍ずらす。

Q D35以上の重ね継手は可？
施

A 不可（ガス圧接継手、溶接継手、機械式継手とする）

サンゴを	重ねると	割れる
D35以上	重ね継手	不可

JASS5

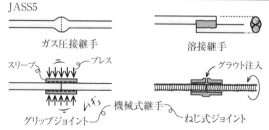

ガス圧接継手　　　　　　　溶接継手

スリーブ　　プレス　　　　　　　　グラウト注入

グリップジョイント　機械式継手　ねじ式ジョイント

● 太い鉄筋を重ねると大きな応力がかかり、コンクリートとの接面も多くなり、付着割裂破壊しやすい。そこでD35以上の継手は、ガス圧接などで行う。

Q

梁主筋の継手位置は?

施

A

上端筋は中央付近。下端筋は柱から梁せい分だけ離し、そこから梁の内法寸法の1/4分の範囲で継ぐ

2

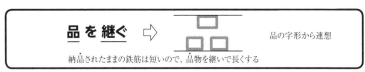

品 を 継ぐ ⇨　　　　　　　　　　品の字形から連想

納品されたままの鉄筋は短いので、品物を継いで長くする

JASS5

L_0

$L_0/4$　　　$L_0/2$　　　$L_0/4$

D

D　$L_0/4$　　　$L_0/4$　D

▨ 好ましい継手位置

●—— ガス圧接継手位置

地震時に下端筋が降伏する可能性があるので、梁端部から梁せいD分離す!

● 継手位置は常時圧縮の働いている部分に設ける。耐圧版からの力を下から受ける場合は、基礎梁の継手は品の字を上下逆にした位置となる。柱の継手位置は応力の小さい中央部。柱、梁ともに端部には地震による応力が強く働くので、継手位置には適さない。

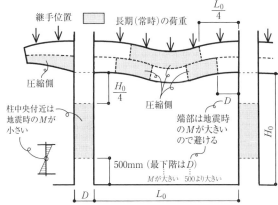

継手位置 ▨　長期(常時)の荷重

$\dfrac{L_0}{4}$

圧縮側

$\dfrac{H_0}{4}$

圧縮側

柱中央付近は地震時のMが小さい

端部は地震時のMが大きいので避ける

D

H_0

500mm (最下階はD)

Mが大きい　500より大きい

D　　　L_0

Q 隣り合う主筋の継手位置は、ガス圧接継手は（　　）mm以上、機械式継手は（　　）mm以上かつカプラー端部間で（　　）mm以上ずらす 施

A 400mm以上、400mm以上、40mm以上

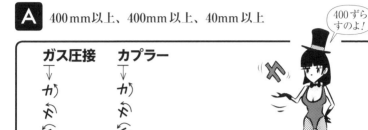

400ずらすのよ！

ガス圧接
↓
カ⟩
メ
4
400mm以上

カプラー
↓
カ⟩
メ
4
400mm以上
40mm以上

ガス、カプラーのカの文字形から4を連想する

JASS5

400mm以上　　　　　　　400mm以上　　機械式継手

ガス圧接　　カプラー　　40mm以上

coupler：カップルにする、連結するもの

端部の位置がそろうと構造の弱点となる

● 継手は木造でも鉄筋でも、位置をそろえるとそこで壊れやすくなるので、必ずずらす。重ね継手の場合は継手長さL_1分ずらすと端部の位置がそろってしまうので、<u>$0.5L_1$か$1.5L_1$ずらす</u>。

Q 鉄筋の手動ガス圧接は（　　）mmを超えた径の差は不可 施

A 7mm

鉄筋は斜めには圧接しない
7mm超え

JASS5

● たとえばD22とD25ならば、径の差は3mmなのでガス圧接はOK。

● <u>ガス圧接して折れ曲がりがある場合、再加熱して修正</u>する。

Q ガス圧接のふくらみの直径は（　）d以上、長さは（　）d以上　[施]

A 1.4d以上、1.1d以上

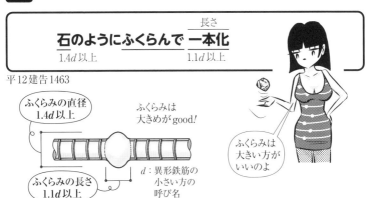

長さ
石のようにふくらんで 一本化
1.4d以上　　　　　　　　1.1d以上

平12建告1463

ふくらみの直径
1.4d以上

ふくらみは
大きめがgood!

ふくらみは
大きい方が
いいのよ

ふくらみの長さ
1.1d以上

d：異形鉄筋の
小さい方の
呼び名

● 圧接では、<u>鉄筋径程度の縮み代を見込んで切断、加工する。</u>

Q ガス圧接における中心軸の偏心量は（　）d以下、圧接面の
ふくらみの中央からのずれは（　）d以下　[施]

A $\frac{1}{5}$ d以下、$\frac{1}{4}$ d以下

	ふくらみ 1.4d以上	長さ 1.1d以上
変心する恋心	**石のようにふくらんで**	**一本化**
偏心　5分の1d 　　　以下	1/4d 以下　ふくらみのずれ	

平12建告1463

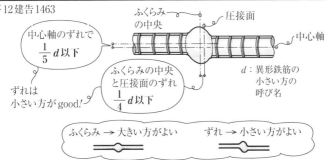

ふくらみ
の中央

圧接面

中心軸のずれで
$\frac{1}{5}$ d以下

中心軸

ずれは
小さい方がgood!

ふくらみの中央
と圧接面のずれ
$\frac{1}{4}$ d以下

d：異形鉄筋の
小さい方の
呼び名

ふくらみ → 大きい方がよい　　　ずれ → 小さい方がよい

● ふくらみや長さが足りない場合や、著しい曲がりがある場合は、再加熱して修正する。中心軸、圧接面のずれが基準以上の場合は、切断して再びガス圧接する。

Q ガス圧接の外観検査、超音波探傷検査は何カ所行う？
施

A 外観検査は全数、超音波探傷検査は1作業班、1日当たり30カ所

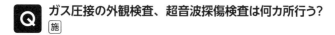

音波 → 〜〜〜 → ⅿ → 30カ所
波の形から3を連想

外観検査　　　　超音波探傷試験

1作業班、1日当たり

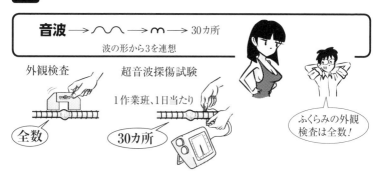

全数　　　　　30カ所

ふくらみの外観
検査は全数！

● 鉄筋継手の頻出数字　スラスラ言えるように暗記しておく。

位置ずらし

重ね継手　$0.5L_1$、$1.5L_1$ずらす

ガス圧接　400mmずらす
【ガ→カ→ㇲ→ぐ→4 →400mm】

継手不可

重ね継手　D35以上は不可
【サンゴを重ねると割れる】

ガス圧接　7mm超えた径の差は不可
【鉄筋は斜めには圧接しない】

ふくらみ、偏心

ガス圧接　直径$1.4d$以上、長さ$1.1d$以上
【石のようにふくらんで一本化】

偏心$1/5d$以下、中央からのずれ$1/4d$以下
【変心する恋心　石のようにふくらんで一本化】

d：細い方の呼び径

Q SD345 のフックにおける内法直径は、D16 以下は（　）d 以上 D19〜D41 は（　） d 以上必要　施

A 3d 以上、4d 以上

急に曲げるのはダメ！

1、2、3、4、5
SD345
3d　4d 以上

鉄筋の折曲げ形状・寸法

図	折曲げ角度	鉄筋の種類	鉄筋の径による区分	鉄筋の折曲げ内法直径（D）
180°	180° 135° 90°	SR235 SR295 SD295A SD295B SD345	16φ以下 D16 以下	3d 以上
135°			19φ D19〜D41	4d 以上
90°				

内法直径　D19 などの D とは違う　d は丸鋼では径、異形鉄筋では呼び名　JASS5

● 折曲げ直径が小さいと、コンクリートに部分的にかかる圧縮応力（支圧応力）が大きくなり、その部分のコンクリートが壊れやすくなる。鉄筋が太くなると大きな引張りがかかる設計となるので、折曲げ直径は大きめにする。折曲げ直径は折曲げ角度では変わらず、鉄筋の太さで変わる点に注意。折曲げ角度で変わるのは、フックの余長。

Q 帯筋、あばら筋のフックは原則として（　）°以上折り曲げる　構　施

A 135°以上

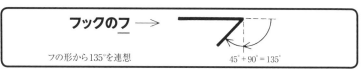

フックのフ →

フの形から 135°を連想　　　45°＋ 90°＝ 135°

● 帯筋、あばら筋は、外れにくいように 135°フックとするか溶接する。

Q フックの余長は、180°で（　）d以上、135°で（　）d以上、90°で（　）d以上 構 施

A 4d以上、6d以上、8d以上

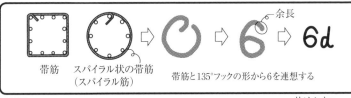

帯筋　　スパイラル状の帯筋（スパイラル筋）　　帯筋と135°フックの形から6を連想する

余長

6d

JASS5

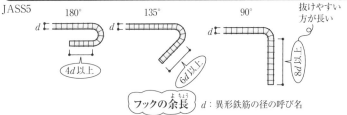

180°　　135°　　90°　　抜けやすい方が長い

4d以上

6d以上

8d以上

フックの余長　　d：異形鉄筋の径の呼び名

● 180°フックの余長4dが2級で頻出。【<u>ヘアピンカーブ</u> は <u>死ぬ</u>ぞ<u>ー！</u>】
180°フック　　4　　d

● 溶接した閉鎖型帯筋や副帯筋（柱断面の中間に入れる）を使うと外れにくく、柱の靭性（粘り強さ）が高まる。

Q 鉄筋相互のあきの最小寸法は
径の（　）倍以上　かつ
粗骨材（砂利）最大寸法の（　）倍以上
かつ（　）mm以上 施

A 1.5倍以上、1.25倍以上、25mm以上

飽きやすいおけいこ でも
あき　　径の1.5倍以上

最大の ニコ ニコ で
最大寸法　　25mm以上
　　　　　　1.25倍以上

JASS5

● 鉄筋の間隔が小さいと砂利（粗骨材）が通らず、コンクリートが流れなくなる。あきの最小寸法は直径dのみで決まり、鉄筋の種類に関係しない。

Q 鉄筋のかぶり厚さは？
施

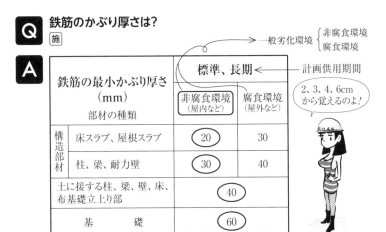

A

一般劣化環境 { 非腐食環境 / 腐食環境

標準、長期 ← 計画供用期間

2、3、4、6cm から覚えるのよ！

鉄筋の最小かぶり厚さ（mm） 部材の種類	非腐食環境（屋内など）	腐食環境（屋外など）
構造部材 床スラブ、屋根スラブ	20	30
構造部材 柱、梁、耐力壁	30	40
土に接する柱、梁、壁、床、布基礎立上り部	40	
基　　礎	60	

● 上記の（非）腐食環境は、両者とも一般劣化環境。

● 基準法施行令79の規定では屋内外の違いはなく、JASS5では腐食環境＝非腐食環境＋10mmとされている。非構造部材で構造部材と同等の耐久性を要求する部材は、スラブと同様に、20mm、30mmとされている。

● 土に接する部材と基礎の数値は、腐食環境か否か、計画供用期間によらず、40mm、60mmとされている。

兄さんしぶってかぶりを振る
2　　3　　4　6 cm以上

● 外壁、屋上スラブの屋内側も外皮に接するので腐食環境となる。また水漏れや結露が想定される部位（台所、風呂、トイレなどの床、壁、天井）は屋内でも腐食環境。一般劣化環境のほかに、特殊劣化環境（海水の作用）と特殊劣化環境（激しい凍結融解作用）の2つが定められている。

● かぶり厚さは帯筋、あばら筋などの、外側の鉄筋の表面からコンクリート面までの距離。鉄筋の中心からの距離や主筋からの距離ではないので注意。

● 目地の部分では、目地底からの距離をかぶり厚さとする。

● かぶりが不十分だと、鉄筋とコンクリートが一体化されず、粘り強さが発揮されない。躯体が動いた際に、コンクリートにクラックが発生しやすい。また、かぶりによって鉄筋のさびを防止し、火災の熱から鉄筋を守る。鉄筋がさびると体積が膨張してコンクリートが破壊される。かぶりが不十分だと、鉄筋と型枠との間に砂利が詰まり、空洞やジャンカが発生しやすくなる。

● 腐食環境のかぶり厚さは、水がかかる分を見込んで非腐食環境のかぶり厚さ+10mm。ただし耐久性上有効な仕上げを施した場合はそのままでOK。設計かぶり厚さは、施工誤差を見込んで最小かぶり厚さ+10mm。

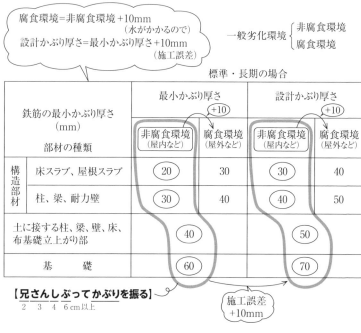

腐食環境＝非腐食環境+10mm
（水がかかるので）
設計かぶり厚さ＝最小かぶり厚さ+10mm
（施工誤差）

一般劣化環境 { 非腐食環境 / 腐食環境

標準・長期の場合

鉄筋の最小かぶり厚さ (mm) 部材の種類	最小かぶり厚さ (+10)		設計かぶり厚さ (+10)	
	非腐食環境 （屋内など）	腐食環境 （屋外など）	非腐食環境 （屋内など）	腐食環境 （屋外など）
構造部材 床スラブ、屋根スラブ	20	30	30	40
構造部材 柱、梁、耐力壁	30	40	40	50
土に接する柱、梁、壁、床、布基礎立上がり部	40		50	
基　礎	60		70	

【兄さんしぶってかぶりを振る】
2　3　4　6cm以上

施工誤差 +10mm

Q 土に接する部分のかぶり厚さは？ 施

A （最小）40mm 以上、（設計）50mm 以上

死　　後　　土に埋まる
4cm 以上　5cm 以上

● かぶり厚さの中で、土に接する部分の設計かぶり厚さが頻出する。

Q 柱や梁の主筋をD29以上とした場合、主筋のかぶり厚さは（　　　）d以上 構 施

A 1.5d 以上

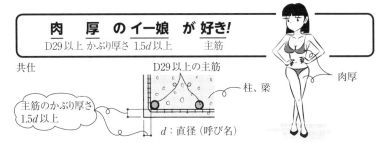

肉	厚	の	イー娘	が	好き!
D29以上	かぶり厚さ 1.5d以上				主筋

共仕

D29以上の主筋

柱、梁

主筋のかぶり厚さ
1.5d以上

肉厚

d：直径（呼び名）

● 太い鉄筋だと大きな応力が働き、付着割裂ひび割れが起きやすい。特に角のコンクリートは割れやすい。そのため柱や梁における太い主筋にはかぶり厚さが規定されている。普通、かぶり厚さといえば帯筋、あばら筋表面からの距離なので注意。

Q 梁の配筋において、かぶり厚さを確保するためのスペーサーの間隔は（　　）m程度 施

A 1.5m程度

肉	厚	の	イー娘	が	好き！
	かぶり厚さ（柱：D29以上）		1.5m 径の1.5倍以上		梁主筋を支える

JASS5

側面に限り
プラスチック製でも可

ドーナツ型
スペーサー

ドーナツは生コンが
流れやすいように
なるべく垂直に
入れる

space（あき）をとるもの

梁主筋

あばら筋

型枠に接する部分は防錆塗装

梁底主筋受けの
スペーサー（バーサポート）

横から
見た図

鉄筋には付着した
油脂、浮きさび、セメ
ントペーストなどは、
打込み前に除去

鋼製の棒（bar）
による支え（support）

端部から
1.5m以内

間隔
1.5m程度

スペーサー、サポートはJASS5では鋼製、コンクリート製、モルタル製。側面に限りプラスチック製でよいとされている。

● 柱主筋に付けるスペーサーは、上下で同じ位置にならないように、平面で点対称の位置とする。

Q スラブの配筋において、かぶり厚さを確保するためのスペーサーの間隔は（　　）m程度 施

A 0.9m程度

スペーサーを 置く 間隔
0.9m

JASS5

● 下端筋をもち網状に組んで、スペーサーで型枠からかぶり厚さ分浮かす。次に上端筋をもち網状に組んで、背の高いスペーサーで型枠から浮かす。スペーサーの間隔は0.9m程度（3尺程度）。

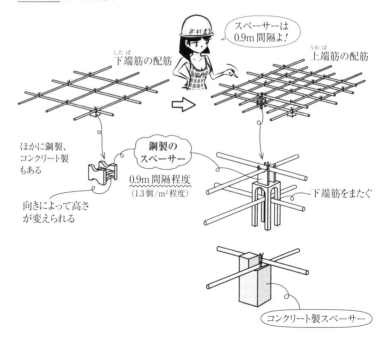

スペーサーは
0.9m間隔よ！

下端筋の配筋

上端筋の配筋

ほかに鋼製、
コンクリート製
もある

鋼製の
スペーサー

0.9m間隔程度
（1.3個/m²程度）

向きによって高さ
が変えられる

下端筋をまたぐ

コンクリート製スペーサー

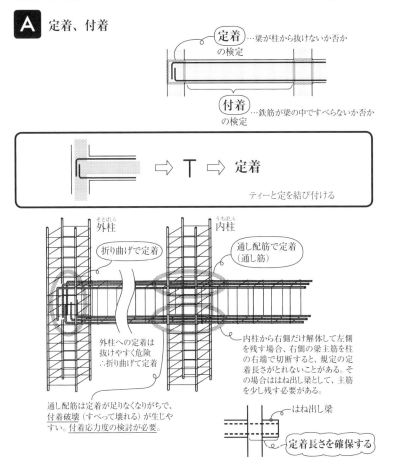

Q 柱から梁主筋が抜けないことの確認を（　　）の検定、梁主筋が梁内部ですべらないことの確認を（　　）の検定という [構]

A 定着、付着

定着…梁が柱から抜けないか否か
の検定

付着…鉄筋が梁の中ですべらないか否か
の検定

⇒ Ｔ ⇒ 定着

ティーと定を結び付ける

そとばしら
外柱

うちばしら
内柱

折り曲げで定着

通し配筋で定着
（通し筋）

外柱への定着は
抜けやすく危険
∴折り曲げて定着

内柱から右側だけ解体して左側
を残す場合、右側の梁主筋を柱
の右端で切断すると、規定の定
着長さがとれないことがある。そ
の場合ははね出し梁として、主筋
を少し残す必要がある。

通し配筋は定着が足りなくなりがちで、
付着破壊（すべって壊れる）が生じや
すい。付着応力度の検討が必要。

はね出し梁

定着長さを確保する

● 別の部材から鉄筋が抜けないようにするのが定着、同じ部材のコンクリートに鉄筋をくっつけるのが付着。外柱へは接合部内側に折り曲げて定着し、内柱へは通し配筋で定着する。通し配筋の場合は定着長さが短いので、接合部内ですべって付着破壊が生じることがある。そのため、接合部内で付着が劣化しないことを確認する必要がある。定着と付着はややこしいので、ここで覚えておく。

Q 梁主筋の外柱（側柱）への定着は（　　　）を超えた位置、または柱幅の（　　　）以上入った位置で折り曲げる 構 施

A 柱の中心線（柱芯）、3/4以上

よさんか！ 外でくっつくのは
4分の3以上　　外柱　　定着

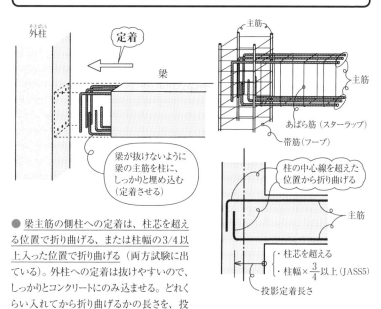

そとばしら
外柱

定着

梁

主筋

主筋

あばら筋（スターラップ）

帯筋（フープ）

梁が抜けないように梁の主筋を柱に、しっかりと埋め込む（定着させる）

柱の中心線を超えた位置から折り曲げる

主筋

・柱芯を超える
・柱幅 × $\frac{3}{4}$ 以上（JASS5）

投影定着長さ

● 梁主筋の側柱への定着は、柱芯を超える位置で折り曲げる、または柱幅の3/4以上入った位置で折り曲げる（両方試験に出ている）。外柱への定着は抜けやすいので、しっかりとコンクリートにのみ込ませる。どれくらい入れてから折り曲げるかの長さを、投影定着長さという。

Q 最上階で梁の上端筋を側柱に定着する場合、どこで定着長さを測る？ 構

A 水平部分は入れず、鉛直部分のみを定着長さとする

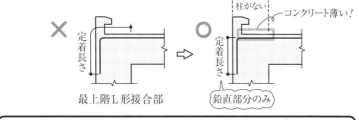

最上階L形接合部　　　鉛直部分のみ

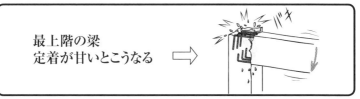

最上階の梁
定着が甘いとこうなる　⟹

JASS5

● 最上階はコンクリートが薄くて付着力が弱く、コンクリートが壊れやすいため、水平部分は定着長さに入れない。主筋は折り曲げて下に延ばし、柱に長く飲み込ませる。

Q 配管類を梁に貫通させるには?
構 施

A 鋼管と補強筋を設置してからコンクリートを打ち、配管用スリーブをつくる

ノースリーブがベスト

ノースリーブがベスト
スリーブなしで梁下
に配管を通す

sleeve
そで

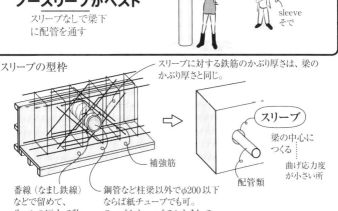

スリーブの型枠

スリーブに対する鉄筋のかぶり厚さは、梁のかぶり厚さと同じ。

スリーブ

梁の中心に
つくる

曲げ応力度
が小さい所

配管類

補強筋

番線（なまし鉄線）
などで留めて、
生コンの圧力で動
かないようにする

鋼管など柱梁以外でφ200以下
ならば紙チューブでも可。
テープやキャップでふたをして
生コンが入らないようにする

Q 鉄筋コンクリート造の柱の小径は、主要な支点間距離の 1/ （　　）以上 構

A 1/15以上

> # RCの重厚な柱
> 15分の1以上

令77

● 柱の小径とは、長方形断面の小さい方の辺の長さのこと。支点間距離は、上下の梁の中心間高さのこと。柱があまり細いと構造上問題なので、このような規定がある。

Q 鉄筋コンクリート造の梁せいは、梁の有効長さの1/ （　　）超 構

A 1/10超

> # 遠いスパンを架け渡す
> 10分の1超　　　　　梁

建告

● 柱の小径 $\geq \dfrac{1}{15} \times$ 主要な支点間距離 【**RCの重厚な柱**】

梁せい $> \dfrac{1}{10} \times$ 梁の有効長さ 【**遠いスパンを架け渡す**】

片持ちスラブ厚 $> \dfrac{1}{10} \times$ 出の長さ 【**遠いスパンを張り出す**】
10分の1超

壁厚 $\geq \dfrac{1}{30} \times$ 内法高さ かつ 120mm

Q 柱、梁の曲げ破壊とせん断破壊、どちらが先がよい？ 構

A 曲げ破壊が先がよい

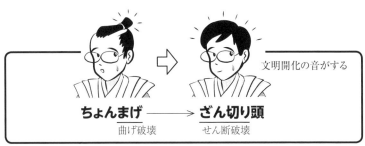

ちょんまげ ──→ ざん切り頭
曲げ破壊　　　　せん断破壊

文明開化の音がする

● せん断破壊は変形せずに一気に起きる。曲げ破壊はヒンジ化して大きく変形してエネルギーをヒンジが吸収しながら壊れる。柱脚、梁端部がヒンジ化するように設計する。

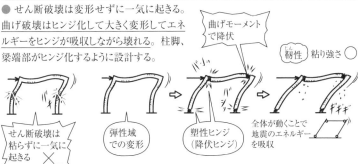

曲げモーメントで降伏

靭性 粘り強さ ○

せん断破壊は粘らずに一気に起きる ✕

弾性域での変形

塑性ヒンジ（降伏ヒンジ）

全体が動くことで地震のエネルギーを吸収

● 強い曲げモーメントで降伏して梁端部と柱脚がヒンジ化すると、徐々に動くことでエネルギーを吸収することができ、一気に崩壊することを免れる。一方せん断破壊は、一気に崩壊する脆性破壊（粘らずに破壊）である。うまく構造体全体で動きながら壊れるように、曲げ破壊がせん断破壊よりも先行するように構造設計する。

● 全体でエネルギーを吸収しながら壊れる全体崩壊が好ましく、一部の層だけ壊れる部分崩壊や、一部の柱だけ壊れる局部崩壊は一気に倒壊するので人命にかかわり、好ましくない。

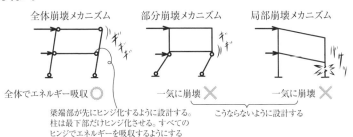

全体崩壊メカニズム　部分崩壊メカニズム　局部崩壊メカニズム

全体でエネルギー吸収 ◎　　一気に崩壊 ✕　　一気に崩壊 ✕

梁端部が先にヒンジ化するように設計する。柱は最下部だけヒンジ化させる。すべてのヒンジでエネルギーを吸収するようにする

こうならないように設計する

Q 大きな圧縮力を受けると、柱の靱性は大きくなる？　小さくなる？
[構]

A 靱性は小さくなる（粘り強さが減少する）

パワハラを受けて　人生が短くなる
圧縮力を受けると　　　　靱性は低下

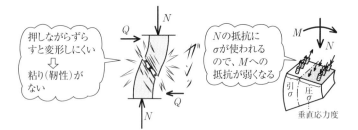

押しながらずらすと変形しにくい
⇓
粘り（靱性）がない

Nの抵抗にσが使われるので、Mへの抵抗が弱くなる

垂直応力度

引σ　圧σ

● 大きな圧縮力Nを受けると、コンクリート内組織同士の摩擦などにより、横にずれる変形がしにくくなる。また断面がNに抵抗する分、曲げモーメントMに抵抗する分が減ってしまい、Mの限界の耐力が低くなる。よって<u>強い圧縮力を受けると、柱の靱性と曲げ耐力は低下することになる</u>。地震時は外柱の方が軸方向力の変化が大きく、圧縮力も大きい傾向にあるので、外柱の靱性と曲げ耐力の低下に注意する。

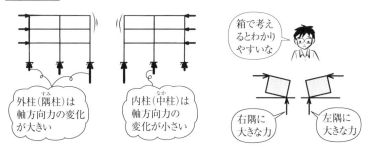

外柱（隅柱）は軸方向力の変化が大きい

内柱（中柱）は軸方向力の変化が小さい

箱で考えるとわかりやすいな

右隅に大きな力

左隅に大きな力

● <u>靱性</u>は粘り強さのこと、その逆が<u>脆性</u>でもろいこと。まんじゅうはグネーと曲がるので靱性、せんべいはパキッと割れるので脆性。

【人生は粘り強く！】【ぜいぜい言ってすぐ壊れる】
靱性　　　　　　　　　脆性

● 似た用語に<u>弾性</u>、<u>塑性</u>がある。弾性はパンツのゴムのように2倍の力では2倍に伸び、力を抜くと元に戻る性質。塑性は伸びきったパンツのゴムのように、力を抜いても変形が残ること。

【男性 → 女性】
弾性　　塑性

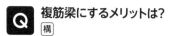

Q 複筋梁にするメリットは? 構

A 長期荷重によるクリープたわみの抑制、地震時における靭性（粘り強さ）の確保

2

引張りだけ鉄筋

複筋梁

圧縮側鉄筋も働くのよ！

たるまないように
クリープたわみを抑制

粘り強く続ける腹筋
靭性　　　　　複筋

S₀₀
S₀₁
S₀₂

RC規準

● コンクリートは、荷重によって長い時間をかけて縮む（クリープ変形 p.100）。鋼はクリープ変形しないので、圧縮側に鉄筋を入れると、コンクリートのクリープたわみを抑制できる。また大地震時には、圧縮側にも鉄筋があった方が粘り強くなる（靭性）。コンクリートは引張りには効かないので、鉄筋で補強したのが鉄筋コンクリートの起源。現在では梁の上下に全スパン通しで鉄筋を入れて、圧縮側にも鉄筋を効かせる複筋梁とするのが一般的。主要な梁は必ず複筋梁とする。複筋にした上に、引張り側に短い鉄筋（カットオフ筋）を追加で入れることもある。

Q 梁とスラブを一体に打ち込む場合、梁の剛性はどのように計算する? 構

A スラブの協力幅を足したT形梁、L形梁として計算する

T形は曲がりにくい！

床スラブ

梁

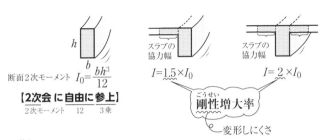

断面2次モーメント $I_0 = \dfrac{bh^3}{12}$　$I = 1.5 \times I_0$　$I = 2 \times I_0$

スラブの協力幅　スラブの協力幅

【2次会 に 自由に 参上】
2次モーメント　12　3乗

剛性増大率
変形しにくさ

● <ruby>剛性<rt>ごうせい</rt></ruby>とは変形しにくさのこと。独立した梁よりも、スラブが付いたL形梁、T形梁の方が、スラブの一定部分が協力するので曲がりにくい（曲げ剛性が高い）。断面2次モーメントとは、断面形状による曲がりにくさの係数で、この場合は材料の違いは考慮しない。L形梁、T形梁は、独立した梁の断面2次モーメントに剛性増大率をかけて断面2次モーメントを出す。剛性増大率の精密計算もあるが、1.5倍、2倍とする略算もよく行われる。剛性の評価にはほかに、材料によって決まるヤング係数Eもある。

Q 壁式RC造におけるコンクリートの設計基準強度F_cは（　　）N/mm² 以上　[構]

A 18N/mm² 以上

> # 岩　の　壁
> 18N/mm² 以上 壁構造

壁規準

● 軽量コンクリートI種でも、18N/mm² 以上とする。

Q 壁式RC造の軒高は（　　）m以下　[構]

A 20m以下

> ## 軒高 → 車干 軒 → 20m
> 軒の字の形から二十を連想

壁規準

● 地上階数は5以下。古い団地を見ると、壁式RC造5階建てが多い。

Q 壁式RC造の階高は（　　）m以下
[構]

A 3.5m以下

階高 → 階ヒ → **3.5m**

階の字の形から3.5を連想

壁規準

- 地上階数 …………5以下
- 軒高 ………………20m以下
- 階高 ………………3.5m以下
- 設計基準強度 F_c … 18N/mm² 以上

Q 壁式RC造の耐力壁の実長は（　　）cm以上
[構]

A 45cm以上

壁の横の長さ
45cm以上

壁規準

● 木造と同様に壁量は（x、y方向の壁の長さの和）≧係数×（その階の床面積）とする。45cm未満の壁は長さに入れない。

● 壁梁のせい（高さ）は、壁の横の長さと同じ45cm以上。構造計算で安全と確認できれば、どちらも45cm未満とすることができる。

● 壁梁の幅は、それに接する耐力壁の厚さ以上。主筋は壁、壁梁ともにD13以上。

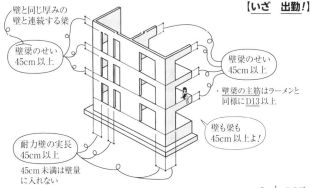

【いざ　出勤!】

壁と同じ厚みの壁と連続する梁

壁梁のせい 45cm以上

壁梁のせい 45cm以上

・壁梁の主筋はラーメンと同様にD13以上

壁も梁も45cm以上よ!

耐力壁の実長 45cm以上

45cm未満は壁量に入れない

Q 壁式RC造の耐力壁の実長 ℓ は、45cm以上かつ（　　）h 以上（h：同一の実長を有する部分の高さ） 構

A $0.3h$ 以上

$$\frac{高\ \ さ}{h\times\underset{\cdot}{0}.\underset{\cdot}{3}}$$

壁規準

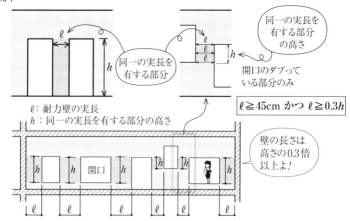

同一の実長を有する部分の高さ

開口のダブっている部分のみ

同一の実長を有する部分

ℓ：耐力壁の実長
h：同一の実長を有する部分の高さ

$\boxed{\ell \geqq 45\text{cm} \ \text{かつ} \ \ell \geqq 0.3h}$

壁の長さは高さの0.3倍以上よ！

h　h　開口　h　h　h　h
ℓ　ℓ　　ℓ　ℓ　ℓ　ℓ

Q 壁式RC造2階建ての耐力壁の厚さは、h／（　　）以上かつ（　　）cm以上 （h：鉛直支点間距離） 構

A $h/22$ 以上、15cm以上

2階建て
2階が並ぶ　　**1種高度地区**
22→$h/22$以上　　1　5 cm以上

● 1種高度地区とは、北側斜線が1種低層住居専用地域よりも厳しい東京都などの条例で定める地区。低層の【**2階が並ぶ**】から22を連想。階数によって壁厚、壁量などが異なるが、2級では2階で階高3m、厚さ15cmがよく出るので、まずそこから覚えておくとよい。

● 耐力壁、壁梁のせん断補強筋比は、RC造の柱梁と同様に0.2%以上。

【帯→オビ→オブ】
0.2%以上

178

ALCの防水性は?
構 施

 水が染みて防水性に劣るので、塗装などが必要。

持ち歩く → 軽量、気泡 → 水がしみ込む
ALC

● ALCはAutoclaved Light weight Concreteの略で、気泡を多く持つ軽量のコンクリート板。軽くて加工が楽、断熱性、耐火性に優れるが、気泡が多くてスポンジ状なので水がしみ込み、防水性に劣る。欠けやすい。

● ALCや押出成形セメント板（中空層をもつセメント板）などの板を張る場合、縦張りでは左右に傾くロッキング工法、横張りでは左右にずれるスライド工法として、地震の動きで壊れないように留める。

ロッキング工法　傾く　　スライド工法　ずれる

 補強コンクリートブロック造の耐力壁の中心間距離は、壁厚の（　　）倍以下 構

 40倍以下

四周 が ブロックの壁
40倍　　　　　　　　　　　　　しゅうをじゅうと言い替え

令62の4

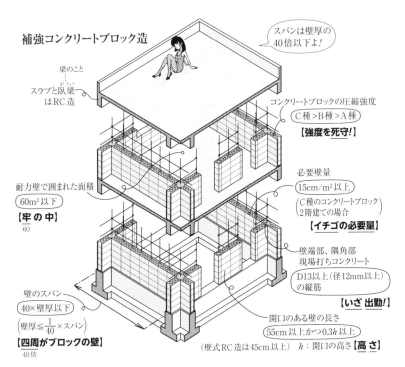

補強コンクリートブロック造

スパンは壁厚の
40倍以下よ!

梁のこと
スラブと臥梁
はRC造

コンクリートブロックの圧縮強度
C種>B種>A種
【強度を死守!】

耐力壁で囲まれた面積
60m²以下
【牢の中】
60

必要壁量
15cm/m²以上
C種のコンクリートブロック
2階建ての場合
【イチゴの必要量】

壁端部、隅角部
現場打ちコンクリート
D13以上(径12mm以上)
の縦筋
【いざ 出勤!】

壁のスパン
40×壁厚以下
(壁厚≦$\frac{1}{40}$×スパン)
【四周がブロックの壁】
40倍

開口のある壁の長さ
55cm以上かつ0.3h以上
(壁式RC造は45cm以上) h：開口の高さ【高さ】

● 補強コンクリートブロック造は、鉄筋で補強されたコンクリートブロックを積んで耐力壁をつくり、梁(臥梁)とスラブはRC造とした構造。上記の囲んだ数字、記号は覚えておく。

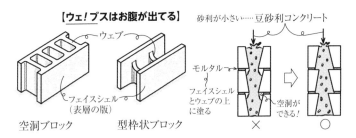

【ウェ! ブスはお腹が出てる】

ウェブ

フェイスシェル
(表層の版)

空洞ブロック

型枠状ブロック

砂利が小さい……豆砂利コンクリート

モルタル

フェイスシェル
とウェブの上
に塗る

空洞が
できる!

×　○

● ブロックはフェイスシェルとウェブからなる。ブロックを鋳型から抜くために、内側には抜き勾配がある。上を細くして積むと、空げきに豆砂利コンクリートを流したときに、ブロック下の広がり下部に空洞ができてしまう。そこでフェイスシェルは、下を細く(薄く)して積む。ブロックを積む際には、フェイスシェルとウェブなどの接合面全面にモルタルを塗る。

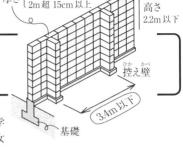

厚さ { 2m以下 10cm / 2m超 15cm以上 }

高さ 2.2m以下

控え壁

3.4m以下

基礎

Q コンクリートブロック塀の控え壁（ひか）（かべ）は（　　）m以下ごとに配置する 構

A 3.4m以下

三振して控えにまわされる
3.4m以下　控え壁

令62の8

● 大阪府北部地震（2018年6月）で小学校のプールのブロック塀が倒れ、小学生の女の子が亡くなる事故が起きた。塀に控え壁がなかったのも一因とされた。

● ブロック塀におけるブロック厚は、<u>2m以下は10cm以上、2m超えは15cm以上</u>。また縦筋は頂上部の横筋に180°フックによるかぎ掛けとする。**【2名 で 囲碁】**
　　　　　　　　　　　　　　　2m超　　15cm以上

● コンクリートブロックの強度はA＜B＜Cであるが、型枠用合板のグレードは、A＞B＞C＞Dとややこしいので、ここでしっかり覚えておくこと。

コンクリートブロックの強度　A種＜B種＜C種
　　　　　　　　　　　　【強度を死守！】

混合セメントの混合量　　　A種＜B種＜C種
（高炉スラブ、フライアッシュ）

セパレーター　C型：両面仕上げあり**【仕上げあり】**
　　　　　　　B型：両面打放し
　　　　　　　BC型：片面打放し、片面仕上げあり

型枠用合板　　節、割れ、欠けの少ない順、グレード順
　　　　　　　A＞B＞C＞D
　　　　　　　B-C：片面B、片面C

3 S造

Q コンクリート、RC、鋼、木材の比重は?
　 構 施

A 2.3、2.4、7.85、0.6

RCは西（西洋）から来た	ナンパご難の鉄の女
2.4 24N/mm²（標準的な強度）	7.85

● 比重とは水と比べた重さの比で、比重2.4とは重さが水の2.4倍という意味。比熱は、温度を1℃上げるのに水と比べてどれくらい熱量が必要かの比。

● 水は1m³で1t（トン）の重さ、1tf（トンエフ：質量1tにかかる重力）。RCは水の2.4倍、1m³では2.4tf。比重にtfを付けると1m³の重さとなる。1tの重さは軽自動車1台分程度。

● コンクリートの比重は2.3、RCは2.4と、RCの方が0.1大きいのは、鉄筋が重いから。また、コンクリートの標準的な強度（標準供用級の耐久設計基準強度F_d）は24N/mm²なので、比重の2.4と一緒に覚えておくとよい。

● 木材の比重は約0.6と水の約半分なので、水に浮く。比重1以下は水に浮くことになる。ただし黒檀など木の種類によっては、比重は1より大きく、水に沈むものもある。

Q 1N≒（　）gf
　 構 施

A 100gf

ニュートン　→　落ちるリンゴ　→　小さなリンゴ1個の重さ　→　100gf

1Nは小さな
リンゴの重さ！

÷100gの重さ
=100gf
=0.1kgf

● <u>1N（ニュートン）</u>の力は約100gの重さと同じで、100gf、0.1kgfとなる。gf、kgf、tfのfはforceの略で、力の単位を意味する。g、kgだけだと質量の単位となる。100gの質量にかかる重力、力が100gfである。

● ニュートンは小さなリンゴ1個分の重さ程度。10Nで1kgf。体重55kgfの人は、自分の体重を550Nと覚えておくとよい。実感を伴わずに単位を使うのは危険。

Q **1トンの重さ＝1tf＝（　）kN**
構 施

A 10kN

> ## トン　テン カン
> tf　　10　kN

● 水1m³　　　→　1tの重さで10kN
コンクリート1m³→　2.3tの重さで23kN
RC 1m³　　　→　2.4tの重さで24kN　（コンクリート+鉄筋で23kN＋1kN）
鋼 1m³　　　→　7.85tの重さで78.5kN

● RC厚さ10cmの床スラブ（1m²）→　1m³の厚さの1/10　→　2.4kN/m²（240kgf/m²）
RC厚さ20cmの床スラブ（1m²）→　1m³の厚さの1/5　→　4.8kN/m²（480kgf/m²）

● kN/m³は<u>単位体積重量</u>という。1m³という単位体積でどれくらいの重量となるかの値。

Q **ヤング係数Eが大きいと、硬い？　軟らかい？**
構 施

A 硬い（変形しにくい）

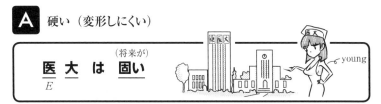

> （将来が）
> ## 医 大 は 固い
> E
> young

● Eが大きいと、$\sigma - \varepsilon$グラフ（シグマ・イプシロングラフ、応力度−ひずみ度グラフ）の傾きが急になり、同じひずみ度εを与えるのに大きな応力度σが必要となる。<u>Eが大きいとは変形しにくい、硬いということ</u>（σ：応力度、ε：ひずみ度）。EはElasticity（弾性）から。<u>ヤング係数は、材料の種類で決まる係数。</u>

Q 応力度＝（　）×ひずみ度　　記号で書くと?
構 施

A ヤング係数　　$\sigma = E \times \varepsilon$

シロクマ　は　いー　腕っぷし
σ　　$=$　　E　　$\times$　　ε

内部に働く力

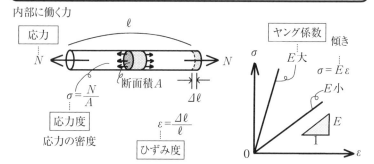

| 応力 | 応力度 $\sigma = \dfrac{N}{A}$　応力の密度 | ひずみ度 $\varepsilon = \dfrac{\Delta \ell}{\ell}$ | ヤング係数　傾き $\sigma = E\varepsilon$ |

● 物体に外から働く力を外力、物体内部に働く力を内力という。建築では外力を荷重や反力と呼び、内力を応力と呼ぶ。応力は外からの力に応じて働く力という意味。そして単位断面積当たりの応力を応力度σと呼ぶ。応力度の度は人口密度の度と同じで、応力を面積で割った応力の密度を示す。

● ひずんだ長さを元の長さで割った比がひずみ度ε。長さ／長さなので単位はない。よってヤング係数Eの単位は応力度σと同じN/mm²などとなる。応力度、ひずみ度ともに、断面積で割った部材の大きさによらない一般的で汎用性のある単位。

● 力（縦軸）を増やすと変形（横軸）も増え、その関係を表すのがσ－εグラフ。σ－εグラフの傾きがヤング係数E。Eは材料の種類によって決まる係数。

Q 鋼のヤング係数　　　　$E_s = 2.1 \times 10$の（　）乗 N/mm²
コンクリートのヤング係数　$E_c = 2.1 \times 10$の（　）乗 N/mm²
構 施

A 5乗、4乗　　　　　　　　　　　　s : steel　c : concrete

鋼　　R C
5乗　　4乗

● 原点近くのσ－εグラフでは、鋼はコンクリートの10倍の急傾斜。同じだけ変形させる

のに、鋼ではコンクリートの10倍の力が必要。同じ力では鋼はコンクリートの1/10の変形。

● 鋼のヤング係数E_sは、より正確には$\underline{2.05 \times 10}$の5乗。

● コンクリートに対する鉄筋のヤング係数比$=E_s/E_c \fallingdotseq 2.1 \times 10^5/(2.1 \times 10^4) = 10$。コンクリートの強度を大きくするとコンクリートのヤング係数E_cは大きくなるので、ヤング係数比E_s/E_cは小さくなる。ヤング係数比は構造計算でよく使われる。

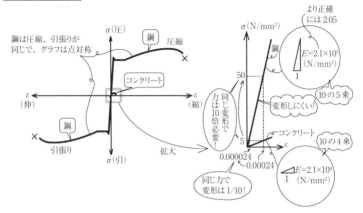

Q 強度が大きいと、コンクリート、鋼のヤング係数Eは?
構 施

A コンクリートのE_cは大きくなる　　鋼のE_sは変わらない

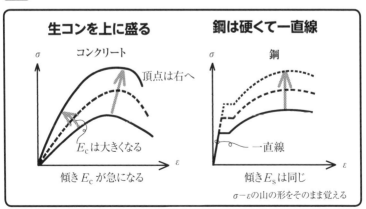

● 強度とは最大の応力度で、$\sigma-\varepsilon$グラフの山頂の高さ。壊れる強度。破断強度（グラフの終点）は、山頂の少し下となる。コンクリートは山が高いと、傾きE_cは急になる。鋼

は山が高くても傾きE_sは同じ。たとえば鋼の柱梁で、SN400（強度400N/mm²）の代わりにSN490（強度490N/mm²）を用いても、断面形が同じ（断面2次モーメントIが同じ）ならば、E_sは同じなので変形量は変わらない。

● コンクリートは重量が大きくなると、ヤング係数E_cは大きくなる（最初の傾斜が急になる）。

● コンクリートの圧縮時のひずみ（山頂のε）は、圧縮強度が大きいと大きい（山頂の位置は右へ）。

Q **アルミニウムのヤング係数Eは鋼の約（ ）倍** 構 施

A 1/3倍

> （アルミニウム）
> # ミニスカ　は　いー！
> 1/3　　　　　E

● アルミニウムは鋼に比べて$\sigma-\varepsilon$グラフの最初の傾きは1/3、同じ量を変形させるのに必要な力は1/3ですむ。同じ力では3倍変形する。

Q **力を除くと元に戻る性質を（ ）、元に戻らない性質を（ ）という** 構 施

A 弾性、塑性

> # 男性 ⟶ 女性
> 弾性　　　　塑性
> 直線的　　　曲線的

● $\sigma = E\varepsilon$という直線的な比例関係を弾性ということもある。

● 弾性の終わる点が、材料が力に降伏する点という意味で降伏点という。鋼の$\sigma-\varepsilon$グラフは、最初は弾性で直線、降伏点以降は水平な降伏棚があり、次に曲線となる。降伏点以前が弾性、以降が塑性。コンクリートの$\sigma-\varepsilon$グラフは曲線だけで、明確な分かれ目はない。

● 塑性になると力を除いても元に戻らずに、永久ひずみ（残留ひずみ）が残る。

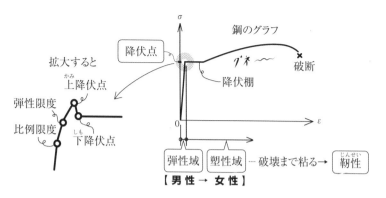

【男性 → 女性】

● 鋼の降伏点のあたりを詳細に見ると、比例が終わる比例限度、元に戻らなくなる弾性限度、上降伏点、下降伏点が別々にある。正確には弾性限度以降が塑性。

Q 粘り強く変形してなかなか壊れない性質を（　）、粘らずにすぐに壊れる脆い性質を（　）という [構][施]

A 靭性（じんせい）　脆性（ぜいせい）

人生は粘り強く！	**ぜいぜいいってすぐ壊れる**
靭性	脆性

● グネーと曲がるまんじゅうは靭性、パキッとすぐに割れるせんべいは脆性。鋼は大きく変形してなかなか壊れない（塑性変形能力が高い）ので、靭性が高い材である。コンクリートはちょっとの変形で割れて壊れるので脆性材料。鋼は降伏点以降もグネーと延びてなかなか破断しないので、靭性材料。構造体全体でも塑性化してから崩壊するまでどれくらい粘るかで、靭性か脆性かが決まる。漢字も書いて覚えておくこと。

Q 鋼の材料としてまたは部材として、靭性を高めるには、
降伏比を（　　）する
幅厚比を（　　）する
細長比を（　　）する [構]

A 小さく

人生　は　粘り強く！

↓

　　　　　　　　　　　　　　幅厚比
人生　　の　　幸福　は　細長く　小さく！
靭性　　　　　降伏比　　細長比　→　小さく

$\longrightarrow$ JINSEI

● 降伏比とは、降伏点強度／最大強度。最大強度に対して降伏点強度がどれくらいかの比。σ−εグラフで山頂の高さに対して、降伏棚の高さがどれくらいかの比。当然1以下となり、たとえば降伏比が1.4ということはありえない。

● 降伏比が小さいと、降伏点を超えてから最大強度までが大きいので、塑性変形してからも粘ることになり、靭性が高いといえる（頻出）。降伏比が0.7だと、塑性化した後に最大強度まで0.3（30%）の力の余裕があるが、0.9だと0.1（10%）しか余裕がないことになる。

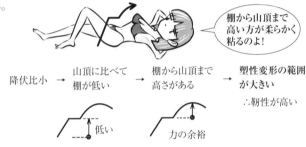

棚から山頂まで高い方が柔らかく粘るのよ！

降伏比小　→　山頂に比べて棚が低い　棚から山頂まで高さがある　**塑性変形の範囲が大きい**

∴靭性が高い

低い　　　力の余裕

Q 幅厚比、径厚比、水セメント比とは？
[構] [施]

A 幅÷厚、径÷厚、水の質量÷セメントの質量

○□比の順に○÷□（○／□）

● ○□比とは、その順に○÷□（○／□）と覚える。板材の幅厚比が小さいと、厚さに対して幅が小さくてぶ厚い板となる。局部座屈（部分的な座屈、折れ曲がり）が起きにくくなる。径厚比は鋼管における径÷厚の比。小さい方が厚さに対して径が小さくてぶ厚いパイプとなり、局部座屈しにくい。局部座屈しにくい材の方が、変形して最大強度まで粘るので靭性が高い。水セメント比は水の質量÷セメントの質量。コンクリートの強

度は水セメント比が小さいほど大きくなる。水セメント比は生コンが流れる範囲で小さい方（水が少ない方）がよい。

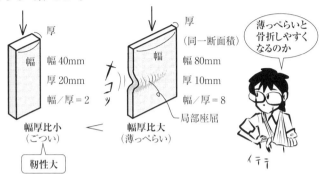

● H形鋼の梁ではウェブよりもフランジの方に大きな圧縮力がかかるので、<u>幅厚比の限度はフランジ＜ウェブ</u>とされている（昭55建告）。

Q 細長比 λ（ラムダ）とは?
構

A 座屈長さ ℓ_k／断面2次半径 i $\left(i = \sqrt{\dfrac{断面2次モーメント I}{断面積 A}} \right)$

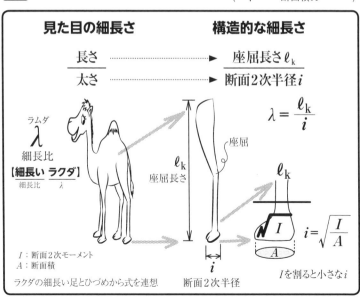

見た目の細長さ		構造的な細長さ

$$\frac{長さ}{太さ} \quad \cdots\cdots\blacktriangleright \quad \frac{座屈長さ \ell_k}{断面2次半径 i}$$

$$\lambda = \frac{\ell_k}{i}$$

ラムダ
λ
細長比
【細長い ラクダ】
細長比 λ

ℓ_k
座屈長さ

座屈

ℓ_k

$i = \sqrt{\dfrac{I}{A}}$

I：断面2次モーメント
A：断面積

ラクダの細長い足とひづめから式を連想　断面2次半径　Iを割ると小さな i

● 見た目では、長くて細いほど細長い。それを構造的な細長さの係数にするには、長さは湾曲の形を考えた座屈長さに、太さは断面2次半径にする。座屈長さは、湾曲の形を考えに入れた構造的な長さ。断面2次半径は、断面2次モーメントI／断面積Aにルートをかけたもので、断面形状による曲がりにくさを考慮に入れた構造的な太さ。

● 細長比が大きいほど細長く、座屈（全体が折れ曲がる）しやすい。逆に細長比が小さいと座屈しにくく、変形で最大強度まで粘れて靭性が高い。

● 有効細長比λは、軸のとり方で複数ある細長比のうちで最大のもの、曲がりやすい軸での細長比。有効細長比λは、小さい方が座屈しにくく靭性が高い。

● ヤング係数Eは材料で決まる変形しにくさ、固さの係数。断面2次モーメントIは断面形で決まる曲げにくさの係数。$E \times I$は曲げ剛性で、材料と断面形から決まる曲げにくさの係数。

Q S造の柱の有効細長比λ≦（　）
構

A λ≦200

有効細長比　λ ⟶ ⟨curl⟩ ⟶ **200以下**

λの形から2を連想

● S造の柱以外の梁などは$\lambda \leq 250$、木造の柱は$\lambda \leq 150$（令43、65）。木の方が弱いので、200－50、S造の梁は柱ほど圧縮がかからず座屈しにくいので200＋50と覚えよう。

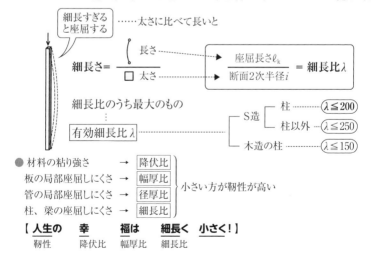

細長すぎると座屈する …… 太さに比べて長いと

細長さ ＝ 長さ ／ □太さ

$\dfrac{座屈長さ\ell_k}{断面2次半径i}$ ＝ 細長比λ

細長比のうち最大のもの
⋮
有効細長比 λ

S造 ─ 柱 …………（$\lambda \leq 200$）
　　└ 柱以外 …（$\lambda \leq 250$）
木造の柱 …………（$\lambda \leq 150$）

● 材料の粘り強さ　　　→　降伏比
板の局部座屈しにくさ　→　幅厚比
管の局部座屈しにくさ　→　径厚比
柱、梁の座屈しにくさ　→　細長比
} 小さい方が靭性が高い

【 人生の　　幸　　福は　　細長く　小さく! 】
　　靭性　　降伏比　幅厚比　細長比

190

● **構造計算の流れ**

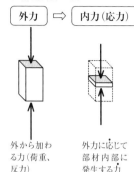

法的な限度

| 外力 | ⇨ | 内力（応力） | ⇨ | 応力度 | ⇨ | 応力度≦許容応力度 |

求められた応力度が
許容応力度以下なら、
安全とわかる。

外から加わ
る力（荷重、
反力）

外力に応じて
部材内部に
発生する力

内部に発生した力を
面積で割った、単位断
面積当たりの応力、
応力の密度。

● 荷重、反力などの外力を出し、部材内部に働く内力=応力を計算し、単位断面積当たりの応力である応力度を出す。それが許容応力度以下であることを確かめる。許容応力度とは法律上超えてはならない応力度、許容される限度の応力度で、長期と短期がある。

● 長期応力度とは常時、長期的に働く応力度で、重さによって生じる応力度。短期応力度とは非常時に短期的に働く応力度で、重さの上に地震力や風圧力などをかけて生じる応力度。短期と長期は別のものではなく、短期は長期の上に非常時の荷重、地震や台風による荷重を重ねる点に注意。それぞれに法律的な上限である長期許容応力度、短期許容応力度がある。

| （設計）基準強度F、F_c | ⇨ | 長期許容応力度 | ⇨ | 短期許容応力度 |

構造設計の基準となる強度。
鋼は製品からFが決まり、コン
クリートは設計者がF_cを決め
て調合する

基準強度を安全率で
割って、超えてはなら
ない応力度を法律的
に定める

長期荷重の上に
地震力等を加え
るので、値は長
期より大きい

● 基準強度Fは、構造計算の基準となる強度。Fはforce（力）。鋼は工場から出荷される時点で強度は保証されていて、そこからFの値が決まる。コンクリートは調合によって強度が変わるので、設計基準強度F_cと「設計」が付けられる。cはconcrete、もしくはcompression（圧縮）。コンクリートの引張り強度は圧縮強度の1/10しかなく、計算上は強度に入れない。

● 基準強度F、設計基準強度F_cを元に長期、短期の許容応力度が決まる。

Q 基準強度Fの鋼における、圧縮、引張り、曲げの長期許容応力度、短期許容応力度は？ 構

A （長期）$\dfrac{2}{3}F$ 、（短期）F

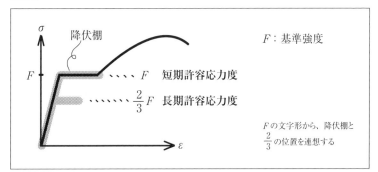

σ　降伏棚

F：基準強度

F 〰〰 F 短期許容応力度

〰〰 $\dfrac{2}{3}F$ 長期許容応力度

Fの文字形から、降伏棚と $\dfrac{2}{3}$ の位置を連想する

ε

● 常時の限度としての長期許容応力度は$2/3F$、非常時の限度としての短期許容応力度はFとされている（令90）。短期は降伏棚の高さで、降伏点強度σ_yと同じとなる。建物各部の応力度は、強い地震時でも降伏点強度以下、弾性範囲に納めるということ。（y: yield 降伏）

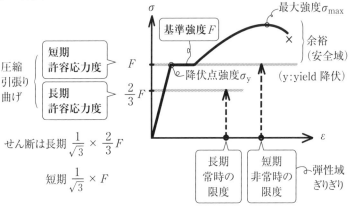

σ　　　　最大強度σ_{max}

基準強度F

余裕（安全域）

圧縮 引張り 曲げ

短期 許容応力度　F

降伏点強度σ_y　（y:yield 降伏）

長期 許容応力度　$\dfrac{2}{3}F$

せん断は長期 $\dfrac{1}{\sqrt{3}} \times \dfrac{2}{3}F$

短期 $\dfrac{1}{\sqrt{3}} \times F$

長期 常時の 限度

短期 非常時の 限度

弾性域 ぎりぎり

ε

【 **専断す** **ると** **惨になる** 】
　せん断　$\sqrt{}$　3分の1

● 法規（令90）では$2/3$のことを$1/1.5$と記しているが、わかりやすくするために$2/3$とした。

● せん断の場合は、長期、短期ともに、それぞれの数値の$1/\sqrt{3}$となる。

Q 設計基準強度 F_c のコンクリートにおける、圧縮の長期許容応力度、短期許容応力度は？ [構]

A （長期）$1/3\,F_c$、（短期）$2/3\,F_c$

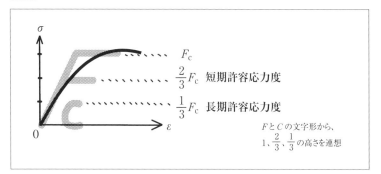

F と C の文字形から、
$1、\dfrac{2}{3}、\dfrac{1}{3}$ の高さを連想

● コンクリートの $\sigma - \varepsilon$ グラフは曲線状ではっきりとした降伏点がないので、<u>$2/3\,F_c$ のところを擬似的降伏点として、そこを短期許容応力度としている。その1/2の $1/3\,F_c$ が長期許容応力度</u>（令91）。

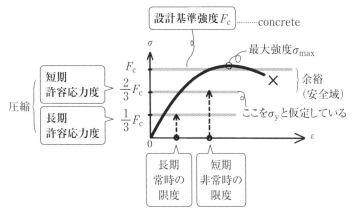

● 基準強度は構造計算の基準となる強度。鋼の基準強度 F は製鉄所出荷時に決まっている保証された製品強度。一方コンクリートは調合で変わるので、設計基準強度 F_c は設計者が決める。そのため基準強度に「設計」の文字が付く。

● 1/3の分母の3を<u>安全率（安全係数）</u>という。2/3の場合は、$2/3 = 1/(3/2) = 1/1.5$ なので安全率は1.5。

● 鋼の $\sigma - \varepsilon$ グラフは圧縮、引張りで完全に同じだが、コンクリートはまったく異なる。圧

縮側だけ力があり、引張り側は圧縮の1/10程度ですぐに壊れる。コンクリートは引張りに弱いので、引っ張られるとすぐにクラック（亀裂）が入る。それを補うのが鉄筋の役目。構造計算では、コンクリートの引張りの強度は考慮しない。

Q 建築構造用ステンレス鋼 SUS304A の基準強度 F は（　　）耐力とする 構 施

A 0.1%オフセット耐力

（塑性変形した）
少し右にずれた所の強さ ⇨ 擬似的な降伏点
offset

● SUS：Steel Use Stainless ステンレス鋼。耐食性、耐火性に優れる。
● SUS304A にははっきりとした降伏点がないので、0.1%右にひずんだ（offsetした）0.1%オフセット耐力を擬似的な降伏点とする。0.1%＝0.001のひずみ度は元に戻らず、そこから塑性がはじまるとする。高張力鋼や加工された鉄筋などの降伏点が不明確な場合は、0.2%オフセット耐力を使う。

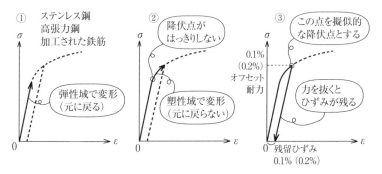

Q 設計基準強度 F_c のコンクリートにおける、引張り、せん断の長期許容応力度、短期許容応力度は？ 構

A 引張り、せん断ともに（長期）$1/30 F_c$、（短期）$2/30 F_c$

コンクリートの引張り、せん断の力は十分ではない
10分の1

● 圧縮の $1/3 F_c$、$2/3 F_c$ をそれぞれ <u>1/10倍</u>したもの（令91）。

Q 設計基準強度 F_c のコンクリートにおける、付着の長期許容応力度、短期許容応力度は？ 構 施

A （長期）0.7N/mm²、（短期）1.4N/mm²

3

> ## おんな に 長期間 ベタベタくっつく
> <u>0.7N/mm²</u>　　　　　　　　　付着

● 付着強度とは、コンクリートから鉄筋を引き抜いたときの強度を鉄筋表面積で割った値。長期の2倍が短期なのは、圧縮、引張り、せん断、付着ともに同じ（令91）。

● RC規準では $1/15F_c$、$1/10F_c$ などの、F_c が大きくなると付着の（長期/短期）許容応力度も大きくなる式が示されている。付着の（長期/短期）許容応力度が大きくなると、コンクリートから鉄筋が抜けにくくなるので、鉄筋の定着長さは短くできる。梁では生コンが沈んで上端筋の下に空げきができるおそれがあるので、RC規準では付着の（長期/短期）許容応力度は上端筋＜下端筋と上端筋の方が厳しく規定されている。

【下半身に執着する】（下端筋の方が付着が強い）
下端筋　付着強

鋼の許容応力度

長期許容応力度				短期許容応力度			
圧縮	引張り	曲げ	せん断	圧縮	引張り	曲げ	せん断
$2/3F$	$2/3F$	$2/3F$	$1/\sqrt{3}\cdot2/3F$	F	F	F	$1/\sqrt{3}\cdot F$

令90

コンクリートの許容応力度

長期許容応力度				短期許容応力度			
圧縮	引張り	せん断	付着	圧縮	引張り	せん断	付着
$1/3F_c$	$1/30F_c$	$1/30F_c$	0.7N/mm²	$2/3F_c$	$2/30F_c$	$2/30F_c$	1.4N/mm²

令91

● RCの場合、曲げは引張り側では鉄筋で考えるため、コンクリートの曲げ許容応力度は定められていない。

Q 溶接ののど断面に対する許容応力度は？
構 施

A

せん断だけ $\frac{1}{\sqrt{3}}$ が付く

	長期許容応力度				短期許容応力度			
	圧縮	引張り	曲げ	せん断	圧縮	引張り	曲げ	せん断
突合わせ溶接	$\frac{2}{3}F$	$\frac{2}{3}F$	$\frac{2}{3}F$	$\frac{2}{3\sqrt{3}}F$	F	F	F	$\frac{1}{\sqrt{3}}F$
隅肉溶接	$\frac{2}{3\sqrt{3}}F$	$\frac{2}{3\sqrt{3}}F$	$\frac{2}{3\sqrt{3}}F$	$\frac{2}{3\sqrt{3}}F$	$\frac{1}{\sqrt{3}}F$	$\frac{1}{\sqrt{3}}F$	$\frac{1}{\sqrt{3}}F$	$\frac{1}{\sqrt{3}}F$

すべて $\frac{1}{\sqrt{3}}$ が付く　　　せん断だけ同じ値　　F：基準強度

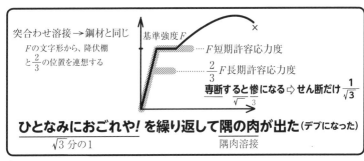

突合わせ溶接→鋼材と同じ

Fの文字形から、降伏棚と$\frac{2}{3}$の位置を連想する

基準強度F

…… F短期許容応力度

…… $\frac{2}{3}F$長期許容応力度

専断すると惨になる⇨ せん断だけ$\frac{1}{\sqrt{3}}$

ひとなみにおごれや! を繰り返して隅の肉が出た（デブになった）

$\sqrt{3}$分の1 　　　　　　　　　　　　　隅肉溶接

令92

● 突合わせ溶接は突き合わせた面同士を溶接するもの。突合わせ溶接のうち、開先(グルーブ、溝)をつくって断面全体を溶け込ませたのが完全溶込み溶接。

● 突合わせ溶接の許容応力度は、母材に応じた適切な溶接材料を使えば、母材と同じにできる。短期、長期でF、$2/3F$となるのは、鋼材、高力ボルト、鉄筋と同じ。

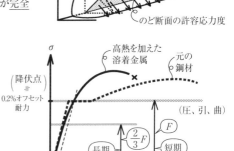

隅肉溶接

のど断面の許容応力度

高熱を加えた溶着金属

元の鋼材

$\left(\begin{array}{c}降伏点\\ 0.2\%オフセット\\ 耐力\end{array}\right)$

(圧、引、曲)

長期　$\frac{2}{3}F$　短期

F

0.2%オフセット

隅肉溶接では$\frac{1}{\sqrt{3}}$倍(約0.6倍)

Q 鋼は炭素量が多いと、延性、粘り強さ（靱性）は（　　）、溶接性は（　　）　構 施

A 小さい、低い

短足! もう 伸びない 　　つなげない

炭素 多 ⟶ 延性、粘り強さない　溶接性ない

● 炭素量　多 →
- 強度　大
- 降伏点　大
- 延性、粘り強さ（靭性）小
- 溶接性　低

● ヤング係数 E は、炭素量が多くてもほぼ同じ。

【短足 でも 元気！】
ヤング係数

● 硫黄、リンも同様に、多いと粘り強さと溶接性は小さい。

Q 鋼の強度は（　　）℃付近で最大となる
構 施

A 300℃

山 頂　で見る青 空
300℃　　　　　　　青熱脆性域

一旦上がってから下がるのよ！

青熱脆性域　温度200〜300℃で強度最大

引張り強さ
降伏点
ヤング係数
伸び

温度（℃）

200〜300℃で
もろく割れやすい

加熱曲げ加工を
300℃で行うのは不可

● 鋼の強度は、200〜300℃で一旦上がるが、それ以降は低下する。200〜300℃は青熱脆性域と呼ばれ、強度は高いが粘りがなくなる。加熱曲げ加工ではそこを避け、850〜900℃の赤熱状態で行う。

Q 温度を上げると鋼のヤング係数、降伏点はどうなる？
構 施

A 下がる

熱が出ると元気も幸福度も下がる
温度 大　ヤング係数、降伏点 小

● ヤング係数と降伏点は、右肩下がりのグラフ。
● SN400をSN490にしても、ヤング係数は同じ $2.05 \times 10^5 N/mm^2$　【鋼】
　　　　　　　　　　　　　　　　　　　　　　　　　　　　　　　　5乗

Q SNとは？
構 施

A 建築構造用圧延鋼材

新	建 築
SN	建築構造用

● 圧延とは、溶けた鉄をロールの中に圧して延ばし、板、棒、H形鋼などをつくること。

SN	建築構造用圧延鋼材	SS材、SM材を建築用に改良した新規格
Steel New		

SS	一般構造用圧延鋼材
Steel Structure	

SM	溶接構造用圧延鋼材	Marineは海の、船のという意味で、造船用に開発された
Steel Marine		溶接しやすい鋼　【SMプレーはローソクを溶かす】

Q SN400の400とは？
構 施

A 引張り強度の下限値が400N/mm²

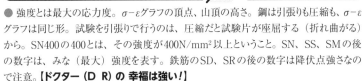

山 上	の	新 建 築
（最大）強度		SN

● 強度とは最大の応力度。σ-εグラフの頂点、山頂の高さ。鋼は引張りも圧縮も、σ-ε
グラフは同じ形。試験を引張りで行うのは、圧縮だと試験片が座屈する（折れ曲がる）
から。SN400の400とは、その強度が400N/mm²以上ということ。SN、SS、SMの後
の数字は、みな（最大）強度を表す。鉄筋のSD、SRの後の数字は降伏点強さなの
で注意。【ドクター（D R）の幸福は強い！】
　　　　　　　　　　　　SD SR　降伏点
● 下限値が付くのは、メーカーが製造誤差を含めて、その強度を保証しているということ。

Q SN400の降伏点は?
構 施

A 235N/mm²以上

トラック1周、兄さんGO!
400N/mm²以上　235N/mm²以上

3

● 塑性化する点が降伏点。

● 基準強度*F*は、降伏点か引張り強度の70%のうちの小さい方。SN400の降伏点は235N/mm²、強度の70%は280N/mm²なので、*F*は235N/mm²。板厚が40mmを超えると*F*は215N/mm²となる。

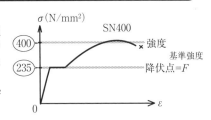

Q SN材のB種は何に優れる?
構 施

A 塑性変形能力(粘り強さ)と溶接性

Bは柔らかいわよ!

ボインは柔らかくてとろけるよう
B種　　変形能力○　溶接性○

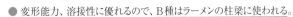

● 変形能力、溶接性に優れるので、B種はラーメンの柱梁に使われる。

● A種は溶接に不適。弾性範囲の小梁に使われる。

● SN400A、SN400B、SN400Cと、強度の後にA、B、Cを付ける。

Q SN材のC種は何に優れて、どこに使われる?
構 施

A 板厚方向の引張りで割れにくく、ダイアフラムに使われる

指輪 → C種 → **ダイヤ**
ダイアフラム

● 圧延方向に不純物が引き延ばされるため、圧延材は板厚方向の引張りで割れやすい。その弱点を補ったのがSN材のC種。柱梁接合部のダイアフラムには、板厚方向に引張りがかかるので、C種が適する。

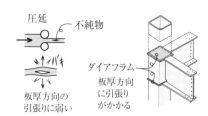

圧延
不純物

板厚方向の
引張りに弱い

ダイアフラム
板厚方向
に引張り
がかかる

SN400BとSN490Bのうち、幅厚比の上限の大きい方は?
構

SN400B

低い山　は　平べったい
最大強度 小　　　幅厚比 大

● 幅厚比は、その順に幅÷厚（幅／厚）。小さい方がぶ厚く、局部座屈しにくく、降伏点（基準強度）に達して押しつぶされるまで粘る可能性が高い。

● 強度の大きい柱、梁には大きい応力をかけるので、幅厚比は小さくする。強度の小さい柱、梁には小さい応力しかかけないので、多少平べったい材でも可能となる。

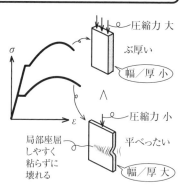

圧縮力 大
ぶ厚い
幅／厚 小

σ

ε

局部座屈
しやすく
粘らずに
壊れる

圧縮力 小
平べったい
幅／厚 大

板要素の幅厚比が制限値を超えた部分はどうする?
構

無効（ないもの）として断面を検討する

平べったい
ヒラメ の いらない所を取る
平目→幅厚比大→ 無効部分を取る

昭55建告

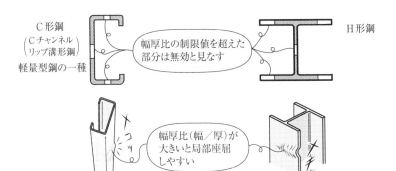

C形鋼
(Cチャンネル
リップ溝形鋼)
軽量型鋼の一種

幅厚比の制限値を超えた
部分は無効と見なす

H形鋼

幅厚比(幅/厚)が
大きいと局部座屈
しやすい

Q 山形鋼、溝形鋼を筋かいとして、片側をガセットプレートに高力ボルト接合する場合、有効断面積は? 構

A 突出脚の無効部分を引いて有効断面積とする

ヒールの高さを引いて、脚の有効長さを出す
無効部分を引く

接合部指針
● 高力ボルト本数
が多いほど有効部
分は大きくできる。

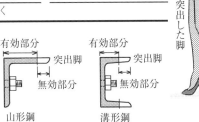

有効部分   有効部分

突出脚   突出脚

無効部分   無効部分

山形鋼   溝形鋼

突出した脚

脚の有効長さ

Q 梁としてSN400、SN490を使う場合、横補剛材が多く必要なのは? 構

A SN490 (強度の大きい方)

山が高いと 横から支えないと崩れる
強度 大   横補剛材多く (強く)

● 梁に使うH形鋼は、縦の曲げには強いが、横の曲げには弱い。そのため横座屈しやすい。それを防ぐために、横補剛材というつっかい棒を入れる。

● 強度が大きい鋼材を使う場合、応力も大きく設計する。そのため横補剛材にかかる横力も大きくなり、横補剛材も多く必要となる。

● 横補剛材の間隔などにより、許容曲げ応力度を低く、厳しくする。箱形断面材は横座屈しないのでその必要はない。

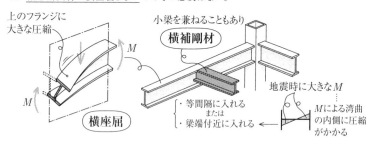

上のフランジに大きな圧縮

横補剛材

小梁を兼ねることもあり

・等間隔に入れる
　または
・梁端付近に入れる

地震時に大きなM

Mによる湾曲の内側に圧縮がかかる

横座屈

● 強度が大きい材だと大きい応力をかけるように設計するので、幅厚比は小さくする。

$$強度大\begin{cases}横補剛材 & 多（本数増やす）\\ 幅厚比 & 小（ぶ厚くする）\end{cases}$$

● H形鋼を通常のエの向きではなく横だおししてHとして使う場合、横座屈方向に曲がりにくくなるので、横座屈を考える必要はない。

Q 圧縮材の中間に横補剛材を付ける場合、圧縮力の（　　）%以上の集中横力が横補剛材にかかる [構]

A 2%以上

S字と支点から2を連想

座屈しにくい

● 梁の横補剛材には、圧縮力の2%以上がかかるとして計算する。変形も一定以下にするため、横補剛材には強度とともに剛性（変形しにくさ）も必要。

BCRとは?
構 施

A 建築構造用冷間ロール成形角形鋼管

ビッ クリ　整形
B　　C R　　成形鋼管

BCR
Box Column Roll
建築構造用冷間
ロール成形角形鋼管

ロール成形して溶接

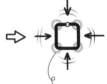

角は塑性化して
変形　性能低下

BCP
Box Column Press
建築構造用冷間
プレス成形角形鋼管

プレス成形して溶接

 BCR295の295とは?
構 施

A 降伏点が295N/mm²

ビックリ 整形 で 幸福をつかむ!
B C R　　成形鋼管　　降伏点

● 正確には降伏点または耐力の下限値。耐力とは擬似的降伏点。降伏点がはっきりしない場合、一定のひずみが残る点を塑性のはじまりとしたもの。BCRは曲げられた部分が塑性化している。鉄筋のSD、SRの後ろにくる数字も、降伏点を意味する。

【ドクター（ D R ）の幸福は強い!】(p.144参照)
　　　　　　 SD SR　　　降伏点

A 引張り強度が$10\,\mathrm{tf/cm^2}$以上あるトルシア形高力ボルト、JIS形高力ボルト

10T→10トン　S F 映画はラストを 引っ張る
引張り強度

● Tはtensionだが、トンと連想する。

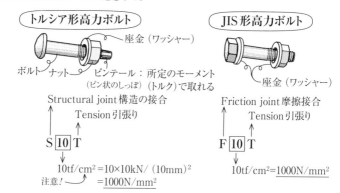

トルシア形高力ボルト

座金 (ワッシャー)
ボルト　ナット　ピンテール：所定のモーメント
（ピン状のしっぽ）（トルク）で取れる
Structural joint構造の接合
Tension引張り

S [10] T

$10\mathrm{tf/cm^2}=10\times10\mathrm{kN}/(10\mathrm{mm})^2$
注意！　$=1000\mathrm{N/mm^2}$

JIS形高力ボルト

座金 (ワッシャー)
Friction joint摩擦接合
Tension引張り

F [10] T

$10\mathrm{tf/cm^2}=\underline{1000\mathrm{N/mm^2}}$

● 高力ボルトは強い引張り力（High Tension：HT）で鋼材同士を引き付け、その両面に生じる摩擦力で接合する。鋼材がずれてボルト軸に当たり、鋼材の支圧力（局部的な圧縮力）、ボルト軸のせん断力で支えるのは、普通ボルト。

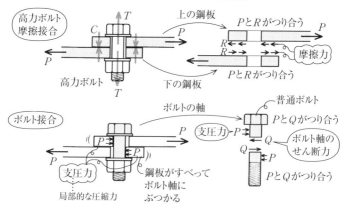

高力ボルト
摩擦接合

C　　T　　上の鋼板　　PとRがつり合う　P
P　　　　　　R　　　　　　摩擦力
高力ボルト　　下の鋼板　　PとRがつり合う
T

ボルト接合

ボルトの軸　　普通ボルト　PとQがつり合う
P　　支圧力　P
P　　　　　　Q　ボルト軸のせん断力
支圧力　鋼板がすべって　　Q　P
局部的な圧縮力　ボルト軸にぶつかる　　PとQがつり合う

● トルシアとはトルク（モーメント）とシア（せん断）を合わせた造語と思われる。

● 高力ボルトと普通ボルトを併用すると、摩擦で板がすべらず、普通ボルトの軸に板が当たらない。普通ボルトの方は効かず、全応力を高力ボルトが負担するとして設計する。

● S10T、F10Tのほかに、S8T、F8Tがある。

鋼材規格記号まとめ

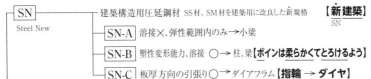

SN		建築構造用圧延鋼材 SS材、SM材を建築用に改良した新規格 **【新建築】** SN
Steel New		
	SN-A	溶接×、弾性範囲内のみ→小梁
	SN-B	塑性変形能力、溶接 ○→柱、梁**【ボインは柔らかくてとろけるよう】**
	SN-C	板厚方向の引張り○→ダイアフラム**【指輪 → ダイヤ】**
SS	一般構造用圧延鋼材 数字は引張り強度	
Steel Structure		
SM	溶接構造用圧延鋼材 Marineは海の、船のという意味で造船用に開発された溶接しやすい鋼。数字は引張り強度 **【SMプレーはローソクを溶かす】**	
Steel Marine		

BCR	建築構造用冷間ロール成形角形鋼管	ロール成形
Box Column Roll	数字は降伏点 **【ビックリ 整形】**	
BCP	建築構造用冷間プレス成形角形鋼管	プレス成形
Box Column Pressn	数字は降伏点	

SD 異形鉄筋

SD	異形棒鋼（異形鉄筋）**【ドクター（DR）の幸福は強い!】**
Steel Deformed bar	数字は降伏点
SR	丸鋼 数字は降伏点
Steel Round bar	

SR 丸鋼

トルシア形高力ボルト

S10T	トルシア形高力ボルト **【10T→10トン SF映画は ラストを引っ張る】**
Structural joint ( ) Tension	数字は引張り強度
F10T	JIS形高力ボルト 数字は引張り強度
Friction joint ( ) Tension	

高力ボルト

Q **H形鋼、I形鋼において、フランジとウェブはどの部分?**
構 施

A 中央の部材がウェブ、両端の部材がフランジ

ウェ**！** ブスはおなかが出ている
ウェブ　　　　　中央

● 梁ではフランジが主に曲げモーメントに抵抗し、ウェブが主にせん断に抵抗する（頻出）。曲げでは縁がもっとも変形するので、縁に材料を多く配して抵抗させる。縁のフランジを厚く、中央のウェブを薄くしたH形鋼が合理的な断面となる。

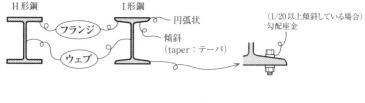

● つば状、耳状に出ている部分を、一般にフランジ（flange）という。

Q **フランジとウェブ、幅厚比の上限値が大きいのは?**
構

A ウェブ

Web
Wide→幅が広くてよい→幅厚比 大 でOK
（平べったくてよい）

● 曲げによって圧縮がかかるのはフランジなので、フランジの幅厚比は小さくして靭性を確保する。【人生の幸福は細長く小さく！】
靭性　　　幅厚比

フランジ 幅／厚 小
ウェブ 幅／厚 大

○

曲げによる圧縮でフランジが座屈せず、塑性変形して粘る

フランジ 幅／厚 大
ウェブ 幅／厚 小

×

曲げによる圧縮でフランジがすぐに座屈し、粘らずに壊れる

3

Q 長期荷重による鉄骨梁のたわみはスパンの1/（　　）以下、
片持ち梁では1/（　　）以下 [構]

A 1/300以下、1/250以下

た わ み
300分の1

S規準

● 頻出数字

たわみ { 梁…………1/300以下
片持ち梁…1/250以下

有効細長比 { 柱………200以下
柱以外…250以下

曲がりやすい軸（木造の柱…150以下）（p.190参照）での細長比

Q スプライスプレート（splice plate）とは？
[構] [施]

A 継手部を補強するための添え板。母材を挟んで使うことが多い

スープとライスでおかずを挟む
スプ　　ライス

● 同じ鉄板（プレート）でもさまざまな名称があるので、頭に入れておこう！

プレートPLate（記号：PL、 ⅊）の名称　2PL-9：9mm厚の鋼板2枚

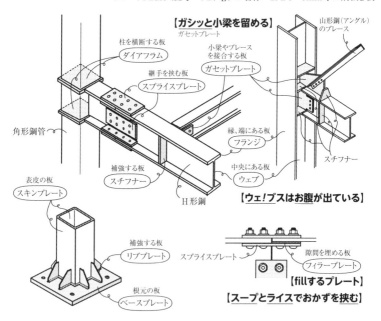

【ガシッと小梁を留める】
ガセットプレート

柱を横断する板
（ダイアフラム）

山形鋼（アングル）
のブレース

小梁やブレース
を接合する板
（ガセットプレート）

継手を挟む板
（スプライスプレート）

角形鋼管

縁、端にある板
（フランジ）

スチフナー

補強する板
（スチフナー）

中央にある板
（ウェブ）

H形鋼

【ウェ！ブスはお腹が出ている】

表皮の板
（スキンプレート）

補強する板
（リブプレート）

スプライスプレート

隙間を埋める板
（フィラープレート）

【fillするプレート】

根元の板
（ベースプレート）

【スープとライスでおかずを挟む】

plate：板、splice：継ぎ、gusset：補強の板、diaphragm：横隔膜、stiffener：硬くするもの、rib：肋骨

Q フィラープレート（filler plate）とは？
構 施

A 板厚の差を埋めるために入れる板

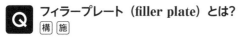

fill するもの → **filler**
詰める

● 板と板との隙間（肌すき）が1mmを超えるとフィラープレートを入れる。1mm以下ならばそのまま締め付ける。フィラープレートは母材の鋼種にかかわらず、400N/mm²級（SN400、SN490など）の鋼材でよい（頻出）。「母材の鋼種にかかわらず、母材と同強度とする」は×。

Q ガセットプレート（gusset plate）とは？
[構] [施]

A 梁や筋かいなどを留めるために持ち出す板

> ## ガシッと小梁を留める
> ガセット

3

Q せいの高いH形鋼を梁に使う場合、ウェブのせん断座屈に対するスチフナー（補剛材）はどのように入れる？ [構]

A 軸に直交して入れる

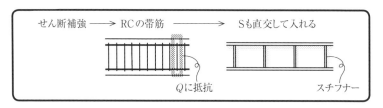

せん断補強 ──→ RCの帯筋 ──────→ Sも直交して入れる

Qに抵抗　　スチフナー

Q せいの高いH形鋼を梁に使う場合、ウェブの曲げ座屈に対するスチフナー（補剛材）はどのように入れる？ [構]

A 軸に平行に入れる

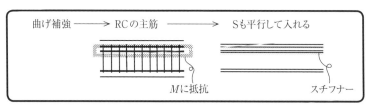

曲げ補強 ──→ RCの主筋 ──────→ Sも平行して入れる

Mに抵抗　　スチフナー

● スチフナーとは、stiffenは硬くする、stiffenerは硬くするもので補剛材のこと。せいの高いH形鋼ではウェブの局部座屈を防ぐため、スチフナーを入れる。入れる方向は、RC梁の帯筋（せん断補強筋）と主筋の向きを参考にするとわかる。

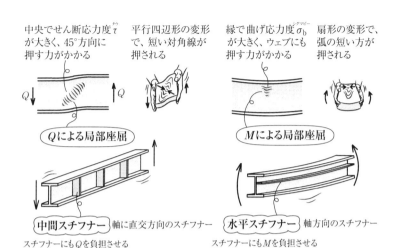

中央でせん断応力度τが大きく、45°方向に押す力がかかる

平行四辺形の変形で、短い対角線が押される

縁で曲げ応力度σ_bが大きく、ウェブにも押す力がかかる

扇形の変形で、弧の短い方が押される

Qによる局部座屈

Mによる局部座屈

中間スチフナー　軸に直交方向のスチフナー

スチフナーにもQを負担させる

水平スチフナー　軸方向のスチフナー

スチフナーにもMを負担させる

τ：せん断応力度　σ_b：曲げ応力度（b：bending）　Q：せん断力　M：曲げモーメント

Q 露出形式柱脚におけるベースプレートの厚みは（　　）d以上
構 施
（d：ボルト径）

A 1.3d以上

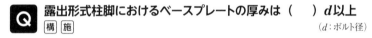

B ase plate ⇨ /3 ⇨ $\underset{1.3倍}{13}$

Bの形から1.3を連想

平12建告

anchor：いかり

base にある plate はボルト径の1.3倍の厚さよ！

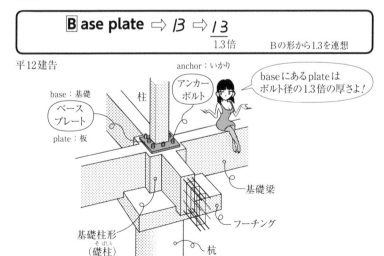

base：基礎
ベースプレート
plate：板

柱
アンカーボルト
基礎梁
フーチング
基礎柱形（礎柱）
杭

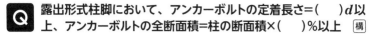

Q 露出形式柱脚において、アンカーボルトの定着長さ＝（　　）d以上、アンカーボルトの全断面積＝柱の断面積×（　　）%以上 [構]

A 20d 以上、20% 以上

(d：ボルト径)

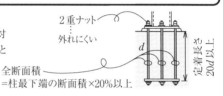

アンカーボルトは **2重 ナット**（ゆるみにくい）

20d 以上
20% 以上

平12建告
● アンカーボルトには、引張りに対する抵抗の仕方で、支圧抵抗型と付着抵抗型がある。

2重ナット
外れにくい
全断面積
＝柱最下端の断面積×20%以上
定着長さ
20d以上

Q 鉄骨建方の際、アンカーボルトの位置を修正するため、台直しができる？　できない？ [施]

A できない

アカン！　台なしだ！

アンカーボルト → 台直しできない

● 台直しとは、コンクリートに打ち込んだ鉄筋やボルトの位置を、曲げて修正すること。原則不可だが、やむをえない場合は急に曲げずに、コンクリートをはつってゆるやかに曲げる。ただしアンカーボルトの台直しは不可。正しい位置に修正する。

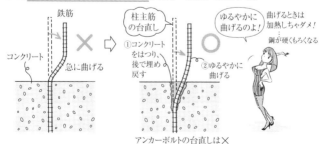

鉄筋
コンクリート
急に曲げる
柱主筋の台直し
①コンクリートをはつり、後で埋め戻す
②ゆるやかに曲げる
曲げるときは加熱しちゃダメ！
鋼が硬くもろくなる
ゆるやかに曲げるのよ！
アンカーボルトの台直しは×

● アンカーボルトの芯出しは型板を用いる。
● アンカーボルトは、ビニルテープを巻いて養生する。

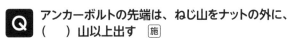

Q アンカーボルトの先端は、ねじ山をナットの外に、（　　）山以上出す [施]

A 3山以上

> ## ねじ山の「山」は「さん」とも読む
> 3山以上

JASS6

● アンカーボルトは2重ナット、座金を用いる。ボルトの先端は、ねじが3山以上出るようにする。ナットから出た部分を余長という。2重ナット＋余長3山以上がポイント（頻出）。

● 高力ボルトのねじ山は、1～6山出す。【**イチロー、強烈に突出している！**】（p.225参照）
　　　　　　　　　　　　　　　　　　　1～6山　　高力ボルト　　余長

$$余長 \begin{cases} アンカーボルト\cdots\cdots3山以上 \\ 高力ボルト\cdots\cdots\cdots1～6山 \end{cases}$$

あと詰め中心塗り工法

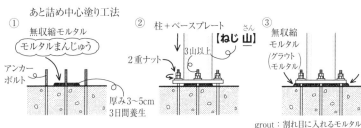

grout：割れ目に入れるモルタル

Q 根巻き形式柱脚において、根巻き部分の高さ＝（　　）×柱幅 [構]

A 2.5×柱幅

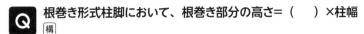

> ## 腰巻き 姿に ニッコ ニコ
> 根巻き　　　　2.5倍　　　寝巻き　　　　　　腰巻き

平12国交告

Q 埋込み形式柱脚において、埋込み深さ＝（　　）×柱幅 [構]

A 2×柱幅

> # 生き埋めして、バイ バイ!
> 　　　埋込み　　　　　倍

平12国交告

● 柱脚の固定度、拘束度：露出＜根巻き＜埋込み

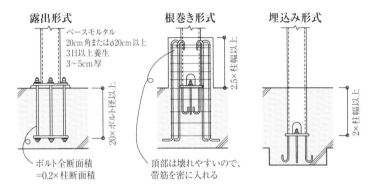

露出形式

ベースモルタル
20cm角またはφ20cm以上
3日以上養生
3〜5cm厚

20×ボルト径以上

ボルト全断面積
＝0.2×柱断面積

根巻き形式

2.5×柱幅以上

頂部は壊れやすいので、
帯筋を密に入れる

埋込み形式

2×柱幅以上

● 根巻き形式柱脚における根巻き部分では、主筋は4本以上で頂部にフックを付ける。

Q せん断切断、せん断孔あけする鋼材の板厚は（　　）mm以下
施

A 13mm以下

> # 13日の金曜に　首を切られる
> 　13mm　鋼　　　　せん断

JASS6

● 13mmを超えると、ばり（ギザギザした
出）、たれが大きくなり、修正が難しいため。
● せん断孔あけすると、ばり、たれができ
て、摩擦面として不適のため、高力ボルト
用孔はすべてドリルあけとする。ドリルあけ
の後にブラスト処理（ザラザラにすること）
をする。ブラスト処理後にドリルあけは不可。
● 軽量形鋼のガス切断は不可。高速カッ
ター（丸ノコ）等の機械切断とする。

Q 常温曲げ加工における曲げ内半径は、板厚の（　　）倍以上（柱、梁などの塑性変形能力を要求される部材の場合）[施]

A 4倍以上

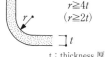

> ### 夜に夜這(すずしい)よばいせい！　そうせい！
> 常温　　4倍　　　　　　　塑性変形能力

● 塑性変形能力が要求されない場合の常温曲げ加工では、板厚の2倍以上となる。

● 曲げ加工された鋼板、鋼管は、塑性変形後のひずみが残った状態。あまり大きく変形すると、その後の塑性変形ができなくなる。そのため塑性変形が必要な場合は、$r \geqq 4t$ とゆるやかに変形させる。それでも平らな部分に比べると、塑性変形能力は低下している。

$r \geqq 4t$
$(r \geqq 2t)$

t

t：thickness 厚さ

● ハンチなど応力方向が曲げ曲面に沿った方向である場合は、$r \geqq 8t$ とさらにゆるやかにする。【ハンチ】
8　t以上

Q 下向き専用の工場自動溶接は、（　　）溶接 [施]

A サブマージアーク溶接

> ### サブマ リーン は 潜り込む
> サブマージ　　　フラックス粒の中に潜らせる

● アーク溶接とは、電極間にアーク放電を起こして、その熱を利用して溶接する方法。サブマージは潜り込ませるという意味で、ガスシールドアーク溶接のシールド、被覆溶接の被覆と同様、空気から遮断するという役割をもつ。空気と接すると、ブローホール（気孔）、鉄の酸化などの溶接欠陥が起こるので、それを避けるためのもの。サブマージアーク溶接は、下向き専用の工場自動溶接。工場自動溶接は、ビルトH（板を合わせてH形鋼をつくる）などの長い溶接に適する。細かい溶接には適さない。

● 被覆アーク溶接：溶接棒が溶着金属、フラックス（被覆剤）で空気と遮断、手で溶接

● ガスシールドアーク溶接：ワイヤの送り出しだけ自動（半自動溶接）、二酸化炭素ガスで空気と遮断、手で溶接

● セルフシールドアーク溶接：ワイヤの送り出しだけ自動（半自動溶接）、フラックスで空気と遮断、手で溶接

● サブマージアーク溶接：ワイヤが溶着金属、フラックスで空気と遮断、自動溶接

（被覆アーク溶接）	ガスシールドアーク溶接／セルフシールドアーク溶接	（サブマージアーク溶接）
手溶接	**半自動溶接**	**自動溶接**
すべて手で行う	ワイヤの送り出しだけ自動	すべて自動

アーク放電の高熱

溶接棒に付けられたフラックス（被覆剤）で空気から遮断（シールド）吸湿の疑いのある溶接棒は再乾燥

二酸化炭素のガスか、ワイヤに付けられたフラックスで空気から遮断（シールド）

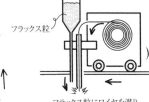

フラックス粒

フラックス粒にワイヤを潜り込ませ（サブマージ）空気から遮断

Q 気温が−5℃以上5℃以下の場合、溶接前に溶接線の両側約（　　）mmの範囲をウォームアップ（余熱）する ［施］

A 約100mm（10cm）

0℃前後
凍死 しないようウォームアップ
10 cm　　　　　　　　　　　　　余熱

建築工事監理指針

● 気温が−5℃から5℃の場合、<u>接合部より100mmの範囲の母材を温めてから溶接する。</u>

● 溶接金属中の水素が放出しやすくなって低温割れを防ぎ、急冷による焼入れ効果での変形能力の低下（脆性化）も防ぐ。

● −5℃未満では溶接を中止する。【舞子 は 溶接しない！】
　　　　　　　−5℃未満

溶接はしないどすえ

Q さび止め塗装をしない部分は?
[施]

A ①溶接部、②高力ボルト摩擦接合部、③コンクリート埋込み部、④耐火被覆部

養 母	の	梅	干し、	着色なし
溶接 ボルト		埋込み	耐火被覆	塗装しない

● 溶接部の両側100mm程度は、さび止めをしない。溶接に不純物が混じるため。また摩擦がなくなる、コンクリートとの付着が悪くなる、耐火被覆下ではさびにくいなどの理由で、摩擦面、コンクリート埋込み部、耐火被覆部にはさび止め塗装をしない（水蒸気の多い所はさび止めする）。

● 黒いさび（黒皮、ミルスケール）は防食効果があるので除去しない。薄い赤さびは摩擦があるので摩擦面は除去しない。

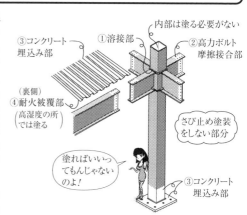

③コンクリート埋込み部
①溶接部
内部は塗る必要がない
②高力ボルト摩擦接合部
（裏側）
④耐火被覆部
（高湿度の所では塗る）
さび止め塗装をしない部分
塗ればいいってもんじゃないのよ！
③コンクリート埋込み部

Q 下図溶接部分の a と b の名称は? [構][施]

レ形　　　　V形　　　　K形

$\downarrow a$　　　$\downarrow a$　　　a
b　　　　b　　　　b

A a：ルート面、b：ルート間隔

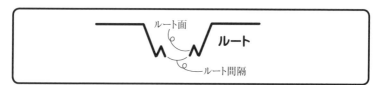

ルート面
ルート
ルート間隔

● ルート（root）の原義は根、付け根で、溶接の付け根、底の部分を指す。<u>ルート面</u>は付け根に接する面、<u>ルート間隔</u>は付け根のあき間隔。ルート間隔が狭いと、溶着金属が溶け込まずに欠陥ができる。

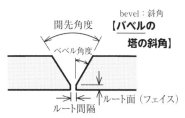

bevel：斜角

【バベルの塔の斜角】

開先角度
ベベル角度
ルート面（フェイス）
ルート間隔

● 荷重が偏心することによって生じる曲げモーメントを、<u>付加曲げモーメント（付加曲げ）</u>という。曲げモーメント、付加曲げモーメントによって、溶接のされていないルート面に引張り力がかかると、下の図のようにはがれて壊れる危険がある。

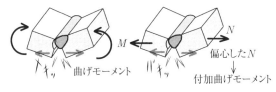

曲げモーメント
M
偏心したN
N
付加曲げモーメント

● <u>繰返し応力のかかる部分は壊れやすいので、部分溶込み溶接は使えず、完全溶込み溶接を使う。ボルト接合では高力ボルトを使う。</u>

繰返し応力 ⇨ { 部分溶込み溶接 ×→ 完全溶込み溶接 ○
普通ボルト ×→ 高力ボルト ○ }

● <u>繰返し応力に対する疲労強さは、完全溶込み溶接＜高力ボルト。高力ボルト摩擦接合では、すべり耐力以下の応力が繰り返しかかっても、ボルト軸力、摩擦面は変化しないため。</u>

Q 梁フランジとダイアフラムの突合わせ継手の完全溶込み溶接では、フランジとダイアフラムで厚いのはどっち？ 構

A ダイアフラム

ダイヤ の方がまわりより大きい！
ダイアフラム

● フランジはダイアフラムの厚みの内部で溶接する。薄い板から厚い板に、なめらかにつながる。

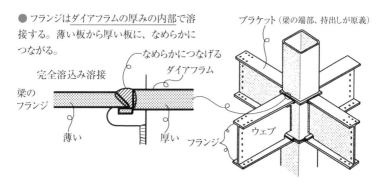

完全溶込み溶接
ダイアフラム
なめらかにつなげる
ブラケット（梁の端部、持出しが原義）
梁のフランジ
薄い
厚い
フランジ
ウェブ

● 仕口や継手のずれや食違いには許容値があり、それを超えた場合は適切な補強を行う。

Q エンドタブは取らなくてよい?
構 施

A 一定の条件下で取らなくてよい

耳 たぶ は取らなくてよい
エンドタブ

鉄骨工事技術指針

● 継手端部ちょうどで溶接を終わらせると、端部に溶接不良が出やすい。そのため溶接を端部よりも先に延ばす。溝を延ばすために裏当て金を延長し、開先と同角度のエンドタブを付ける。側面を隅肉溶接する場合に、角ピッタリに止めずに回し溶接するのも、端部に溶接不良が出やすいから。鋼製エンドタブは、終局時に塑性化しない、または梁材が400N/mm²級などの条件下で、取らなくてよい。

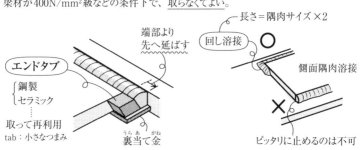

エンドタブ
　鋼製
　セラミック
取って再利用
tab：小さなつまみ
端部より先へ延ばす
裏当て金

長さ＝隅肉サイズ×2
回し溶接　○
側面隅肉溶接
ピッタリに止めるのは不可

Q エンドタブ組立て溶接は母材にしてよい？
[構][施]

A 母材との溶接はなるべく避ける

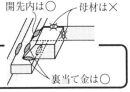

開先内は○ — 母材は×

裏当て金は○

> **母 には くっつくな！**
> 母材　（マザコンはやめよ）

JASS6

● 溶接不良や急熱急冷などによる母材への影響を避ける。やむをえず溶接する場合は、後で溶けて一体化する開先内で行う。

Q スカラップを梁ウェブに設けるのはなぜ？
[構][施]

A 溶接線の交差を防ぎ、裏当て金を挿入するため

> （あき）　　　　（重なり）
> **スカ で ラップ を防ぐ**

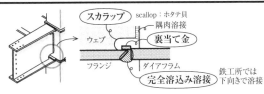

スカラップ　scallop：ホタテ貝
隅肉溶接
ウェブ
裏当て金
フランジ
ダイアフラム
完全溶込み溶接　鉄工所では下向きで溶接

● 旧型のスカラップでは、フランジが破断しやすかった。そこで複合円形の改良スカラップを用いたり、スカラップを使わないノンスカラップとしたりして、塑性変形性能を向上させるようになった。

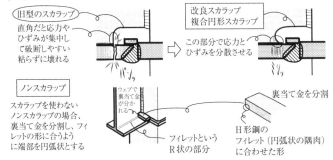

旧型のスカラップ
直角だと応力やひずみが集中して破断しやすい粘らずに壊れる

改良スカラップ　複合円形スカラップ
この部分で応力とひずみを分散させる

ノンスカラップ
スカラップを使わないノンスカラップの場合、裏当て金を分割し、フィレットの形に合うように端部を円弧状とする

ウェブで裏当て金が分かれる

フィレットというR状の部分

裏当て金を分割
H形鋼のフィレット（円弧状の隅肉）に合わせた形

3

3 | S造 | 219

有効のど厚aとは?
構 施

A 完全溶込み溶接：有効のど厚a＝薄い方の板厚
部分溶込み溶接：有効のど厚a＝開先深さ－α （α：3mmなど）
隅肉溶接（直角接合）：有効のど厚a＝0.7S （S：サイズ）

$$\underset{\text{のど厚、隅肉}}{\textbf{厚み のある }}\underset{0.7}{\textbf{女}}\underset{\times}{\textbf{ の }}\underset{S}{\textbf{ サイズ}}$$

● 許容応力度×(有効のど厚×有効長さ) で最大の応力を出す。

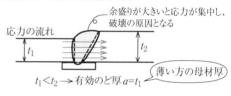

完全溶込み溶接

完全溶込み溶接は収縮が大きいので、隅肉溶接より先に行う。

【隅の肉は後で食べる】

応力の流れ

余盛りが大きいと応力が集中し、破壊の原因となる

$t_1 < t_2 \rightarrow$ 有効のど厚$a=t_1$

薄い方の母材厚

部分溶込み溶接

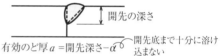

開先の深さ

有効のど厚a＝開先深さ－α

開先底まで十分に溶け込まない

隅肉溶接

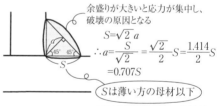

直角2等辺3角形の比
$1:1:\sqrt{2}$を使えば、有効のど厚a＝0.7Sはすぐに計算できる。

余盛りが大きいと応力が集中し、破壊の原因となる

$S=\sqrt{2}\,a$

$\therefore a=\dfrac{S}{\sqrt{2}}=\dfrac{\sqrt{2}}{2}S=\dfrac{1.414}{2}S$
$=0.707S$

Sは薄い方の母材以下

Sが大きすぎるとひずみが大きくなり、破壊応力が小さくなる可能性がある

 隅肉溶接の溶接の長さは?
構 施

A 有効長さ＋2S

$$\underset{2\times}{\textbf{おなかの両隅に肉がついて}}\underset{S}{\textbf{サイズアップ!}}$$

有効長さ

溶接の長さ

● 隅肉溶接のサイズSは、薄い方の母材厚以下とする。

● 隅肉溶接の有効長さ$\geqq 10S$かつ$\geqq 40$mm。**【父さん ヨレ ヨレ 肉が付く】**
　　　　　　　　　　　　　　　10S以上　40以上

Q 溶接欠陥にはどんなものがある?
[構] [施]

A ①ブローホール ②ラメラティア ③ピット ④アンダーカット
　　　　　　　　内部欠陥
　　⑤オーバーラップ

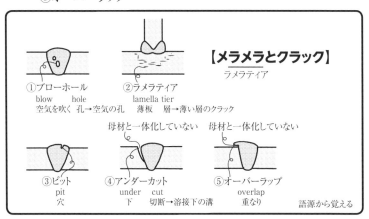

① ブローホール
blow hole
空気を吹く 孔→空気の孔

② ラメラティア
lamella tier
薄板 層→薄い層のクラック

【メラメラとクラック】
ラメラティア

母材と一体化していない　母材と一体化していない

③ ピット
pit
穴

④ アンダーカット
under cut
下 切断→溶接下の溝

⑤ オーバーラップ
overlap
重なり

語源から覚える

● 内部欠陥の検出 ⟶ 放射線透過試験、超音波探傷試験
　表面の傷の検出 ⟶ 磁粉探傷試験、浸透探傷試験
　　　　　　　　　　　　内部欠陥検出に使うのは×(頻出)

● 欠陥はエアアークガウジング(アークの熱で溶かしエアで吹き飛ばす)で船底状にはつり、再溶接する。

● 溶接部に割れがある場合は、溶接金属全長にわたりはつり取って再溶接する。

Q 切断面のノッチ深さは ( ) mm以下
[施]

A 1mm以下

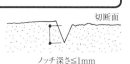

ノッチ→イッチ→1mm以下

JASS6
● 開先内でも一般の端部でも同様に、ノッチ深さは1mm以下。開先は溶着金属を満たすための溝のこと。

● ノッチ(notch)は、V字形の溝、傷のこと。

切断面

ノッチ深さ≦1mm

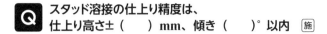

Q スタッド溶接の仕上り精度は、
仕上り高さ± (　　) mm、傾き (　　)°以内 施

A ±2mm、5°以内

頭付きスタッドの頭の形から2を連想　　　studのsの形から5を連想

JASS6

● デッキプレートは梁に焼抜き栓溶接で留める。

● 頭付きスタッドを梁に溶接すると、床と梁が一体となって、コンクリートも曲げに抵抗できるようになる。

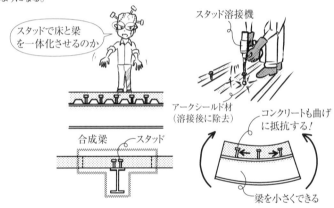

スタッドで床と梁を一体化させるのか

スタッド溶接機

アークシールド材（溶接後に除去）

コンクリートも曲げに抵抗する！

合成梁　スタッド

梁を小さくできる

Q スタッド溶接打撃試験の角度は？
施

A 施工前 30°、施工後 15°（そのまま使用）

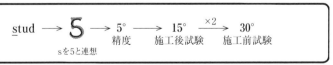

sを5と連想　　精度　施工後試験　施工前試験

鉄骨工事技術指針

222

● 頭付きスタッドの角度

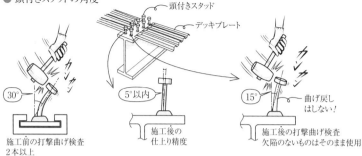

頭付きスタッド
デッキプレート

30° 施工前の打撃曲げ検査 2本以上

5°以内 施工後の仕上り精度

15° 曲げ戻しはしない！ 施工後の打撃曲げ検査 欠陥のないものはそのまま使用

● 施工後にスタッドをハンマーで叩き、15°まで曲げても壊れないものはそのまま使う。使えないとまずいので、角度はゆるい方の15°。施工前の試験は、建物とは別の鋼材に溶接した試験用のものなので角度は大きい30°。

● スタッド溶接面に著しいさびがある場合、スタッド軸径の2倍の範囲をグラインダーで除去する。

Q ボルト孔の中心距離は（　　）×*d*以上 （*d*：ボルト径）
[構] [施]

A 2.5*d*以上

$$\boxed{\text{ボルト } \underline{\textbf{2個}} \text{ の間隔} \atop 2.5d}$$

令68

Q ボルト孔の余裕は?
[構] [施]

A 高力ボルト、ボルト、アンカーボルトの孔径（あなけい） (mm)

	孔径d	ねじの呼び径d_1
高力ボルト	$d_1+2.0$ $d_1+3.0$	$d_1<27$ $d_1\geqq27$
アンカーボルト	$d_1+5.0$	
（普通）ボルト	$d_1+0.5$	

JASS6

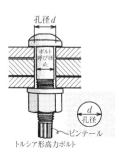

孔径d
ボルト呼び径d_1
$\dfrac{d}{\text{孔径}}$
ピンテール
トルシア形高力ボルト

呼び径＝公称軸径、ボルトの軸径、ねじの外径
令68では普通ボルトはd_1+1（$d_1<20$）、$d_1+1.5$（$d_1\geqq20$）
d：diameter（ダイアメター）、直径

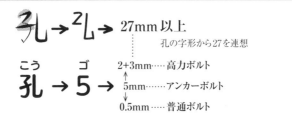

孔 → ²ム → 27mm 以上
孔の字形から27を連想

孔（こう）→ 5（ゴ）→ 2+3mm…… 高力ボルト
5mm…… アンカーボルト
0.5mm…… 普通ボルト

令68、JASS6

● 高力ボルトの孔径は、F8TかF10Tか（引張り強さの高低）、溶接亜鉛めっきか否かには関係せず、<u>ボルト軸の径のみで決まる</u>。

● 高力ボルト用の孔あけ加工は、<u>必ずドリル孔あけ</u>、普通ボルトは原則ドリル孔あけで、<u>板厚13mm以下</u>では<u>せん断孔あけが可能</u>。**【13日の金曜に首を切られる】**（p.213参照）
　　　　　　　　　　　　　　　　　13mm　　鋼　　　せん断

● <u>孔あけ後にブラスト加工</u>（ザラザラさせる）を行う。ブラスト加工後に孔あけは、ばり、たれ、くずが残るので不可。

● 引張り材の有効断面積は、ボルト孔などの断面欠損を考慮して算出する。

Q 高力ボルト接合でボルト孔食違いが（　　）mm以下の場合は、リーマがけで補修 [施]

A 2mm以下

リーマ → リ → | | → 二mm以下
リから二を連想

JASS6

● <u>リーマ</u>（reamer）：孔が一致していないときに使う錐（きり）。<u>2mm超ではスプライスプレートを交換する</u>。普通ボルト接合では、板がずれてボルト軸に当たってから効果が出るので、<u>0.5mm以下でリーマがけ補修と厳しくなる</u>。

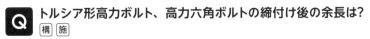

Q トルシア形高力ボルト、高力六角ボルトの締付け後の余長は？
構 施

A 1〜6山

> ## イチ ロー、強烈 に 突出している*!*
> 1 〜 6 山 高力ボルト 余長

3

JASS6

● アンカーボルトの余長は3山以上。**【ねじ山の「山」は「さん」とも読む】**(p.212参照)
　　　　　　　　　　　　　　　　　　　　3山以上

ボルト余長 $\begin{cases} 高力ボルト \cdots\cdots 1〜6山 \\ アンカーボルト\cdots 3山以上 \end{cases}$

Q 1次締め、マーキング後に合格とする回転角度は
トルシア形高力ボルト……平均回転角度 ±（　　）°
高力六角ボルト…………120°±（　　）° 施

A 平均回転角度±30°、120°±30°

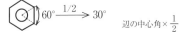

JASS6

● トルシア形高力ボルトの本締めでは、専用締付け機でピンテール（しっぽのとがった部分）が破断するまで締めると、所定のトルクとなる。
● 仮ボルトは中ボルト（普通ボルト）を使い、1群に対し1/3程度かつ2本以上。
柱継手のエレクションピースでは、高力ボルトで全数締付け（頻出）。
● 高力ボルト締付け手順
①同軸径の普通ボルト（中ボルト）で、ボルト群の1/3以上、2本以上を仮締め
②高力ボルトに替えて1次締め　③マーキング　④本締め　（①〜④は頻出）

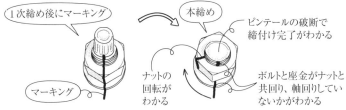

● ピンテール破断で所定のトルクで締付け完了とわかる。マークのずれで、共回り、軸回りがわかる。

3 | S造 | 225

Q S造の梁フランジとブラケット接合部において、高力ボルトの締付け順は？ 施

A 中央から外側へ向かって締め付ける

> 外側 → 中央 だと ひずみが中央に集まってしまう

● 打込み杭と同様に、高力ボルトも中央→外側の順に締めて、外へとひずみを逃がす。ウェブは上に引張りがかかるので、上→下の順に締める。
● 既製コンクリート杭の打込みも、中央から外への順。外から中央へ打ち込むと、土が中央へと寄せられて打ち込めなくなる。

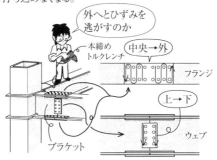

Q 高力ボルトの許容せん断応力度は
長期：( ) T_0　短期：( ) T_0 構 （T_0は高力ボルトの基準張力）

A $0.3T_0$、$0.45T_0$ （長期は短期の2/3）

> # オシッコ で すべる！
> 0.45　　　すべり係数

令92の2

● 摩擦力=摩擦係数(すべり係数)×垂直反力の式で垂直反力=張力となる。0.45は摩擦係数（すべり係数）で、すべり出す瞬間の最大のせん断力が短期許容応力度=$0.45T_0$。長期=2/3×短期=$0.3T_0$。長期が短期の2/3なのは、鋼材と同じ。（p.192参照）
● 溶融亜鉛めっき摩擦面のすべり係数は0.4以上とする。
● F10TをF14Tにすると張力が増大し、摩擦力が増え、許容せん断力が増す。
そのため高力ボルトの本数を減らすことができ、スプライスプレートを小さくできる。

高力ボルトの摩擦接合で、摩擦力の強い接合面の順は?
構

 赤さび ＞ ブラスト処理面 ＞ ミルスケール ＞ 塗装面
（ザラザラにする処理） （黒さび、黒皮（くろかわ））

赤い　ブラが見えるっす*!*
赤さび＞ブラスト＞ミルスケール

3

● すべり係数0.45を確保するため、浮きさび、ミルスケール、じんあい（ほこり）、油、塗料は取り除き、赤さびが一様に出た状態とする。赤さびを出す時間がない場合は、鉄の粒を当てて凹凸をつくるブラスト処理をする。溶融亜鉛めっき面はすべるので、ブラスト処理かリン酸塩処理をしてすべり係数を0.4以上とする。

● 黒さび（黒皮、ミルスケール）は製鉄所（ミル）から出てきたときに付いているうろこ（スケール）状の黒いさび。鋼の表面に被膜をつくるので一定の防食（さび止め）効果がある。ツルツルしているので、摩擦面とする場合は取り除く。

● ボルト孔周辺にまくれやたれがあると接合面が密着できなくなるので、グラインダー（やすりの円盤を回す研削機）などで削り取る。

● ブラスト処理の場合、表面の粗さを$50\mu m$ RZ（マイクロメーターアールゼット）以上とする。RZは粗さの単位。μは10^6分の1。**【ブラ、高齢者用あるぜ*!*】**
ブラスト　$50\mu m$　RZ

 摩擦面、高力ボルトの数と許容せん断力の関係は?
構

 短期許容せん断力＝摩擦面の数×高力ボルトの数×$0.45T_0$

1面摩擦
（1面せん断）

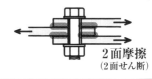

2面摩擦
（2面せん断）

1面摩擦	ボルト1本……$1×1=1$倍	
1面摩擦	ボルト4本……$1×4=4$倍	
2面摩擦	ボルト1本……$2×1=2$倍	
2面摩擦	ボルト4本……$2×4=8$倍	かけ算

Q フィラープレートは、隙間（肌すき）が（　　）mmを超えると入れる 構 施

A 1mm超

> ## 板 **1** 枚 入れる 肌隙間
> 1mm超え

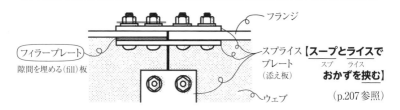

フランジ

フィラープレート
隙間を埋める(fill)板

スプライスプレート
（添え板）

【スープとライスで
　スプ　　　ライス
おかずを挟む】

（p.207参照）

ウェブ

Q 仮ボルトの締付け本数は、
高力ボルト継手ではボルト1群に対して1/（　　）程度かつ2本以上、混用継手と併用継手ではボルト1群に対して1/（　　）程度かつ2本以上 施

A 1/3、1/2

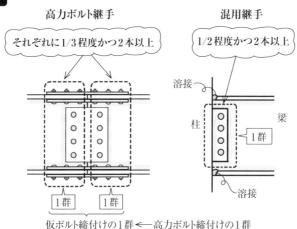

高力ボルト継手

それぞれに1/3程度かつ2本以上

混用継手

1/2程度かつ2本以上

溶接

柱

梁

1群

溶接

1群　　1群

仮ボルト締付けの1群 ← 高力ボルト締付けの1群とは異なる!

妻 は 強い 3分の1　高力ボルト

仮ボルト

妻

混浴は男女半々 混用継手　1/2程度

● 建方ではとりあえず仮ボルトで継手を一時的に留め、その後に柱梁の角度調整（建入れ直し）をする。継手が回ってしまわないためには、仮ボルトは1群に対して最低2本は必要。さらに仮ボルトは、高力ボルト継手ではボルト1群に対して1/3程度、混用・併用継手ではボルト1群に対して1/2程度とされている（JASS6）。仮ボルトは普通ボルト（中ボルト）などを用いる。建入れ直しの際に継手が動くので、仮ボルトに本締め用の高力ボルトを使うと、ボルト挿入時や建入れ直し時に高力ボルトが傷んでしまう。

● 混用継手とは、たとえばフランジを溶接接合、ウェブを高力ボルト摩擦接合のように、1つの接合部で2種以上の接合方法を用いる継手。併用継手とは、たとえばウェブにおける高力ボルト摩擦接合のスプライスプレート周囲を溶接するなど、1つの接合面部分に2種以上の接合方法を用いる継手。フランジとウェブが別々なのが混用継手、ウェブの接合部が2種なのが併用継手。仮ボルトの1群は挟む板（スプライスプレート）の左右で分けるが、高力ボルト締付け順を考える際の1群はスプライスプレート1枚を1群とするので注意。

Q 高力ボルトの切断法と最小縁端距離の関係は？
構 施

A

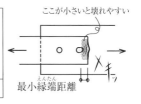

ここが小さいと壊れやすい

最小縁端距離

	切断法	
せん断 手動ガス切断	圧延 自動ガス切断 のこ引き 機械仕上
最小縁端距離	
大	小

> 切り口が粗いと信用低い ⇨ せん断、手動ガス切断は大きめ

平12建告（ボルト径によって数値が決まっている）

● 高力ボルト相互の中心間距離は2.5d以上。**【ボルト2個の距離】**（令68）
2.5d

● 2種類の接合（頻出）

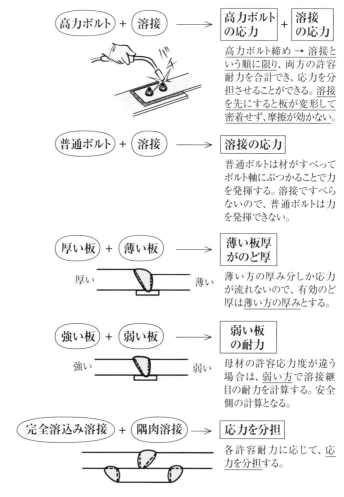

高力ボルト ＋ 溶接 ⟶ | 高力ボルト の応力 | ＋ | 溶接 の応力 |

高力ボルト締め → 溶接という順に限り、両方の許容耐力を合計でき、応力を分担させることができる。溶接を先にすると板が変形して密着せず、摩擦が効かない。

普通ボルト ＋ 溶接 ⟶ 溶接の応力

普通ボルトは材がすべってボルト軸にぶつかることで力を発揮する。溶接ですべらないので、普通ボルトは力を発揮できない。

厚い板 ＋ 薄い板 ⟶ 薄い板厚がのど厚

厚い　　　　薄い

薄い方の厚み分しか応力が流れないので、有効のど厚は薄い方の厚みとする。

強い板 ＋ 弱い板 ⟶ 弱い板の耐力

強い　　　　弱い

母材の許容応力度が違う場合は、弱い方で溶接継目の耐力を計算する。安全側の計算となる。

完全溶込み溶接 ＋ 隅肉溶接 ⟶ 応力を分担

各許容耐力に応じて、応力を分担する。

● 普通ボルトはボルト軸で支えるので、高力ボルトと併用すると、板がすべらずにボルト軸で支えられない。よって、普通ボルトと高力ボルトの耐力は足し算できない。

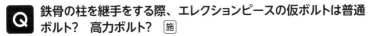

Q 鉄骨の柱を継手をする際、エレクションピースの仮ボルトは普通ボルト? 高力ボルト? 施

A 全数高力ボルトで締める

柱が倒れる心配 → 全数高力ボルト

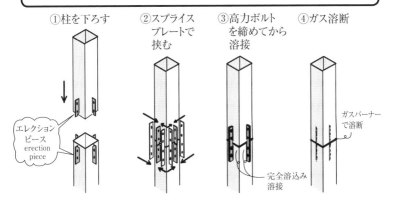

①柱を下ろす

エレクションピース
erection
piece

②スプライスプレートで挟む

③高力ボルトを締めてから溶接

完全溶込み溶接

④ガス溶断

ガスバーナーで溶断

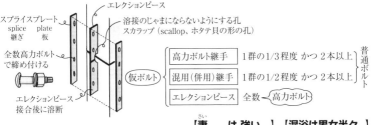

スプライスプレート
splice plate
継ぎ板

全数高力ボルトで締め付ける

エレクションピース接合後に溶断

エレクションピース

溶接のじゃまにならないようにする孔
スカラップ（scallop、ホタテ貝の形の孔）

仮ボルト		
高力ボルト継手	1群の1/3程度 かつ 2本以上	普通ボルト
混用(併用)継手	1群の1/2程度 かつ 2本以上	
エレクションピース	全数 高力ボルト	

【**妻** は **強い**】　【**混浴は男女半々**】
　3分の1程度　高力ボルト　　混用　　1/2程度

(p.229参照)

● エレクト（erect）とは直立させること、エレクションピースは直立させるための部品。柱に溶接されたエレクションピースをスプライスプレートで挟んで、高力ボルトで締め、柱同士を完全溶込み溶接で接合した後に、エレクションピースを溶断する。エレクションピースの仮ボルトは、必ず全数高力ボルトとする（頻出）。普通ボルトで締めると、継手が動いて上の柱が倒れかねず、非常に危険。梁の高力ボルト継手は、仮ボルトは普通ボルトで1群の1/3以上かつ2本以上。2本以上とするのは回転しないようにするため。

建入れ直しで、本体筋かいのターンバックルを使える？
施

 使えない

筋かいで調整 → 本体が傷むから不可

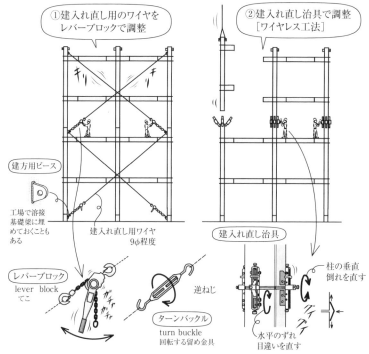

①建入れ直し用のワイヤを
レバーブロックで調整

②建入れ直し治具で調整
［ワイヤレス工法］

建方用ピース

工場で溶接
基礎梁に埋
めておくことも
ある

建入れ直し用ワイヤ
9φ程度

建入れ直し治具

レバーブロック
lever block
てこ

逆ねじ

ターンバックル
turn buckle
回転する留め金具

柱の垂直
倒れを直す

水平のずれ
目違いを直す

● 鉄骨を組み立てる建方において、柱を垂直にすることを、建入れ直しという。柱梁を仮ボルトで留め、アンカーボルトを多少ゆるめてから、ワイヤをレバーブロックやターンバックルで調整して柱の垂直を出す。垂直が出た後に高力ボルトを本締めするか溶接を行う。大規模現場では、従来のワイヤを使った方法のほかに、柱継手に付ける建入れ直し治具が使われる。

● 倒壊防止用のワイヤロープは、建入れ直しに兼用してよいが、本体の筋かいは動かすと接合部が傷むから不可。筋かいによる補強作業は建方当日に行う。翌日に持ち越すのは危険（頻出）。

Q **S造建方精度における建物の倒れの管理許容差*e*は?**
[施]

A $e \leqq \dfrac{H}{4000} + 7\,\mathrm{mm}$ かつ $e \leqq 30\,\mathrm{mm}$

よせ!	斜 め	惨事になる!
4000	7 mm	30mm

JASS6
● 許容差には、管理許容差と限界許容差がある。<u>風速10m/s以上では建方は行わない。</u>

Q **鉄骨柱1節の長さの管理許容差*ΔH*は?（長さ10m未満）**
[施]

A $-3\,\mathrm{mm} \leqq \Delta H \leqq 3\,\mathrm{mm}$

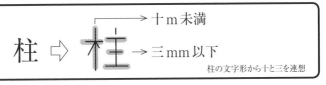

柱 ⇨ 柱 → 十m未満
　　　　　　→ 三mm以下

柱の文字形から十と三を連想

● 柱とブラケット（梁の仕口となる腕木）を最上階までつくると、トレーラーに乗らないので、2階分とか3階分に切って運び、現場で継ぐ。その1本分の高さを節と呼ぶ。節の長さの管理許容差*ΔH*は、<u>-3mm≦*ΔH*≦3mm</u>とされている（JASS6）。

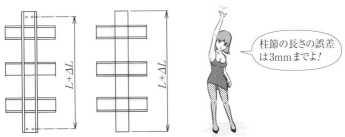

高力ボルト接合　　　溶接接合　　工場では柱は横にして置かれている

柱節の長さの誤差
は3mmまでよ!

● <u>ベースモルタル仕上げ面高さの管理許容差*ΔH*も-3mm≦*ΔH*≦3mm。</u>

Q S造柱梁接合部の<u>保有耐力接合</u>とは？
[構]

A 接合部の耐力＞柱梁の耐力 となるような最後まで降伏しない接合部

関節 に 包帯 を巻く
柱梁接合部　　保有耐力接合

● 柱梁が降伏しても、最後まで降伏しない、最後まで耐力を保有する接合部で、構造体が粘り強くなる。

● 接合部が梁端より先に降伏すると、一気に倒壊する。そのため接合部は最後まで耐力を保有する保有耐力接合とする。接合部の破断耐力＞柱、梁の降伏耐力とすれば、先に柱梁の方が降伏する。

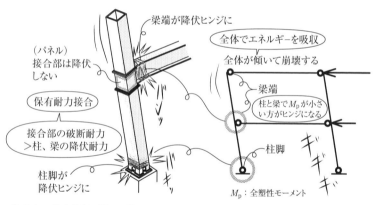

梁端が降伏ヒンジに

（パネル）
接合部は降伏
しない

保有耐力接合

接合部の破断耐力
＞柱、梁の降伏耐力

柱脚が
降伏ヒンジに

全体でエネルギーを吸収
全体が傾いて崩壊する

梁端
柱と梁でM_pが小さい方がヒンジになる

柱脚

M_p：全塑性モーメント

● 筋かい接合部も同様に、筋かいの伸縮が最後まで効くように、接合部を保有耐力接合とする。

接合部の耐力＞母材の耐力

保有耐力接合

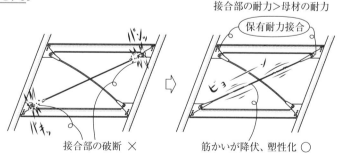

接合部の破断 ✕　　　　　　筋かいが降伏、塑性化 ○

● H形鋼の柱の接合部で、梁のフランジと柱側スチフナーに芯ずれがあると、力がうまく伝わらずに梁より先に接合部が壊れるおそれがある。保有耐力接合とするためには、スチフナーとフランジの芯を合わせる必要がある。

梁フランジとスチフナーがずれていて、力がうまく伝わらない

● S造頻出数字　すらすら言えるまで繰り返す

靭性を高める……降伏比、幅厚比、細長比を小さくする
【人生の幸福は細長く、小さく！】

有効細長比……S造　柱……$\lambda \leqq 200$ **【λ→2→200以下】**

柱以外……$\lambda \leqq 250$

木造の柱……$\lambda \leqq 150$

鋼材の短期許容応力度と長期許容応力度……F、$2/3F$　せん断のみ$1/\sqrt{3}$倍

鋼の強度と温度……300℃付近で最大　青熱脆性域**【山 頂 で見る青空】**

SN400……建築構造用圧延鋼材　引張り強度の下限値が400N/mm² **【山上の新建築】**

SM400……溶接構造用圧延鋼材　引張り強度の下限値が400N/mm²
【SMプレーはろうそくを溶かす】

BCR295……建築構造用冷間ロール成形角形鋼管　降伏点が295N/mm²
【ビックリ整形で幸福をつかむ！】

SD345……異形棒鋼　降伏点が345N/mm² **【D Rの幸福は強い！】**

SR295……丸鋼　降伏点が295N/mm²

鉄骨梁のたわみ……スパンの1/300以下、片持ち梁で1/250以下 **【たわみ】**

露出形式柱脚のベースプレートの厚み……ボルト径dの1.3倍以上
【Base→B→13→1.3倍】

露出形式柱脚のアンカーボルトの定着長さ……ボルト径dの20倍以上 **【2重ナット】**

根巻き形式柱脚の高さ……柱幅の2.5倍 **【腰巻き姿にニッコニコ】**

埋込み形式柱脚の埋込み深さ……柱幅の2倍 **【生き埋めして、バイバイ！】**

フィラープレート……肌すき1mm超えると入れる。1mm以下は不要

隅肉溶接長さ……有効長さ＋2S（S：隅肉サイズ）
【おなかの両隅に肉がついてサイズアップ！】

隅肉溶接の有効のど厚……隅肉サイズSの0.7倍 **【厚みのある女のサイズ】**

スタッド溶接精度、打撃試験の角度……5°以内、施工後15°、施工前30° **【S→5】**

高力ボルト接合　ボルト孔の中心距離……2.5d以上 **【ボルト2個の間隔】**

高力ボルト接合の仮ボルト……ボルト1群の1/3程度かつ2本以上 **【妻は強い】**

混用継手、併用継手の仮ボルト……1/2程度かつ2本以上 **【混浴は男女半々】**

3

4 基礎・地盤

Q 洪積層と沖積層ではどちらが硬い？
構

A 洪積層

高校生 の方が **中学生** より強い
洪積層　　　　　　　沖積層

● 洪積層の方が古くて硬い。

第4紀層	沖積層	地表、現在 軟らかい
	洪積層	↕
第3紀層		深部、過去 硬い

● 沖積層は、洪積層に比べて、支持力不足や地盤沈下が生じやすい。

● 地盤の支持力は、一般に、深いほど大きくなる。

Q 土の粒径の大小関係は？
構 施

A 粘土＜シルト＜砂＜礫^{れき}

（サンドイッチ） **みそ 汁と サンド、れっき とした メシ**
粘土＜シルト ＜ 砂 ＜ 礫　　　　粒

土				岩
粘土	シルト	砂	礫	
粘性土地盤		砂質土地盤		岩盤

土質記号

236

● 粒径がシルト＞砂（×）というひっかけ問題がよく出る。土の粒度（粒の大きさ）は、何段にも重ねたふるい（網の目）を通す粒度試験で調べる。

Q 粘性土地盤と密実な砂質土地盤、長期許容応力度が大きいのは？ 構

A 密実な砂質土地盤

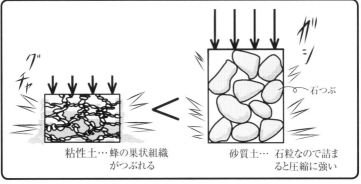

粘性土…蜂の巣状組織がつぶれる

砂質土… 石粒なので詰まると圧縮に強い

石つぶ

令93

● 砂質土は石粒なので、締め固まった砂質土は圧縮に強い。一方粘性土（粘土質）は蜂の巣状組織なので、すぐにつぶれてしまう。長期許容応力度は建築基準法では、岩盤は1000kN/m²、密実な砂質土地盤は200kN/m²、粘性土地盤20kN/m²、短期では長期の2倍とされている。許容応力度が粘性土地盤＞砂質土地盤（×）というひっかけ問題が頻出。岩盤＞密実な砂質土地盤＞粘性土地盤が地耐力の順。

● 砂質土は振動、衝撃によって水圧が上昇し、液体状となる液状化を起こすことがある。液状化すると地盤が液体のように地耐力を失い、杭をもたない木造住宅は傾いてしまう。

● 粘性土は細かい粒子が蜂の巣状に絡み合った構造。石粒の砂質土とは構造が異なる。粘性土と砂質土の構造を頭に入れるとよい。埋め戻して転圧する場合、砂質土の方が締まりやすいことが、この構造からわかる。

圧密沈下するのは砂質土？ 粘性土？
構 施

A 粘性土

> # ネバ ネバ した 蜜
> <u>粘性土</u>　　　　<u>圧密沈下</u>

● <u>粘性土</u>は微細粒子が蜂の巣状に絡み合った構造。粒子は砂質土に比べ小さく、粒子同士の<u>粘着力</u>で重さを支持している。間げきとその中に間げき水を有する。間げき水を閉じ込めているので、<u>粘性土は含水率が高い</u>。圧縮により徐々に間げきが縮小、<u>間げき水が絞り出される</u>。圧縮されて密になる沈下なので、<u>圧密沈下</u>といわれる。

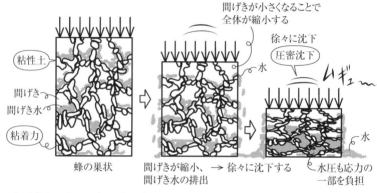

間げきが小さくなることで
全体が縮小する

徐々に沈下
圧密沈下

ムギュ〜

粘性土
間げき
間げき水
粘着力

水

水

蜂の巣状　　　　間げきが縮小、　→　徐々に沈下する　　水圧も応力の
　　　　　　　　間げき水の排出　　　　　　　　　　　一部を負担

● <u>砂質土</u>は小さな硬い石粒が積み重なっている。粒子は粘性土よりずっと大きい。粒子同士の<u>摩擦力</u>、<u>かみ合わせ</u>（インターロッキング）で重さを支持している。圧縮により不安定な積み重なりはすぐに詰まって沈下が止まる<u>即時沈下</u>を起こす。

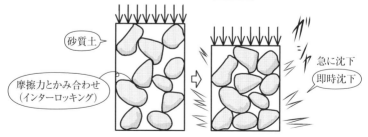

砂質土

摩擦力とかみ合わせ
（インターロッキング）

ガリ
シャ
急に沈下
即時沈下

硬い石粒が積み重なっている →　すぐに詰まって沈下が止まる

粘性土と砂質土の粒子の形と沈下パターンは、図ごと頭に入れてしまうとよい。

● 液状化とは、砂質土が振動によって水圧が上昇し、せん断抵抗を失って液体状になる現象。東日本大震災（2011年）では東京湾岸部で、液状化によって杭のない木造家屋などに多くの被害が発生した。

Q 砂利地業は（　　）cmごとに締め固める
[施]

A 30cmごとに

x

> **砂利地業 ⇨ Sand**
> 30cm

4

● 30cm以下なら1回で、70cmなら3回に分けて締め固める。厚い砂利は一気に締め固められない。

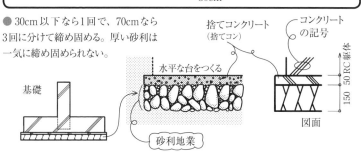

捨てコンクリート（捨てコン）
コンクリートの記号
水平な台をつくる
基礎
砂利地業
50 RC躯体
150
50
図面

● 地中壁と周囲の土との隙間を埋め戻す場合、やはり砂質土を30cmごとに締め固めながら埋め戻す。粘性土を使うのは、締固めがうまくできず、時間をかけて圧密沈下するので不可。

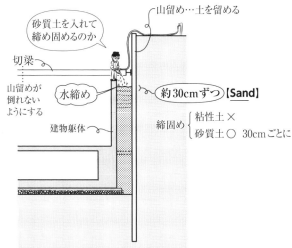

山留め…土を留める
砂質土を入れて締め固めるのか
切梁
山留めが倒れないようにする
水締め
建物躯体
約30cmずつ【Sand】
締固め ┌ 粘性土 ×
　　　 └ 砂質土 ○　30cmごとに

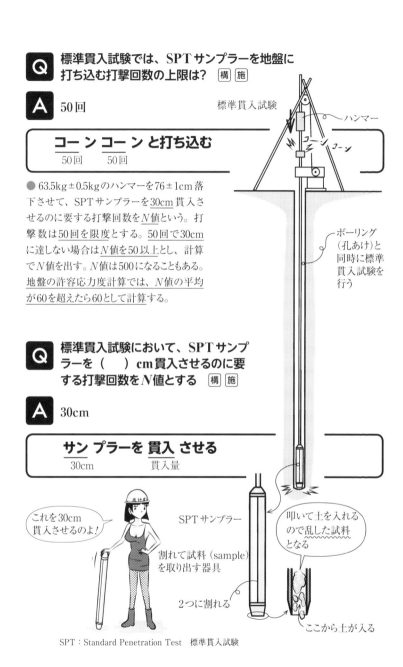

Q 標準貫入試験では、SPT サンプラーを地盤に打ち込む打撃回数の上限は？ 構 施

A 50回

標準貫入試験

コーン コーン と打ち込む
　50回　　50回

● 63.5kg±0.5kgのハンマーを76±1cm落下させて、SPT サンプラーを<u>30cm</u> 貫入させるのに要する打撃回数を<u>N値</u>という。打撃数は<u>50回を限度</u>とする。<u>50回で30cm</u>に達しない場合は<u>N値を50以上</u>とし、計算でN値を出す。N値は500になることもある。地盤の許容応力度計算では、<u>N値の平均が60を超えたら60として計算する</u>。

ハンマー

ボーリング（孔あけ）と同時に標準貫入試験を行う

Q 標準貫入試験において、SPT サンプラーを（　　）cm貫入させるのに要する打撃回数をN値とする 構 施

A 30cm

サン プラーを 貫入 させる
　30cm　　　　貫入量

これを30cm貫入させるのよ！

SPTサンプラー

叩いて土を入れるので乱した試料となる

割れて試料（sample）を取り出す器具

2つに割れる

ここから土が入る

SPT：Standard Penetration Test　標準貫入試験

● 標準貫入試験では、サンプラーを土の中に打ち込むので「乱した試料」となり、土の力学的特性を変えてしまう。標準貫入試験で得た「乱した試料」は、粒土試験（粒の大きさを測る）、含水比試験、塑性限界試験、液性限界試験などに使える。

【粒(薬)を目いっぱい 飲む 乱れた生活】
粒土試験　　　限界　　含水　　乱した試料
　　　　　　　試験　　試験

Q 同じ地耐力の場合、粒径が大きいとN値は?
[構]

A 大きい

4

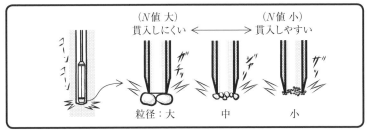

（N値 大）　　　　　　　　　　（N値 小）
貫入しにくい ←――――――→ 貫入しやすい

粒径：大　　　　　中　　　　　小

● 土の粒径が大きいと、サンプラーの刃先が石粒に当たって貫入しにくくなり、N値は大きめに出る。同じ$N=10$でも地耐力は砂質土＜粘性土となる。【粘るやつが強い】

Q 砂質土において、N値が大きいと内部摩擦角ϕは?　支持力は?
[構]

A 内部摩擦角ϕは大きくなる、支持力は大きくなる

Sand
ϕ

砂山高い ⇨ 砂が締まっている ⇨ **貫入しにくい**
ϕ 大きい　　　　　　　　　　　　N値 大
　　　　　　　　　⇨ **支持力 大**

● サラサラと砂を落としたときの地面との角度が、ほぼ内部摩擦角ϕ。土が安定する限界の角度を安息角といい、内部摩擦角$\phi≒$安息角である。ゆるい砂質土で20°、締まった砂質土で30°程度。粘性土は0°と考える。

● 山留めを設けずに斜めの法面で根切りするオープンカット工法では、法面の角度を内部摩擦角ϕ以下にする。オープンカット工法は、敷地に余裕がある場合に用いる。

ϕ以下

Q 「乱さない試料」が必要な試験は?
[構] [施]

A 1軸圧縮試験、3軸圧縮試験、圧密試験

そーっと 未熟 な イチジク を 押してみる
乱さない　　3軸　　1軸　　　圧密

● 1軸圧縮試験は上下（z軸）から圧縮、3軸圧縮試験は横（x、y軸）からの圧縮も加える。圧密試験は長時間圧縮し続ける、圧密沈下を調べるための試験。

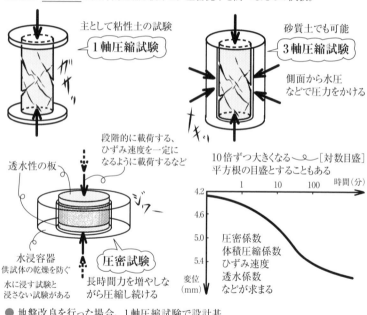

主として粘性土の試験
【1軸圧縮試験】

砂質土でも可能
【3軸圧縮試験】

側面から水圧
などで圧力をかける

段階的に載荷する、
ひずみ速度を一定に
なるように載荷するなど

透水性の板

10倍ずつ大きくなる〜〜[対数目盛]
平方根の目盛とすることもある

時間（分）
4.2　　1　　10　　100
4.6
5.0　　圧密係数
5.4　　体積圧縮係数
　　　　ひずみ速度
変位　　透水係数
(mm)　などが求まる

水浸容器
供試体の乾燥を防ぐ
水に浸す試験と
浸さない試験がある

【圧密試験】
長時間力を増やしな
がら圧縮し続ける

● 地盤改良を行った場合、1軸圧縮試験で設計基
準強度を確認する。

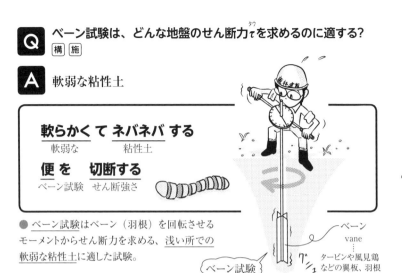

Q ベーン試験は、どんな地盤のせん断力τ（タウ）を求めるのに適する？ 構 施

A 軟弱な粘性土

軟らかくて ネバネバ する
軟弱な　　　　粘性土

便を　　切断する
ベーン試験　せん断強さ

● ベーン試験はベーン（羽根）を回転させる
モーメントからせん断力を求める、浅い所での
軟弱な粘性土に適した試験。

ベーン
vane
タービンや風見鶏
などの翼板、羽根
ベーン試験

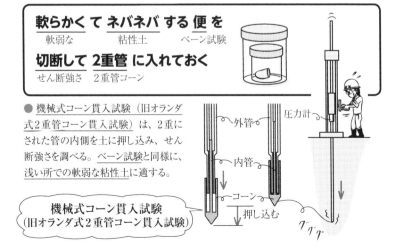

Q 機械式コーン貫入試験（旧オランダ式2重管コーン貫入試験）
は、どんな地盤のせん断力τを求めるのに適する？ 構 施

A 軟弱な粘性土

軟らかくて ネバネバ する 便 を
軟弱な　　　　粘性土　　　　ベーン試験

切断して 2重管 に入れておく
せん断強さ　2重管コーン

● 機械式コーン貫入試験（旧オランダ
式2重管コーン貫入試験）は、2重に
された管の内側を土に押し込み、せん
断強さを調べる。ベーン試験と同様に、
浅い所での軟弱な粘性土に適する。

機械式コーン貫入試験
（旧オランダ式2重管コーン貫入試験）

外管
圧力計
内管
コーン
押し込む

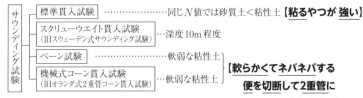

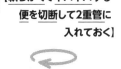

● サウンディングとは、医療の打診、聴診が原義で、地盤を叩いたり回転させたりしてその抵抗から地耐力などを測る方法。スクリューウエイト貫入試験（旧スウェーデン式サウンディング試験）は、スクリューポイントをねじ込む回転数から、N値や許容応力度を求める。手動のほかに自動もある。スウェーデンの国鉄が採用したことから、以前はスウェーデン式サウンディング試験と呼ばれた。

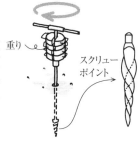

Q 平板載荷試験の調査範囲は、積載板の直径の（　　　）〜（　　　）倍程度の深さを調べる [構] [施]

A 1.5〜2倍

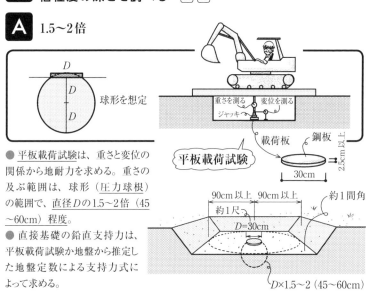

球形を想定

平板載荷試験

● 平板載荷試験は、重さと変位の関係から地耐力を求める。重さの及ぶ範囲は、球形（圧力球根）の範囲で、直径Dの1.5〜2倍（45〜60cm）程度。
● 直接基礎の鉛直支持力は、平板載荷試験か地盤から推定した地盤定数による支持力式によって求める。

Q ベントナイト液とは？
施

A 孔壁が崩壊しないようにする**安定液**（単に**泥水**とも呼ばれる）

> **弁当 の 夜、精神が 安定 する**
> ベント　ナイト

孔の水位と
地下水位は
違うのか

孔壁が崩れな
いようにベントナ
イト（微細な粘土）
を入れた水を使う

保護膜

土の粒子

地下水位

ボーリング孔
の水位

水が浸入
しにくい

ベントナイト液
（安定液）
（泥水）

CMC（カルボキシメチルセルロース）
を使うこともある

● ボーリング（孔あけ）や杭孔の
孔壁は崩れやすいので、微細な粘
土を入れた<u>ベントナイト液</u>が孔壁保
護のために使われる。孔壁表面に
保護膜ができるので、地下水は孔
内に浸入しにくくなる。そのため<u>孔
内水位は地下水位よりも低くなる</u>。

● <u>地下水位はベントナイト液（安定液、泥水）を使わないボーリング孔などで観測する</u>。
● <u>透水係数</u>は、地盤がどれくらい水を浸透させるかの指標。下図のような、<u>現場透水
試験</u>、<u>揚水試験</u>などで求める。

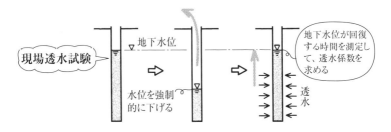

現場透水試験

地下水位

水位を強制
的に下げる

地下水位が回復
する時間を測定し
て、透水係数を
求める

透水

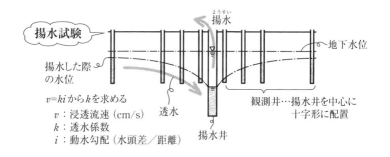

揚水試験

揚水

地下水位

揚水した際の水位

透水

$v=ki$ から k を求める

v：浸透流速（cm/s）
k：透水係数
i：動水勾配（水頭差／距離）

揚水井

観測井…揚水井を中心に十字形に配置

Q S波とは縦波？　横波？

構　施

A 横波

地震のS波は横波よ！

S波 ⇨ S形に動く横波

● S波（Secondary wave）は横波（進行方向に対して横に振動）で、2番目（secondary）に来る地震波。進行方向に直角に振動するので、せん断波とも呼ばれる。P波（Primary wave）は縦波（進行方向に振動）で、最初（primary）に来る地震波。

Q S波の速度が大きいと、地盤のせん断剛性（せん断変形しにくさの係数）は？　構

A 大きい

$$\underline{S}\,波 \;⇨\; \dot{S}endan$$

せん断剛性 大　　　同じSから連想

● S波（横波、せん断波）は硬い地盤では波のエネルギーが吸収されず（減衰せず）に速く伝わる。S波の速度が速いと地盤は硬く、せん断変形しにくく、せん断剛性、地耐力が大きいとわかる。S波の速度とN値には相関関係がある。

● S波の速度を測るには、地表面に近い所を測る表面波探査と、ボーリング孔でP波、S波を受振するPS検層（弾性波速度検層）がある。

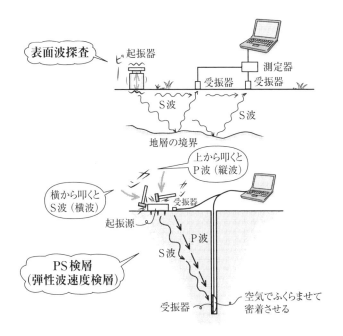

表面波探査

ビ 起振器
測定器
受振器 受振器
S波 S波
地層の境界

上から叩くと
P波（縦波）

横から叩くと
S波（横波）

起振源
受振器

P波
S波

PS検層
（弾性波速度検層）

受振器
空気でふくらませて
密着させる

Q 電気探査において、粘性土は比抵抗 ρ （Ω・m）が大きい? 小さい? 構 施

A 小さい

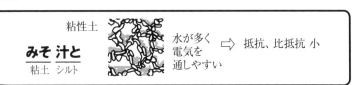

粘性土

みそ汁と
粘土 シルト

水が多く
電気を
通しやすい ⇨ 抵抗、比抵抗 小

● 電気探査とは、地表に電極を挿して電流 I、電圧 V から抵抗 R、比抵抗 ρ を求め、土の種類や硬軟、基盤の深さ、地下水の位置を調べる試験。

● 電磁波探査法（レーダー法）とは、電磁波で地下埋設物を調べる試験。

地盤調査まとめ

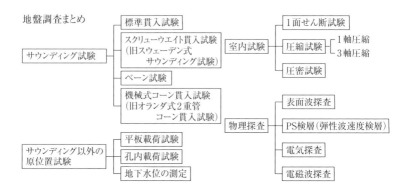

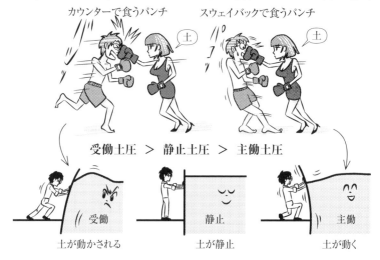

Q 主働土圧、静止土圧、受働土圧の大小は?
〔構〕

A 受働土圧＞静止土圧＞主働土圧

> # 受 精 の 主 は どいつだ?
> ぬし
> 受働＞静止 ＞ 主働　　土圧

● 土を主語にして、土が自分で動く(主働)、土がほかから動かされる(受働)と考える。
下の絵ではパンチを出す側が土で、カウンターで入ると強く、スウェイバックで入ると弱い。

カウンターで食うパンチ　　スウェイバックで食うパンチ

受働土圧 ＞ 静止土圧 ＞ 主働土圧

土が動かされる　　　　土が静止　　　　土が動く

248

● 主働土圧、受働土圧は、擁壁、山留めなどで出てくる。

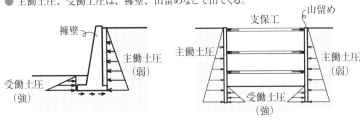

● 静止土圧は、建物の地下の壁（動かない）に及ぼす土圧など。

4

Q 直接基礎と杭基礎を併用するのは可か不可か？
構

A 不同沈下しやすいので原則不可

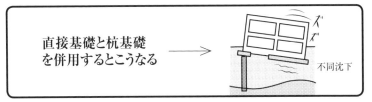

直接基礎と杭基礎
を併用するとこうなる → 不同沈下

● 基礎は版で直接支える直接基礎と、棒で支える杭基礎がある。直接基礎には版を連続させる連続基礎と、柱の下だけ版を置く独立基礎がある。版として広がる基礎の形は、足に似ているのでフーチング（footing）と呼ぶ。フーチングには柱1本ずつ支える独立フーチング、柱を2本程度支える複合フーチング、帯状につなげる連続フーチングがある。

● 直接基礎底盤は、支持地盤以下かつ表土層以下、
含水変化や凍結のおそれのない深さ。水平力によりすべらないか検討する。

4 │ 基礎・地盤 │ 249

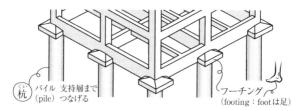

杭 パイル 支持層まで
(くい) (pile) つなげる

フーチング
(footing：footは足)

● 直接基礎と杭基礎を併用すると不同沈下しやすいので、原則併用不可。支持杭と摩擦杭の併用も、不同沈下しやすいので不可。また柱ごとに別々に支える独立基礎は不同沈下しやすい。基礎梁の剛性を大きくすると、不同沈下への抵抗が強まる。

不同沈下の大小 基礎の併用 ＞ 単一の基礎
独立基礎 ＞ 連続基礎
基礎梁剛性 小 ＞ 基礎梁剛性 大

Q 基礎底面の接地圧（地盤反力）を求めるのに、基礎スラブ上の土かぶり重量（埋戻し土の重量）は入れる？ 構

A 入れて計算する（接地面にかかるすべての重量を入れる）

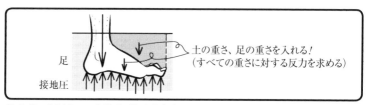

足
接地圧

土の重さ、足の重さを入れる！
（すべての重さに対する反力を求める）

● 基礎に作用する固定荷重＝構造体自重＋土かぶりの重量、接地圧はその固定荷重とつり合うように働く反力。

Q 基礎スラブの応力を求めるのに、基礎スラブ上の土かぶり重量（埋戻し土の重量）を入れる？ 構

A 入れずに計算する（基礎スラブの自重も入れない）

イテテ

足を楽にする荷重は入れない！
（もっとも厳しい条件でもつか否か）

● 接地圧とは地面の反力なので、すべての重さを入れて、それとつり合う反力を求める（さもないと沈む）。一方基礎スラブの応力計算では、土やスラブ自体の重さを入れると曲げを軽減してしまうので、安全を見て入れない。

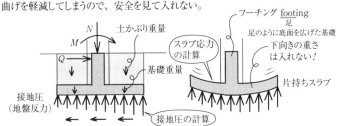

Q 杭を支持の仕方で2つに分類すると?
構

A 支持杭、摩擦杭

● 支持杭は支持層に足を着けた杭で、先端抵抗と摩擦で支持する。摩擦杭は摩擦のみで支持する。どちらの支持力にも、フーチングなどの基礎底面の支持力は加算しないのが原則。

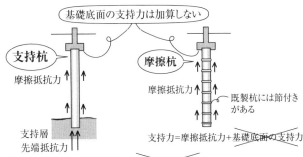

Q パイルド・ラフト基礎とは?
構

A 直接基礎（ラフト）と杭基礎（パイル）が複合して荷重に抵抗する基礎形式

裸婦 と いかだ に乗る
ラフト

raft
pile

pile 付きの
raft よ!

● raftはいかだ、浮き台が語源。ラフティングはボートでの急流下り。建築では<u>直接基礎</u>、<u>べた基礎</u>のこと。耐圧版やフーチングだけで支える基礎形式。<u>地面の上に浮くように置く基礎</u>ということ。

● 基礎は、杭で支える<u>杭基礎か直接基礎</u>とし、<u>併用は原則不可</u>（令38）。たとえば左が杭基礎、右が直接基礎とした場合、右が<u>不同沈下</u>しやすくなる。

● 杭を付けた（piled）直接基礎（raft）である<u>パイルド・ラフト</u>は、例外的に直接基礎と杭を併用したもの。杭と直接基礎が複合して支持し、両者一体として解析する必要がある。パイルド・ラフト基礎は、<u>沈下量を抑える</u>ために使われることが多い。

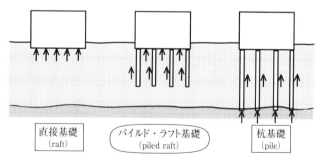

直接基礎	パイルド・ラフト基礎	杭基礎
（raft）	（piled raft）	（pile）

● 基礎梁の剛性（変形しにくさ）を大きくすると、<u>不同沈下の影響を小さくすることができる</u>。

● <u>基礎底面の位置（根入れ深さ）が深いほど、地盤の支持力は大きくなる</u>。

Q 杭の支持力の、施工法による大小は？
〔構〕

A 打込み杭＞（根固め液を使った）埋込み杭＞場所打ち杭

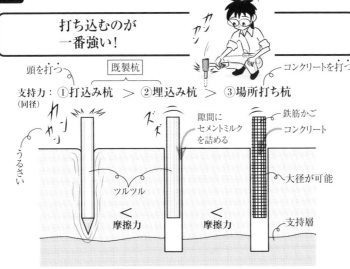

打ち込むのが一番強い！

頭を打つ　既製杭　コンクリートを打つ

支持力：①打込み杭　＞　②埋込み杭　＞　③場所打ち杭
（同径）

隙間にセメントミルクを詰める

鉄筋かご
コンクリート

ツルツル　大径が可能

摩擦力　＜　摩擦力　支持層

● 打込み杭は支持層に強引に打ち込むので、もっとも支持力が大きい。次の杭周の摩擦力の順は、支持力と逆になるので注意。

Q 杭の砂質土地盤における周面摩擦力の、施工法による大小は？
〔構〕

A 場所打ち杭＞（杭周固定液を使った）埋込み杭＞打込み杭

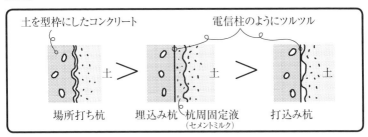

土を型枠にしたコンクリート　　電信柱のようにツルツル

土　＞　土　＞　土

場所打ち杭　埋込み杭　杭周固定液（セメントミルク）　打込み杭

● 場所打ち杭は現場で生コンを打つ杭で、土の凹凸にコンクリートが入り込んで噛み合うので、摩擦はもっとも大きい。

Q 負の摩擦力（ネガティブフリクション）が発生しやすいのは、支持杭？ 摩擦杭？ 構

A 支持杭

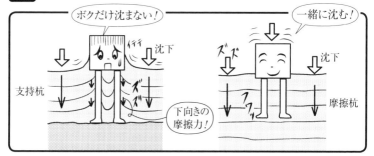

● 下向きの摩擦力は、通常の上向きの正の摩擦力に対して、負の摩擦力、ネガティブフリクション（negative friction）という。支持杭の場合は硬い支持層に足が着いているので建物や杭は沈まず、周囲の土だけ沈むことになり、下向きの摩擦力が発生する可能性がある。一方摩擦杭は土と一緒に沈むので、下向きの摩擦力は発生しにくい。負の摩擦力が過大になると、建物の荷重+負の摩擦力が杭にかかり、杭内部の圧縮力が大きくなり、最悪の場合、杭を破壊してしまうこともありうる。

● 負の摩擦力は、軟弱地盤で発生しやすい。

Q 地震による水平力は、地下外壁（根入れ部）と杭とで分担できる？ 構

A 分担できる

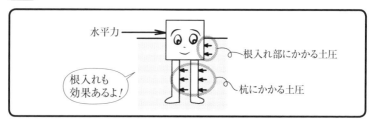

● 鉛直荷重は杭のみで抵抗し、基礎底面の抵抗は入れない。一方、水平荷重に対しては、杭の抵抗のほか、根入れ部の抵抗もカウントする。

● 地下外壁に地下水が接する場合、地下水位が高いほど地下外壁に作用する水平力は大きくなる。

既製コンクリート杭の打込みは、どのような順で行う?
施

中央から外側へ向かって打ち進める

外側 → 中央 だと、中央の土が締まって入らなくなる

● 外側から打ち進めると、土が締まって中央部に打ち込めなくなる。片方から順に打つ片押しも、土が片側へとずれていくので好ましくない。中央からはじめて、外へと打ち進める。高力ボルトの締付けも、中央→外の順。

● 場所打ちコンクリート杭の場合は、まだ固まっていないコンクリートに振動や変形が加わるので、近接杭の連続施工は避ける。

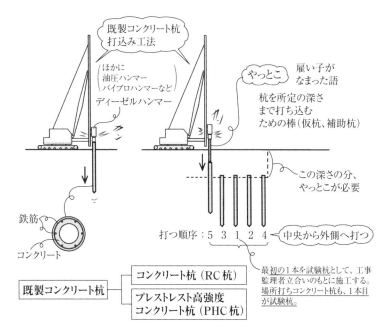

● PHC杭とは、Prestressed High-strength Concrete杭の略。遠心力で成形されたプレストレスト高強度コンクリート杭。プレストレストとは、事前に（pre）応力をかけられた（stressed）という意味。PC（プレキャストコンクリート：事前に打つコンクリート）の間にH（高強度）が入ると覚える。

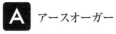

Q セメントミルク工法において、孔の掘削機はアースドリル？ アースオーガー？ [施]

A アースオーガー

（カメレオン）

尾が　らせん 状
オーガー

アースオーガーは、らせん状のきりだよ

●（アース）オーガー機とは下図左のような、地面に細長い孔を掘削する機械。<u>既製杭を埋め込む前の孔の掘削などに使う。</u>アースドリル機は下図右のような、<u>バケット（バケツ）を回転させながら太い孔を掘削する機械で、場所打ちコンクリート杭に使う。</u>

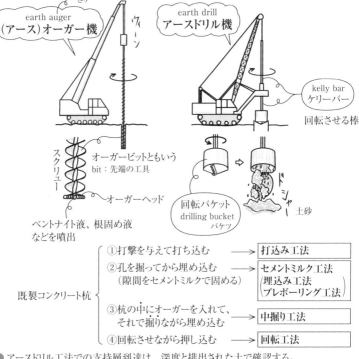

earth auger
（アース）オーガー機

ウィーン

きり

earth drill 機
アースドリル機

kelly bar
ケリーバー

回転させる棒

スクリュー

オーガービットともいう
bit：先端の工具

オーガーヘッド

ベントナイト液、根固め液などを噴出

回転バケット
drilling bucket
バケツ

ドシャッ

土砂

既製コンクリート杭
- ①打撃を与えて打ち込む → 打込み工法
- ②孔を掘ってから埋め込む（隙間をセメントミルクで固める） → セメントミルク工法 埋込み工法 プレボーリング工法
- ③杭の中にオーガーを入れて、それで掘りながら埋め込む → 中掘り工法
- ④回転させながら押し込む → 回転工法

● アースドリル工法での支持層到達は、<u>深度と排出された土</u>で確認する。
深度と回転数で確認するのは×。

掘削後にアースオーガーを引き抜くときは、正回転？　逆回転？
施

 正回転

> # 正 回 転 が 正解
> 引抜きも正回転

● オーガーを正回転させると、土は上へと運ばれる。引抜きにおいて逆回転させると、土が下へ動いて、孔に落ちてしまう。掘削、引抜きは両方とも正回転で行う。

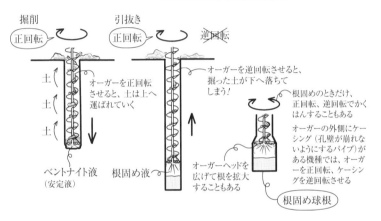

掘削　　　　　引抜き

正回転　　　　正回転　　　逆回転

土〔　オーガーを正回転させると、土は上へ運ばれていく

土〔

土〔

ベントナイト液（安定液）

根固め液

オーガーを逆回転させると、掘った土が下へ落ちてしまう！

オーガーヘッドを広げて根を拡大することもある

根固めのときだけ、正回転、逆回転でかくはんすることもある

オーガーの外側にケーシング（孔壁が崩れないようにするパイプ）がある機種では、オーガーを正回転、ケーシングを逆回転させる

根固め球根

● オーガーを引き抜く際、速く引き上げると、中の空気が負圧（大気圧より小さい）になり、土や液を巻き上げてしまう。よってオーガーの引抜きはゆっくりと行う。

● オーガーの支持地盤への到達は、オーガーを回転させる電動機（モーター）の電流（積分電流値）の変化と、排出土と土標本の照合により確認する。

● 積分電流値とは、単位掘削区間（たとえば0.5m）などに要した時間分だけ電流×時間を合計（積分）した値。

電流×電圧＝電力（単位時間当たりのエネルギー）、電流×時間×電圧＝電力量（一定区画でのエネルギー総量）となるので、電流を測るよりも、電流×時間を測る方が地盤の硬さを的確に判断できる。

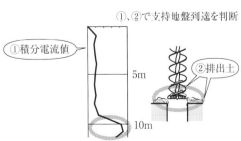

①、②で支持地盤到達を判断

①積分電流値

②排出土

5m

10m

Q セメントミルク工法の根入れ深さは（　　）m以上、余掘りは
（　　）m以下　施

A 1m以上、0.5m以下

根 入れ ⟶ 1m以上

コン ⟶ 0.5m以下

木の字形から1を連想

公仕
● セメントミルク工法：既製杭を孔に挿入して、周囲をセメントミルク（セメント＋水＋その他）＝杭周固定液で固める工法。
● 建物を土の中に埋めるのを根入れというが、杭を支持層に埋めるのも根入れという。セメントミルク工法では根入れ深さは1m以上、余掘りは0.5m以下。場所打ちコンクリート杭の根入れ深さも1m以上。

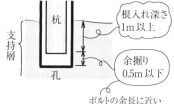

根入れ深さ
1m以上

余掘り
0.5m以下

ボルトの余長に近い

Q セメントミルク工法において使う液と順序は？
施

A ①ベントナイト液（安定液）、②根固め液、
③杭周固定液

弁当は　ゴボウ の 皮
①ベントナイト液　②根固め液　③杭周固定液

● 3つの液と使う順番を覚えておく。

● 杭を入れてから杭周固定液を入れると、液がうまく回らないので、先に液を入れる。

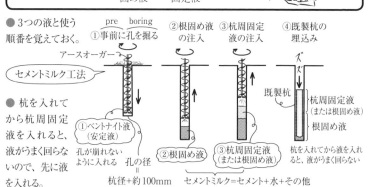

pre boring
①事前に孔を掘る

②根固め液の注入

③杭周固定液の注入

④既製杭の埋込み

アースオーガー

セメントミルク工法

①ベントナイト液（安定液）

孔が崩れないように入れる

孔の径＝杭径＋約100mm

②根固め液

③杭周固定液（または根固め液）

セメントミルク＝セメント＋水＋その他

既製杭

杭周固定液（または根固め液）

根固め液

杭を入れてから液を入れると、液がうまく回らない

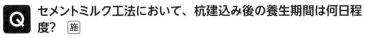

Q セメントミルク工法において、杭建込み後の養生期間は何日程度? 施

A 7日程度

杭周の固定液が固まる期間
週→1週間程度

共仕
● セメントミルク工法では、杭の建込み後、杭心に合わせて保持し、7日程度養生する。杭周固定液（セメントミルク）がある程度固まるまでの1週間、杭の位置がずれないように、杭を杭心に合わせて保持する必要がある。

4

Q フリクションカッターとは? 施

A 中掘り工法の杭先端に付けて摩擦を減らす器具

friction　cutter
摩擦を　カットするもの

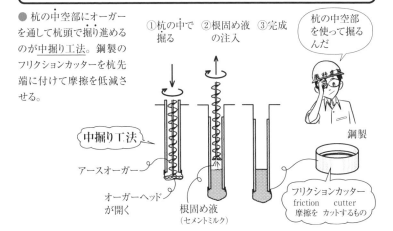

● 杭の中空部にオーガーを通して杭頭で掘り進めるのが中掘り工法。鋼製のフリクションカッターを杭先端に付けて摩擦を低減させる。

①杭の中で掘る　②根固め液の注入　③完成

杭の中空部を使って掘るんだ

中掘り工法

アースオーガー

オーガーヘッドが開く

根固め液
（セメントミルク）

鋼製

フリクションカッター
friction　cutter
摩擦を　カットするもの

Q 中掘り工法において、砂質土の場合、先掘り長さは大きくする？小さくする？ 施

A 小さくする

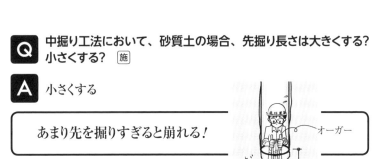

> あまり先を掘りすぎると崩れる！

オーガー

先掘り長さ

● 砂質土の場合、先掘り長さを大きくすると、崩れやすくなる。

中掘り工法

先掘り長さ

先掘り長さは杭径以下にするのが望ましい

● 既製コンクリート杭の継手には溶接継手とボルトを使った無溶接継手がある。

アーク溶接

接続プレート（2枚または3枚）

ボルト

補強バンド

上杭

下杭の傾きを継手で修正するのは不可

曲げモーメントが発生する

下杭を修正できるならば、下杭を修正してから継ぐ。修正不可なら増杭を考える

下杭

● 下杭の傾斜が1/100を超えている場合、孔の余裕の中で直せるならば、下杭の段階で修正する。くの字に継ぐと、重さで折れる可能性がある。杭の精度は下杭で決まる。下杭が修正できない場合は、増杭を検討する。

Q 場所打ちコンクリート杭３種の孔壁保護の方法と掘削方法は？
施

A 以下のように分類できる

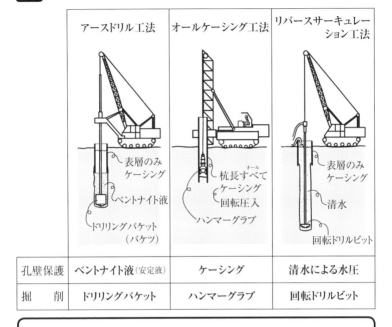

	アースドリル工法	オールケーシング工法	リバースサーキュレーション工法
孔壁保護	ベントナイト液(安定液)	ケーシング	清水による水圧
掘　削	ドリリングバケット	ハンマーグラブ	回転ドリルビット

アースドリル工法：表層のみケーシング、ベントナイト液、ドリリングバケット（バケツ）

オールケーシング工法：杭長すべてケーシング回転圧入、ハンマーグラブ

リバースサーキュレーション工法：表層のみケーシング、清水、回転ドリルビット

> **オール　ケーシング　　リバース　サーキュレーション**
> (杭長)すべて　ケースで保護　(出てきた水を)戻して　循環させる

● アースドリルのベントナイト液（安定液、泥水）は地盤調査のボーリングでも使われる。リバースサーキュレーションの清水は、ベントナイト液の入っていない水ということ。オールケーシングのケーシングは、孔壁を保護する大きな鋼製パイプ。ほかの工法でも表層の土は崩れやすいので、表層だけケーシングする。３種とも孔の掘り方が異なるだけで、その後の鉄筋かご挿入、コンクリート打ちは同じ。

● casing：さや、外包、reverse：逆戻りさせる、bucket：バケツ

Q アースドリル工法では、粒径が（　　）cmを超えると掘削不可
施

A 10cm

> # ドリル が 通 せん
> アースドリル　10　cm超

● 粒径が大きいと、バケットの刃の隙間に石が詰まってしまう。大きな玉石の出る礫層では、オールケーシング工法のハンマーグラブでつかみ取るなどとする。

Q スライム（slime）とは？
施

A 杭底に沈殿する不純物を多く含む泥

ヌルヌル
ネバネバ
したのが
スライム

> # スラム 街 は 泥 まみれ
> スライム

● アースドリル工法はベントナイト液を使うのでスライムが多い。

● アースドリルでは、平らな刃の付いたスライム除去用バケットでスライムをさらい取る。

● ケリーバー（回転させる棒）の鉛直性は、トランシットか下げ振りで確認する。

掘削用
バケット

スライム除去用
底ざらいバケット

ギザギザの刃

平らな刃

孔が垂直でないと、バケットや鉄筋かごが孔に引っかかる

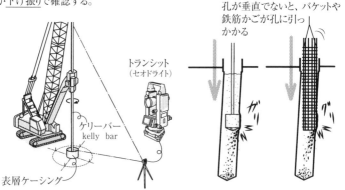

トランシット
（セオドライト）

ケリーバー
kelly bar

表層ケーシング

● 軟弱砂質土でバケットを速く上か下に動かすと、砂を巻き上げたり崩したりしてしまう。

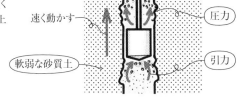

速く動かす

圧力

軟弱な砂質土

引力

（2カ所以上で測るのか）

検尺テープ

● アースドリル工法の掘削深さの確認は、検尺テープなどを使って、孔底の2カ所以上で検測する。

表層ケーシング
表層の土は崩れやすいので、表層だけケーシングを入れる

重り

● オールケーシング工法で、軟弱粘性土のヒービングを防ぐには、ケーシングの先行量を大きくする。

heave：ふくらむ

heaving
ヒービング
（盤ぶくれ）

周囲の土の重さから土が盛り上がってくる

【日々粘土でふくらます】
ヒービング

（ケーシングチューブ）ケーシング

ハンマーグラブ

先行量を多く！

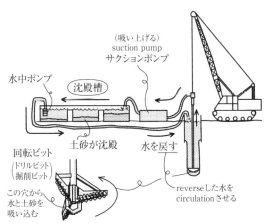

（吸い上げる）
suction pump
サクションポンプ

水中ポンプ

沈殿槽

土砂が沈殿

水を戻す

回転ビット
（ドリルビット）
掘削ビット

この穴から水と土砂を吸い込む

reverseした水をcirculationさせる

● リバースサーキュレーション工法は、ビットの先から水を土砂ごと吸い上げ、土砂を沈殿させる。土砂を取り除いた清水を孔の上から再び入れて（リバース）循環させる（サーキュレーション）。その清水の圧力によって孔壁が崩れないようにする。

Q リバースサーキュレーション工法において、
孔内水位 ＝ 地下水位＋（　　）m以上　施

A 2m以上

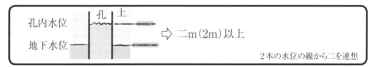

孔内水位　　　孔　土
地下水位　　　　　　　　　⇨　二ｍ（2m）以上

2本の水位の線から二を連想

建築工事監理指針
● 地下水位の方が孔内水位より高いと、地下水の水圧で孔壁の土が崩れる可能性がある。そのため孔内水位を地下水位より2m以上高くする。水頭（ヘッド、水柱の高さ）差が2mと表現する。

Q 各工法における場所打ちコンクリート杭のスライム処理の方法は？　施

A

	アースドリル工法	オールケーシング工法	リバースサーキュレーション工法
1次 スライム処理 （掘削直後）	底ざらいバケットで孔底をさらう 底ざらいバケット	ハンマーグラブで静かに孔底をさらう ハンマーグラブ	ビットを孔底から少し上げ、空回ししてスライムを吸い上げる ドリルパイプ　ビット
2次 スライム処理 鉄筋かごを入れてコンクリートを打つ直前。大きい機械は入らない	エアリフト方式 圧縮空気 上昇気流		サクションポンプ方式 水ごと吸い上げる トレミー管（コンクリートを打つ管）を使うこともある

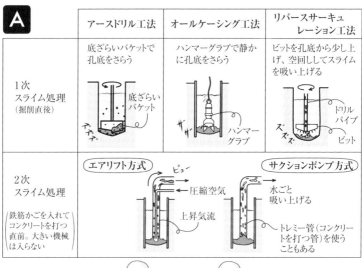

吹き込むか
air lift

吸い上げるか
suction

● air lift：空気圧で持ち上げること、suction：吸引、吸上げ

Q コンクリート打込み時にトレミー管の先端は、コンクリート中に（　　）m以上入れる 施

A 2m以上

ドレミは2音階
トレミー管　2m以上

（高さ：2音階）

コンクリート

引上げ↑

泥水

2m以上

コンクリート

● トレミー（tremie）は仏語でろうと、じょうごの意味。
● トレミー管を引き上げながらコンクリートを打つが、先端がコンクリートから外れると、コンクリートと泥水が混ざってしまう。そこで2m以上コンクリートの中に入れる（共仕）。

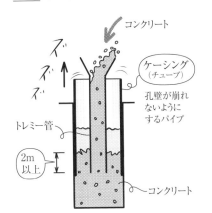

コンクリート

ズ
ズ
ズ

↑

ケーシング
（チューブ）

孔壁が崩れ
ないように
するパイプ

トレミー管

2m以上

コンクリート

● オールケーシング工法では、孔壁保護のケーシングは、コンクリートが固まると抜けなくなってしまうため、コンクリートを打ちながら引き抜いていく。
● ケーシングは、トレミー管と同様に、2m以上コンクリートの中に挿入した状態を保つ。速く抜くと水の所で土が露出し、孔壁が崩れるおそれがある。
● ケーシング引抜きの際は、鉄筋かごの共上がりに注意する。

Q 場所打ちコンクリート杭の杭頭をはつるのは（　　）日程度経ってから [施]

A 14日程度

14日（汗）

石 を はつる！
14日程度
経過後

● 泥やベントナイト液が混ざっているので、コンクリート上部にはあくのような**レイタンス**（laitance：微細な不純物）が多い。そのため杭頭をはつらないと、弱い欠陥コンクリートとなってしまう。

【 **タンス**の上に**チリ**が積もる】
レイタンス

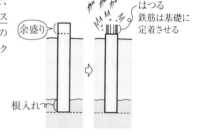

余盛り

根入れ

はつる

鉄筋は基礎に定着させる

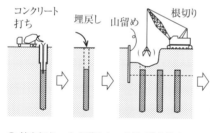

コンクリート打ち

埋戻し

山留め

根切り

杭頭処理

余盛りをはつり取る

杭頭をそろえる

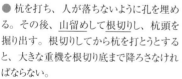

● 杭を打ち、人が落ちないように孔を埋める。その後、山留めして根切りし、杭頭を掘り出す。根切りしてから杭を打とうとすると、大きな重機を根切り底まで降ろさなければならない。

● 14日程度経てば強度はある程度出るので、杭頭をはつって鉄筋を出す。杭頭の鉄筋は基礎に埋め込んで定着させ、杭を基礎にしっかりと留める。

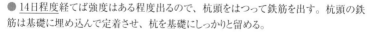

266

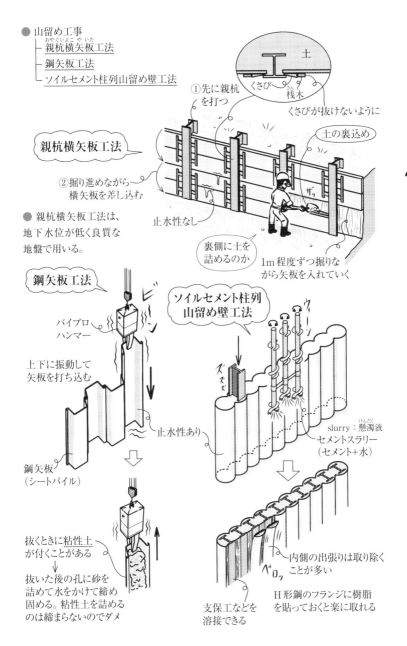

● 山留め工事
- 親杭横矢板工法（おやぐいよこやいた）
- 鋼矢板工法
- ソイルセメント柱列山留め壁工法

① 先に親杭を打つ

くさび　桟木（さんぎ）　土

くさびが抜けないように

親杭横矢板工法

② 掘り進めながら横矢板を差し込む

土の裏込め

● 親杭横矢板工法は、地下水位が低く良質な地盤で用いる。

止水性なし

裏側に土を詰めるのか

1m程度ずつ掘りながら矢板を入れていく

鋼矢板工法

バイブロハンマー

上下に振動して矢板を打ち込む

鋼矢板（シートパイル）

止水性あり

ソイルセメント柱列山留め壁工法

slurry：懸濁液（けんだく）
セメントスラリー（セメント＋水）

抜くときに粘性土が付くことがある

抜いた後の孔に砂を詰めて水をかけて締め固める。粘性土を詰めるのは締まらないのでダメ

支保工などを溶接できる

内側の出張りは取り除くことが多い

H形鋼のフランジに樹脂を貼っておくと楽に取れる

● 山留めの腹起こし、切梁、火打の名称は覚えておく。切梁の継手は切梁交差部と支柱に近づける。

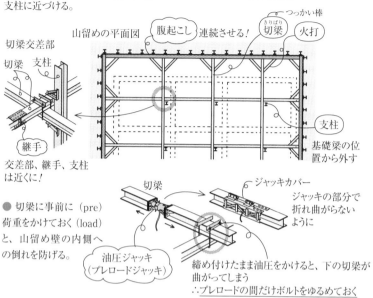

山留めの平面図

切梁交差部

切梁　支柱

継手

交差部、継手、支柱は近くに！

腹起こし　連続させる！

つっかい棒

切梁

火打

支柱

基礎梁の位置から外す

切梁

ジャッキカバー

ジャッキの部分で折れ曲がらないように

● 切梁に事前に（pre）荷重をかけておく（load）と、山留め壁の内側への倒れを防げる。

油圧ジャッキ（プレロードジャッキ）

締め付けたまま油圧をかけると、下の切梁が曲がってしまう
∴プレロードの間だけボルトをゆるめておく

● 山留め壁と腹起こしの間に隙間があると力がうまく伝わらないので、裏込め材を入れる。

● 仮設地盤アンカーは、傾斜地など切梁が設けにくい所などで、山留め壁を引っ張って固定する。複数の鋼線を束ねて緊張・定着装置を付けるために、1.5m程度の余長を残す。装置取付け後にさらに切断してキャップをかぶせる。

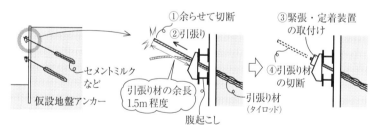

仮設地盤アンカー

セメントミルクなど

①余らせて切断

②引張り

引張り材の余長
1.5m程度

腹起こし

③緊張・定着装置の取付け

④引張り材の切断

引張り材（タイロッド）

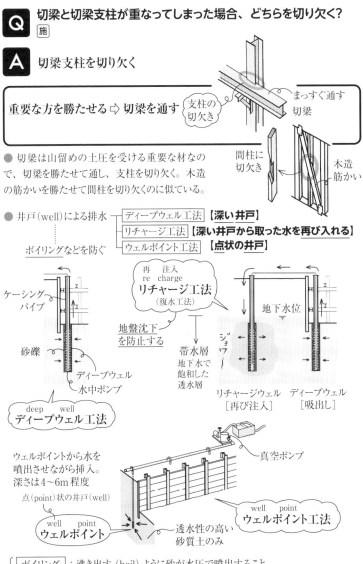

Q 切梁と切梁支柱が重なってしまった場合、どちらを切り欠く?
施

A 切梁支柱を切り欠く

重要な方を勝たせる ⇨ 切梁を通す

支柱の切欠き

まっすぐ通す 切梁

● 切梁は山留めの土圧を受ける重要な材なので、切梁を勝たせて通し、支柱を切り欠く。木造の筋かいを勝たせて間柱を切り欠くのに似ている。

間柱に切り欠き

木造筋かい

4

● 井戸(well)による排水 ── ディープウェル工法 【深い井戸】

リチャージ工法 【深い井戸から取った水を再び入れる】

ウェルポイント工法 【点状の井戸】

ボイリングなどを防ぐ

ケーシングパイプ

砂礫

ディープウェル水中ポンプ

deep well
ディープウェル工法

再 注入
re charge
リチャージ工法
(復水工法)

地盤沈下を防止する

帯水層
地下水で飽和した透水層

地下水位

ジョワ～

リチャージウェル ディープウェル
[再び注入] [吸出し]

ウェルポイントから水を噴出させながら挿入。深さは4〜6m程度

点(point)状の井戸(well)

真空ポンプ

well point
ウェルポイント

well point
ウェルポイント工法

透水性の高い砂質土のみ

ボイリング	:沸き出す(boil)ように砂が水圧で噴出すること
ヒービング	:軟弱な粘性土が土圧でふくれ上がること 【日々 粘土で盛り上げる】
盤ぶくれ	:水を通しにくい地盤が水圧でふくれること

ヒービング

Q 図の施工機械の名称は？ 施

A バックホー　　パワーシャベル

> **バックに向かって掘る** ホー　　**シャベルの強いやつ** パワー

ハマグリ 貝殻
clam shell
クラムシェル

引っ張る
drag line
ドラグライン

かき取る バケツ
scrape
スクレーパーバケット

川や軟弱地盤

● 根切り底に達する掘削最終段階の約30cmを床付けという。

back hoe
hoe：くわ
バックホー

床付け

②手掘りで床付け

● 床付けは手掘りか、つめのないバケットで行う。

約30cm

①つめあり
バケット
で掘削

②つめのない
バケット
で床付け

● 乱れた床付け面には礫か砂質土を敷いて転圧する。粘性土は水を含み、序々に圧密沈下してしまうので不可。

床付け面を乱すと大変なのか

● 墨出し、配筋、型枠建込みを正確に行うために、捨てコンクリートを打つ。

床付け面を
乱した場合

礫、砂質土
に置き換え
粘性土、シルト
は×

振動コンパクター
compactor
compact：締め固める

乱れた床付け面
の上面を切り取る

270

断熱材を敷く土間スラブの場合、防湿層は断熱材の上？　下？
施

 断熱材の下

> ### 湿気を断熱材に入れない！ ⇨ 防湿層は湿気の多い土の側

● 湿気の多い方から少ない方に水蒸気は流れるので、湿気の多い側に防湿層を入れる。土の上に敷く場合は土の側、壁に入れる場合は室内側に防湿層を入れて、断熱材内に水蒸気が入るのを防ぐ。断熱材内は湿度勾配が大きく、露点まで冷えれば結露する。

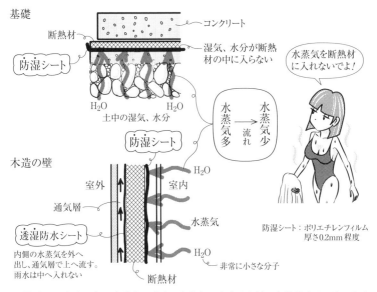

基礎

コンクリート

断熱材

防湿シート

湿気、水分が断熱材の中に入らない

H_2O　　H_2O
土中の湿気、水分

水蒸気多 → 水蒸気少
流れ

水蒸気を断熱材に入れないでよ！

防湿シート

木造の壁

室外　　室内

通気層

透湿防水シート

内側の水蒸気を外へ出し、通気層で上へ流す。雨水は中へ入れない

H_2O

水蒸気

H_2O

断熱材

非常に小さな分子

防湿シート：ポリエチレンフィルム
厚さ0.2mm程度

● 外壁では室内の方が水蒸気は多く、水蒸気は室内から外へ移動する。そのため断熱材の室内側に防湿層を設け、断熱材内に水蒸気が入って内部結露するのを防ぐ。

5 仮設

Q 枠組足場の壁つなぎの間隔は?
施

A 水平8m以下、垂直9m以下

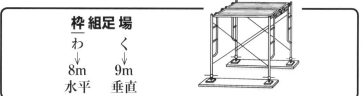

枠 組 足 場

わ　　　く
↓　　　↓
8m　　9m
水平　垂直

労安規

● 8×9mで水平→垂直だが、これを逆にするひっかけ問題が頻出する。8×9で覚える場合は水平が先。

【水が先（に流れる）**】**

● 足場の外側にはメッシュシートを掛けるが、それが突風にあおられて足場が倒壊する事故がよく起こる。それを防ぐのが壁つなぎ。

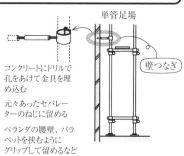

単管足場

コンクリートにドリルで孔をあけて金具を埋め込む

壁つなぎ

元々あったセパレーターのねじに留める

ベランダの腰壁、パラペットを挟むようにグリップして留めるなど

Q 単管足場の壁つなぎの間隔は?
施

A 水平5.5m以下、垂直5m以下

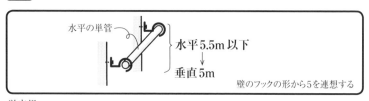

水平の単管

水平5.5m以下
↓
垂直5m

壁のフックの形から5を連想する

労安規

Q 単管足場の建地間隔は、桁行（　　　）m以下、梁間（　　　）m 以下 ［施］

A 1.85m以下、1.5m以下

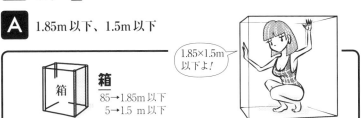

> 1.85×1.5m以下よ！

箱
85→1.85m以下
5→1.5 m以下

労安規

● 単管とは直径約5cmの鋼管。建地は柱、布は桁のこと。建地のスパンは1.85×1.5m以下。1間角±αとイメージする。

● 布は水平、広げるなどの意味をもち、水平の単管を布と呼ぶ。

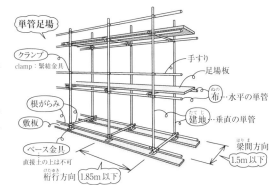

単管足場

クランプ
clamp：緊結金具

根がらみ

敷板

ベース金具
直接土の上は不可

手すり

足場板

布…水平の単管

建地…垂直の単管

梁間方向
1.5m以下

桁行方向 1.85m以下

5

Q 単管足場の手すりの高さは（　　　）cm以上 ［施］

A 85cm以上

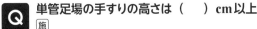

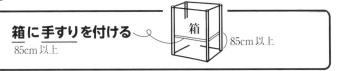

箱に手すりを付ける
85cm以上

箱

85cm以上

労安規

Q 単管足場の中桟の高さは（　　）cm以上（　　）cm以下 施

A 35cm以上、50cm以下

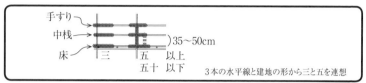

手すり
中桟 ）35〜50cm
床 三 五 以上
五十 以下

3本の水平線と建地の形から三と五を連想

労安規

● 単管足場は手すり（85cm以上）、中桟（35〜50cm）を付ける。また物体の落下防止のために、10cm以上の幅木を付ける。

● 手すり、中桟は、作業上やむをえない場合、取り外すことができる。

● 枠組足場では下図の手すり枠が一般的だが、筋かいの下に桟または幅木（15cm以上）を付けることもある。

枠組足場手すり先行工法

①手すりを先行して付ける

手すり枠

②床付き布枠を付ける

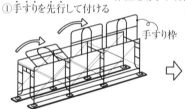

● 枠組足場の組立て、解体では、組立て時は手すりを付けてから作業床を付ける、解体時は作業床を外してから手すりを外す手すり先行工法とすると安全。手すりが床組立て時、床解体時には常にあるようにする。

③建枠を立てる

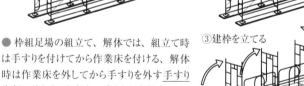

● 枠組足場は単管足場と違って継ぎ足して延ばすので、相互が外れないように最上層と5層以内ごとに水平材を設ける。【護送船団の水兵】

5層以内ごと　　　水平材

Q 単管足場における建地間積載荷重は（　　）kg以下、第一布の高さは（　　）m以下 施

A 400kg以下、2m以下

274

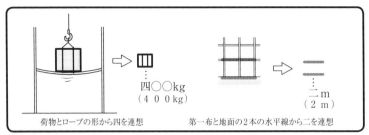

四○○kg
（４００kg）

荷物とロープの形から四を連想

二m
（２m）

第一布と地面の２本の水平線から二を連想

労安規

Q 建地間の積載荷重は単管足場で（　　）kg以下
くさび緊結式一側足場で（　　）kg以下 施

A 400kg以下、200kg以下

四○○kg
４００kg以下
荷物とロープの形から四を連想

支柱４本 ━━━→ 支柱２本
くさび緊結式一側足場
×½
200kg以下

支柱４本→支柱２本なので×½と覚える

労安規

● 単管の一側足場では150kg以下。

● くさび緊結式足場は、くさびをハンマーで打ち込んで組み立てるので能率が良い。

● 一側は支柱が1列、二側は支柱が2列。敷地のあきが狭い所は一側が建てやすい。

● 荷重の単位は、正確にはkg（質量）ではなくkgf（力）。労安規ではkgと表記されている。

くさび緊結式一側足場
柱が1列
ピケ足場とも呼ばれる

くさびを打ち込んで組み立てるのよ！

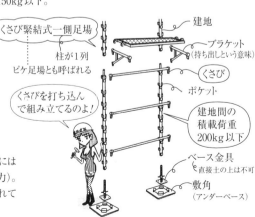

建地
ブラケット（持ち出しという意味）
くさび
ポケット
建地間の積載荷重200kg以下
ベース金具 直接土の上は不可
敷角（アンダーベース）

Q 高さが 2m 以上の位置にある足場の作業床は、幅（　　）cm 以上、床材間の隙間は（　　）cm 以下 施

A 40cm 以上、3cm 以下

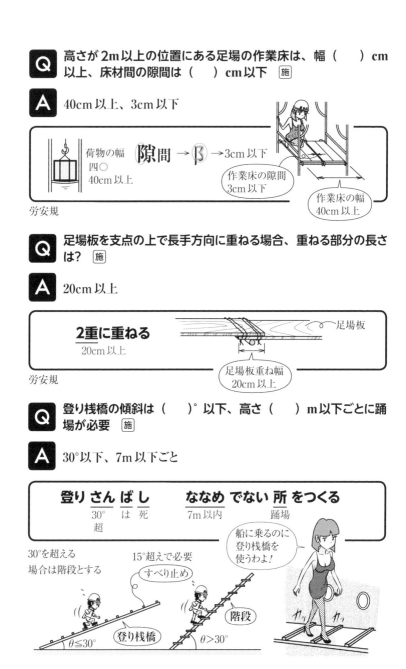

荷物の幅 四〇 40cm 以上

隙間 → 3cm 以下

作業床の隙間 3cm 以下

作業床の幅 40cm 以上

労安規

Q 足場板を支点の上で長手方向に重ねる場合、重ねる部分の長さは? 施

A 20cm 以上

2重に重ねる 20cm 以上

足場板

足場板重ね幅 20cm 以上

労安規

Q 登り桟橋の傾斜は（　　）°以下、高さ（　　）m 以下ごとに踊場が必要 施

A 30°以下、7m 以下ごと

登り さん ばし　　ななめ でない 所 をつくる
30°超　は　死　　7m 以内　　踊場

船に乗るのに登り桟橋を使うわよ!

30°を超える場合は階段とする

15°超えで必要
すべり止め

登り桟橋
θ≦30°

階段
θ>30°

276

● <u>はしご道</u>は、はしごの上端を床から<u>60cm</u>以上突き出す。

【オンザロックで店をはしご】
60cm以上

Q 防護棚（朝顔）の突出は（　　）m以上、水平から（　　）°以上 施

A 2m以上、20°以上

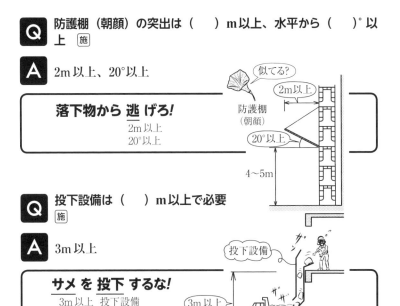

似てる?

2m以上

防護棚
（朝顔）

20°以上

4〜5m

落下物から 逃 げろ!
2m以上
20°以上

投下設備

Q 投下設備は（　　）m以上で必要 施

A 3m以上

サメ を 投下 するな!
3m以上　投下設備

3m以上

労安規

Q スレート葺き屋根上の作業で、踏抜きを避けるために敷く歩み板の幅は? 施

A 30cm以上

歩 み 板
30cm以上

労安規

Q 木製フラッシュ戸の保管時の置き方は?
施

A 平置き

> ## フラッシュ戸は フラット に!
> flush　　　flat
> 平置き

flush：同一平面の

フラッシュ戸

金物は後に
取付け

平置き、平積み

たて置きにすると
反りやすい

表面の化粧材
を取ると、中は
空洞

紙のコア（core：芯）
または木の骨組

● アスファルトルーフィング、
壁紙などの巻物類の保管

砂付きアスファルト
ルーフィング

耳を上に!

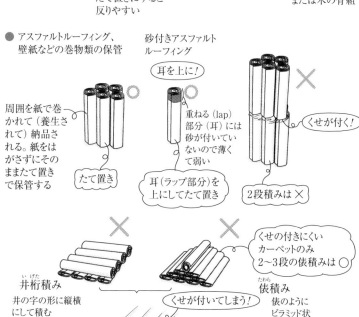

周囲を紙で巻
かれて（養生さ
れて）納品さ
れる。紙をは
がさずにその
ままたて置き
で保管する

たて置き

重ねる（lap）
部分（耳）には
砂が付いてい
ないので薄く
て弱い

耳（ラップ部分）を
上にしてたて置き

くせが付く!

2段積みは ✕

くせの付きにくい
カーペットのみ
2〜3段の俵積みは ○

井桁積み

井の字の形に縦横
にして積む

くせが付いてしまう!

俵積み
俵のように
ピラミッド状
に積む

鉄筋、鉄骨の保管方法は？
施

A 受け材（枕木）の上に平置きし、シートをかぶせる

鉄人にも睡眠が必要
鉄筋、鉄骨　　枕＋ふとん（シート）

● 長さのある鉄筋、鉄骨の保管は、受け材（枕木、台木）を複数入れて地面より浮かして平置きし、雨露や潮風でさびが出ないようにシートをかぶせて養生する。

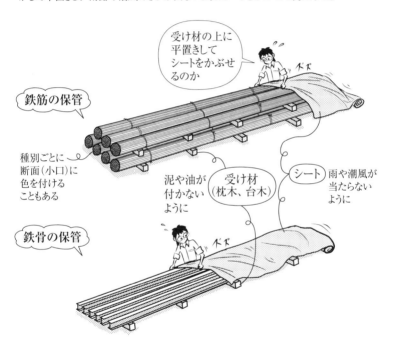

受け材の上に平置きしてシートをかぶせるのか

鉄筋の保管

種別ごとに断面（小口）に色を付けることもある

泥や油が付かないように

受け材（枕木、台木）

シート　雨や潮風が当たらないように

鉄骨の保管

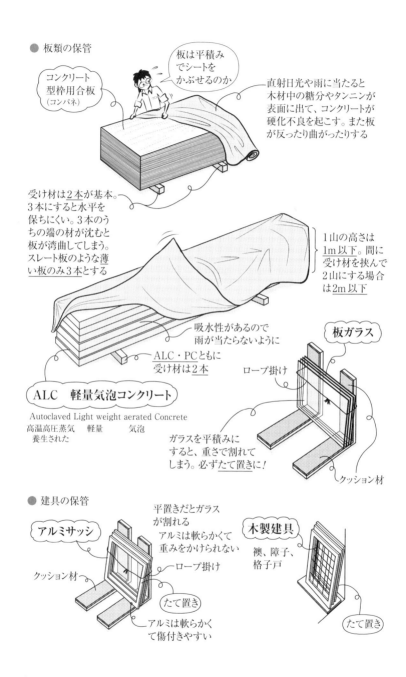

● 板類の保管

コンクリート
型枠用合板
（コンパネ）

板は平積み
でシートを
かぶせるのか

直射日光や雨に当たると
木材中の糖分やタンニンが
表面に出て、コンクリートが
硬化不良を起こす。また板
が反ったり曲がったりする

受け材は2本が基本。
3本にすると水平を
保ちにくい。3本のう
ちの端の材が沈むと
板が湾曲してしまう。
スレート板のような薄
い板のみ3本とする

1山の高さは
1m以下。間に
受け材を挟んで
2山にする場合
は2m以下

吸水性があるので
雨が当たらないように

ALC・PCともに
受け材は2本

ALC　軽量気泡コンクリート

Autoclaved Light weight aerated Concrete
高温高圧蒸気　　軽量　　気泡
　養生された

板ガラス

ロープ掛け

ガラスを平積みに
すると、重さで割れて
しまう。必ずたて置きに！

クッション材

● 建具の保管

平置きだとガラス
が割れる
アルミは軟らかくて
重みをかけられない

アルミサッシ

クッション材

ロープ掛け

たて置き

アルミは軟らかく
て傷付きやすい

木製建具

襖、障子、
格子戸

たて置き

申請、届出まとめ

確認申請	
中間検査申請	建築主 ⟶ 建築主事 または 指定確認検査機関
完了検査申請	**【 主よ! 命が完了します! ご確認ください】** 主→主事　完了検査申請　確認申請
建築工事届	建築主 ⟶ 都道府県知事
建築物除却届	施工者 ⟶ 都道府県知事　**【こうじ と そうじ で髪がちぢれる】** 工事届　除却届　　知事
道路占用 許可申請	道路占用者 ⟶ 道路管理者
道路使用 許可申請 (一時的使用)	施工者 ⟶ 警察署長 **【銃を使用すると、警察の世話になる】** 使用届　　警察署長
安全管理者 選任報告	事業者 ⟶ 労働基準監督署長
クレーン設置届	**【クレーンで労災】** 労基
危険物貯蔵所 設置許可申請	設置者 ⟶ 市町村長 または 都道府県知事
特定粉じん排出 等作業実施届	施工者 ⟶ 都道府県知事
産業廃棄物管理票 交付等状況報告書	施工者 ⟶ 都道府県知事　**【爆発で髪がちぢれる!】** 危険物、粉じん　知事

5

● <u>作業主任者</u>は、労働安全衛生法とその規則で定められた資格者で、作業ごとに資格の要件が決められている。作業の指揮、組立て図の作製などを行う。

作業主任者まとめ

型枠支保工の組立て等 作業主任者	高さにかかわらず常に必要 【<u>し</u>ほこう→<u>ほ</u>しい→<u>必要</u>】
土止め支保工 作業主任者	高さにかかわらず常に必要 【<u>し</u>ほこう→<u>ほ</u>しい→<u>必要</u>】
石綿作業主任者	重量の0.1%を超える石綿を含有する場合に必要
地山の掘削 作業主任者	高さ2m以上 深さ2m以上 で必要 【<u>地 山</u> 】 _{二(じ)→2m}
足場の組立て等 作業主任者	高さ5m以上で必要。吊り足場、張出し足場では必ず必要 【<u>ごめん、高くて</u>】 _{5m以上 高さ}
コンクリート造の工作物の 解体等作業主任者	高さ5m以上で必要 【<u>ごめん、高くて</u>】 _{5m以上 高さ}
建築物等の鉄骨の組立て等 作業主任者	高さ5m以上 で必要 【<u>ごめん、高くて</u>】 _{5m以上 高さ}
木造建築物の組立て等 作業主任者	軒の高さ5m以上で必要 【<u>ごめん、高くて</u>】 _{5m以上 高さ}

● 工事で出た木くず、紙くず、発泡スチロールは産業廃棄物。現場事務所で出る図面、弁当がら、生ごみ、空き缶などは一般廃棄物。PCB（ポリ塩化ビフェニル）、石綿（アスベスト）は特別管理産業廃棄物で、遮断型処分場にて処分する。

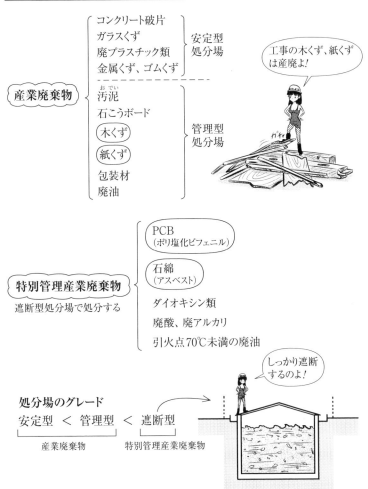

産業廃棄物
- コンクリート破片
- ガラスくず
- 廃プラスチック類
- 金属くず、ゴムくず

安定型処分場

- 汚泥（おでい）
- 石こうボード
- 木くず
- 紙くず
- 包装材
- 廃油

管理型処分場

工事の木くず、紙くずは産廃よ！

特別管理産業廃棄物
遮断型処分場で処分する
- PCB（ポリ塩化ビフェニル）
- 石綿（アスベスト）
- ダイオキシン類
- 廃酸、廃アルカリ
- 引火点70℃未満の廃油

しっかり遮断するのよ！

処分場のグレード
安定型 ＜ 管理型 ＜ 遮断型

産業廃棄物　　　特別管理産業廃棄物

6 積算

Q 工事原価=（　　）+（　　）
[施]

A 純工事費+現場管理費

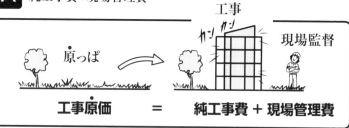

● 工事原価 ┬ 純工事費…直接工事費+共通仮設費
　　　　　　└ 現場管理費…監督の人件費、施工図作成費、労災保険など

Q 工事価格=工事原価+（　　）
[施]

A 一般管理費

一般職のOLもいるゼネコン本社
一般管理費　　　　　　　　本社、支店経費

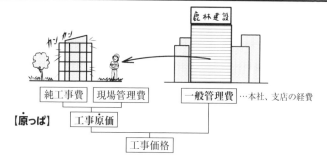

Q ①足場、②仮囲いは直接仮設費？ 共通仮設費？
[施]

A ①直接仮設費、②共通仮設費

> ## 部屋に入って<u>囲まれた所で用を足す</u> → 人類共通
> 現場事務所　仮囲い　　　　　　現場トイレ　　　　　　　共通仮設費
>
> ## 足は直線的
> 足場　直接仮設費→直接工事費に含まれる

● 建物の工事に直接必要な仮設が<u>直接仮設</u>。足場は塗装工事、タイル工事などに直接必要なので<u>直接仮設費</u>になり、<u>直接工事費に含まれる</u>。一方共通仮設は、建物の工事に直接関係しないが、工事全体に共通に必要となる仮設で、現場事務所、トイレ、仮囲いなど。

6

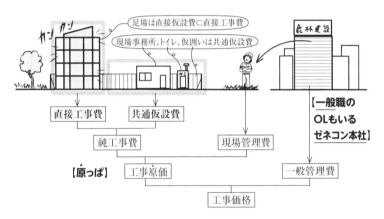

Q 諸経費＝（　　）＋（　　）
[施]

A 一般管理費 ＋ 現場管理費

> ## 一般職のOLに手を出す現場監督は処刑（首）！
> 一般管理費　　　　　　＋　　現場管理費 ＝ 諸経費

● 工事費の構成

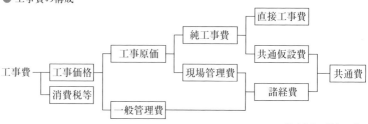

この図は完全に覚えること!

● 設計数量……設計図書通りの個数、数量
　所要数量……切り無駄や施工上やむをえない損耗を含んだ数量
　計画数量……施工計画に基づいた数量

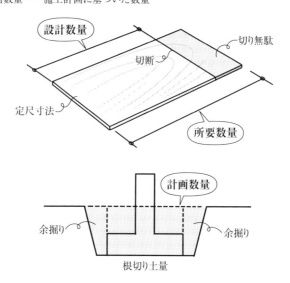

7 防水・左官ほか

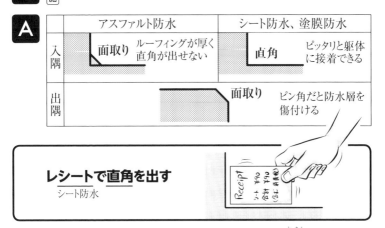

Q 防水下地の入隅、出隅の形は？
[施]

A

	アスファルト防水	シート防水、塗膜防水
入隅	面取り　ルーフィングが厚く直角が出せない	直角　ピッタリと躯体に接着できる
出隅	面取り	ピン角だと防水層を傷付ける

レシートで直角を出す
シート防水

Receipt シート ￥10
合計 ￥10（含 消費税）

● フラットルーフの防水は、①アスファルト防水、②シート防水、③塗膜(とまく)防水の大きくは3つ。

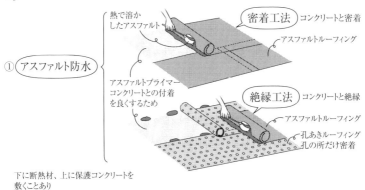

① アスファルト防水

熱で溶かしたアスファルト

密着工法 コンクリートと密着
アスファルトルーフィング

アスファルトプライマー
コンクリートとの付着を良くするため

絶縁工法 コンクリートと絶縁
アスファルトルーフィング
孔あきルーフィング
孔の所だけ密着

下に断熱材、上に保護コンクリートを敷くことあり

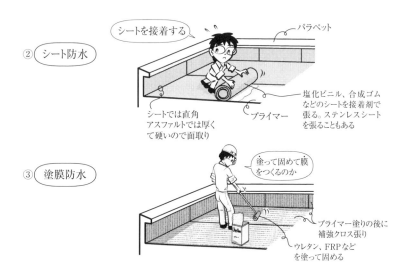

② シート防水

シートを接着する

パラペット

シートでは直角
アスファルトでは厚く
て硬いので面取り

プライマー

塩化ビニル、合成ゴム
などのシートを接着剤で
張る。ステンレスシート
を張ることもある

③ 塗膜防水

塗って固めて膜
をつくるのか

プライマー塗りの後に
補強クロス張り

ウレタン、FRPなど
を塗って固める

Q アスファルト防水保護コンクリートの伸縮調整目地の割付けは?
施

A 中間部は縦横約3m程度、立上がり面から60cm程度

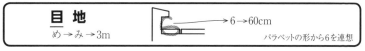

目 地
め→み→3m

→6→60cm

パラペットの形から6を連想

● 伸縮目地の深さは、保護コンクリートを貫いて防水層上面まで。

Q アスファルト防水におけるルーフィングの重ね幅は?
施

A 10cm以上

アスファルト トー
10cm以上

● RC造、S造に使うアスファルト防水のルーフィングは<u>水下から水上に向かって張り進め、重ね幅は10cm以上</u>とする。上下層の継目が同一箇所でそろわないように張る。継目がそろうと弱点となってはがれやすくなる。根太の継手や床の下地板をそろえないのと一緒。セメントはコンクリートの絶対容積約10%、積重ね10袋以下。**【セメントー】**（p.91 参照）

● 木造勾配屋根の下葺きの<u>アスファルトルーフィング</u>も、重ね幅は流れ方向で10cm以上。ただし長手方向（流れと直交する方向）は水が入りやすいので20cm以上。

重ね幅
{ アスファルトルーフィング　<u>10cm以上</u>
{ 勾配屋根下葺きアスファルトルーフィング　<u>流れ方向　10cm以上</u>
　　　　　　　　　　　　　　　　　　　　　　<u>長手方向　20cm以上</u>

Q 木造屋根下葺き用アスファルトルーフィングの棟部張付けは（　　）cm以上の左右折掛け、壁取合い部の立上がりは（　　）cm以上　施

A 25cm以上、25cm以上

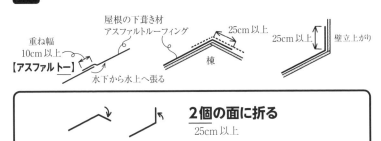

木造住宅工事仕様書、枠組壁工法住宅工事仕様書

● 木造屋根に使う<u>アスファルトルーフィング</u>は、スレートや金属板の下に、雨漏り防止のために敷くアスファルトをしみ込ませたシート。棟と壁立上がりは、防水の弱点となる。

Q アスファルト防水でルーフィング類を張るのは、アスファルトプライマーを塗布した直後？　翌日？　施

A 翌日

● アスファルトプライマーとは、アスファルトを溶剤で溶かしたもので、溶融窯で溶かした溶融アスファルトの接着を良くする。prime：最初の、primer：最初に塗るもの

● アスファルトプライマーは、下地のコンクリートやモルタルが十分に乾燥した後に塗布する。塗布した翌日に、ルーフィング類を張る。

● 下地コンクリートの打継ぎ部には、絶縁テープを張り、その上に伸縮性のあるストレッチルーフィングを張る。コンクリートに追従して破れないようにするため。

● 平場のルーフィング張付けに先立ち、出隅、入隅、ドレンまわりに伸縮性のあるストレッチルーフィングを張る。破れやすい部分を補強するため。

● 配管が貫通している場合は防水層を配管まわりで立ち上げ、ステンレス製バンドで防水層端部を締め付け、防水層上部にシール材を塗る。貫通部は漏りやすい。

● ①プライマー塗布→②（翌日）絶縁テープ、ストレッチルーフィング張付け→③溶融アスファルトによりルーフィング類張付け。この順を覚える。

Q シート防水における重ね幅は、塩化ビニル樹脂系シートでは（　　）cm以上、加硫ゴム系シートでは（　　）cm以上 [施]

A 4cm以上、10cm以上

シ　ー　　ト		**溶着、融着**
4cm以上	10cm以上	4cm以上

● 塩化ビニル樹脂系シートの接合部は、溶剤溶着か熱融着とする。

● 床コンクリート直均しの上にビニルシートを張る場合、シート裏に水がたまらないように、打込みから4週間後に行う。**【シート】**

4週後

Q 塗膜防水の塗り重ね幅は？
[施]

A 10cm以上

塗膜防水
10cm以上

● 塗った膜による防水層。塗り重ねは10cm以上。

Q 石、コンクリート（仕上げなし）、タイルの目地に使う
シーリング材は？ 施

A ポリサルファイド系シーリング材

ポリ サル ファイド
→石、コンクリート、タイル

共仕
● コンクリート仕上げあり(塗装可能)の場合はポリウレタン系。

【仕上げありだとよく売れた！】
ウレタン

● ALC、押出成形セメント板 — {仕上げなし → 変成シリコーン系 / 仕上げあり → ポリウレタン系

● ガラス → シリコーン系 **【ガラスの上を歩くとしりが見える】**
ALC　シリコーン

● 2種のシーリング材を打つ場合、先にポリサルファイド系を打ち、シリコーン系を後打ちする。**【ポリポリ サル が しり をかく】**
①ポリサルファイド　②シリコーン

7

Q 3面接着とすべきノンワーキングジョイント（動かない目地）には何がある？ 施

A コンクリートの打継ぎ目地、ひび割れ誘発目地、サッシ取合い目地、石目地、タイル目地

ノンワーキング ←
石、コンクリート、タイル ←
サル面づら
3面接着

● {ノンワーキングジョイント → 3面接着のシーリング…底の割れをふさぐ / ワーキングジョイント → 2面接着のシーリング…両側の動きに追随

● 板と板が互いに動く場合（ワーキングジョイント）、目地底にテープ状のボンドブレーカー（接着を壊すもの）かバックアップ材（後ろを持ち上げるもの）を貼ってシール材が付かないようにする。板と板の面のみに接着した2面接着となる。目地底まで接着すると、板の動きに追従できずに割れてしまう。

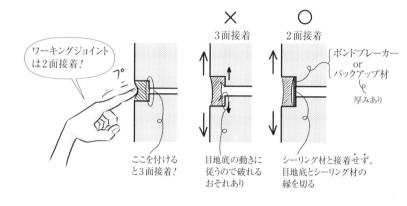

吹き出し: ワーキングジョイントは2面接着！

7°

× 3面接着　　○ 2面接着

ボンドブレーカー
or
バックアップ材

厚みあり

ここを付けると3面接着！

目地底の動きに従うので破れるおそれあり

シーリング材と接着せず、目地底とシーリング材の縁を切る

Q セルフレベリング材の標準的な塗り厚は?
施

A 1cm程度

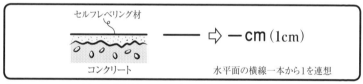

セルフレベリング材

$\Rightarrow$ —cm（1cm）

コンクリート

水平面の横線一本から1を連想

● セルフレベリング材は流動化剤のために水のように水平に広がるので、モルタル塗りに比べて施工が早くて楽。セメントを主原料としたさまざまな製品があり、5cm厚程度まで可能。建築士試験では1cm厚を標準とすると出題されている。風によって表層部が動いて凹凸ができてしまうため、室内では作業中、作業後の硬化までは窓、扉を閉めて通風を避ける。硬化後、気泡の跡や突起などはサンダーなどで削る。

● セルフレベリング材の養生期間は7日以上、低温では14日以上。

【1cm→1週間→2週間】

Q セメントモルタル塗りのモルタル、タイル張付けモルタルの調合比は？ [施]

A セメントモルタル塗り　　上塗り、中塗り　セメント：砂＝1：3
　　　　　　　　　　　　　下塗り　　　　　セメント：砂＝1：2.5
　　　タイル張付けモルタル　　　　　　　　セメント：砂＝1：2

セ　ス　ナ	＝	1 : 砂
セメント：　砂	貧調合　1　：	3　上塗り、中塗り
落ちないようにセメント多く→富調合　1　：	2.5　下塗り
タイルが落ちないようにさらに多く　→　1　：	2　タイル張付けモルタル

● セメント：砂の容積比。砂に対してセメントが多いのが富調合、セメントが少ないのが貧調合という。砂の数値が小さいと富調合となる。富調合はモルタルの強度と付着力が強い。タイルが落ちないようにするために、タイル張付けモルタルは1：2。セメントモルタル塗りの下塗りは1：2.5で富調合、中塗りと上塗りは1：3で貧調合。セメントが少ないほど（水が少ないほど）ひび割れは少ないので、表面に近い側は貧調合とする。

【金持ちを先に乗せる】（p.130参照）
　　富調合　下塗り
　　　　　　先送りモルタル

● モルタルは1回で厚く塗ると、乾燥収縮が大きくひび割れしやすい。下塗り→（14日以上）→中塗り→上塗りとする。むらがある場合は、下塗り→（14日以上）→むら直し→（7日以上）→中塗り→上塗りとする。下塗りの次がむら直しであり、中塗りの次にむら直しは×（頻出）。**【下層の村を直す】**
　　　　　　　　　　　　　　　　　下塗り　むら直し

Q セメントモルタル塗りの1回の塗り厚は（　　）mm以下、全塗り厚は（　　）mm以下。 [施]

A 7mm以下、25mm以下

波打つ　塗り壁、日光　が当たる
　　　7mm以下　　　　　　25mm以下

7

Q コンクリート床の石張りで、敷きモルタルの調合比は? 施

A 1:4

石 を 敷く
1:4　　　敷きモルタル

● 石を敷くだけで落ちる心配はないので付着力は低くてよく、1:4の貧調合とする。

● 花こう岩は耐久性、耐摩耗性が高く、内外装材に用いられる。大理石は酸性雨で黒ずむので、主に内装用となる。砂岩はザラザラした表面をしており、耐火性に優れるので、鉄板焼き器具周囲の内装材などに使われる。

Q 磁器質タイルは吸水性が高い?　低い? 施

A 低い

お茶わん は 吸水しない!
磁器

● 磁器は吸水性が低いので、外装や内装の水回りに使われる。

Q タイルの密着張りでは（　　）という機械を使い、張付けモルタルは（　　）回塗る 施

A 振動機（ヴィブラート）、2回

張付けモルタル
2度塗り

タイルの
密着張り
（ヴィブラート工法）

1段おきに上から下へ
その後に中間を張る

ビーン

振動機
ヴィブラート

vibrato:（音楽の）振動音

密着取材で動揺させる
密着工法　　振動機 ヴィブラート

たび重なる 密着取材
2度塗り　　密着張り

● 張付けモルタルは2回に分けて塗り付ける。1回の塗付け面積は2m²以下、かつ20分以内に張り終える面積とする。【モルタルを2回塗る→2m²以下かつ20分以内】
● タイルは1段おきに上から下へと数段張り付けた後、その間のタイルを張る。中を抜かずに続けて張ると、振動によって隣のタイルがずれやすくなるため。
● モルタルを壁に塗る場合、下地が乾燥しているとモルタル中の水が吸い取られて、セメントの水和反応ができなくなる（ドライアウト）。特に外壁で日光が当たる部分は要注意。そこで水湿しを行ったり、吸水調整剤を塗る。内壁の接着剤によるタイル張りの場合は、モルタルではないので、下地は十分に乾燥していることを確認する。
● 改良圧着張りは、下地とタイルの両方にモルタルを塗り、木づちなどで叩いて張る工法。

Q タイル密着張りの張付けモルタルの塗厚は？
[施]

A 5〜8mm

> ## 密着取材は こ わ い！
> 5 〜 8 mm

7

Q タイルの改良積上げ張りでは、1日の張付け高さの限度は
（　　）m程度 [施]

A 1.5m

> ## 1個、1個積み上げる
> 1.5m　　改良積上げ張り

● 改良積上げ張りは、張付けモルタルをタイルの裏面のみに塗り、下から上へ積み上げるように張る工法。1日の張付け高さの限度は1.5m程度、目線の高さ程度。

Q しっくいは（水硬性、気硬性）？
[施]

A 気硬性

> ## 気候 が しっくり する
> 気硬性　　しっくい

● しっくいは消石灰（$Ca(OH)_2$）にすさ（わら、麻、紙などの細かい繊維）、のり、砂などを混ぜて水で練って固める壁材。空気に接することで固まる気硬性。書院造や城郭の壁などに用いられる。

Q 塗装は気温が（　　）℃以下、湿度が（　　）%以上では行わない [施]

A 5℃以下、85%以上

碁石 の 箱 は ペンキを塗らない
　5℃以下　　85%以上　　　　塗装しない

● 塗り忘れ防止のために、中塗り、上塗りの各層の色を変えて塗る。

Q コンクリート面に塗装する場合、乾燥期間は冬季で（　　）日以上、夏季で（　　）日以上 [施]

A 28日（4週）以上、 21日（3週）以上

標準養生期間と同じ → 28日（4週）

● 標準養生では水和反応で強度を出すために、20±3℃の水に水中養生で28日間。コンクリートは乾燥して固まるのではなく、水和反応で固まるので湿潤養生が必要。一方塗装面としては、表面を乾燥させるための28日間。夏季は早く乾燥するので21日間。コンクリート中の水は、水和反応と蒸発で徐々に少なくなる。スラブ表面の生コンは、乾燥させすぎると強度が低下するので、散水などの湿潤養生が必要となる。

Q 合成樹脂エマルションペイント（EP）が適する面は? [施]

A コンクリート、モルタル、木部、石こうボード

（いい）
えーマンション は コンクリート製（内装は木と石こうボード）
　エマルション　　　　　　コンクリート、モルタル

塗　　料	モルタルコンクリート	鉄鋼面	亜鉛めっき鋼面	木部	石こうボード
合成樹脂エマルションペイント（EP）	○	×	×	○	○
合成樹脂調合ペイント（SOP）	×	○	○	○	×
フタル酸樹脂エナメル（FE）	×	○	×	×	×

● エマルション（emulsion）は乳状液、乳状混濁液のこと。混じり合わない2種の液体で、片方を液体中に微粒子状に分散させたもので、マヨネーズ、木工用接着剤（商品名：ボンドなど）などはエマルションの例。水の中に合成樹脂を微粒子状にして混濁させた塗料を、合成樹脂エマルションペイント（EP）という。水性のため、鉄鋼面、亜鉛めっき鋼面には適さない。水性が多いが、溶剤に混ぜるものもある。

● 合成樹脂エマルションパテは合成樹脂エマルションのペースト状の充填材で、石こうボード、モルタル、木部などの凹凸を均す素地調整に使う。合成樹脂エマルションパテは、外部に使うのは不可（頻出）。合成樹脂エマルションの次にくる言葉が、ペイントかパテかで異なるので気をつける（両者とも頻出）。

● シーリング面に塗装する場合、シーリング材充填直後に塗装するのは不可。シーリング材が硬化してから塗装する。

7

Q 合成樹脂調合ペイント（SOP）が適する面は？
施

A 鉄鋼面、亜鉛めっき鋼面、木部

```
超　　合　　金
調合ペイント　　（金属）鉄鋼面、亜鉛めっき鋼面、（キ）木
```

● 合成樹脂調合ペイント（SOP）は油性ペイント（OP）が進化したもので、顔料を長油性（油の含有量の多い）フタル酸樹脂で練り合わせた塗料。鉄鋼面、亜鉛めっき鋼面、木部に適する。アルカリ性に弱く、コンクリート、モルタル、石こうボードには不適。

● 合成樹脂エマルションペイントと合成樹脂調合ペイントは、合成樹脂が同じでエマルションと調合だけ違うので、間違えやすい。問題ではエマルションと調合だけ見て判断する。実務では各々EP、SOPと書くのでわかりやすい。

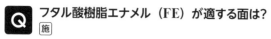

Q フタル酸樹脂エナメル（FE）が適する面は？
施

A 鉄鋼面

> # 鉄 なべの ふた
> 鉄鋼面　　　フタル酸樹脂エナメル

● <u>エナメル</u>（enamel）とは光沢のある色の付いた塗料のことで、<u>フタル酸樹脂エナメル</u><u>（FE）</u>とは顔料を中油性（油の含有量が中ぐらい）フタル酸樹脂で練り混ぜた塗料。合成樹脂調合ペイント（SOP）よりも平滑性、美装性、速乾性が高く、鋼製のドア、サッシ、シャッター、設備機械などの塗装に適する。

Q ジンクリッチプライマーとは？
施

A 亜鉛を多く含有するさび止め塗料

> # Zn（ジンク：亜鉛）がリッチに入ってるプライマー

● <u>プライマー</u>とは最初に（prime）塗る下塗り塗料。ジンク（zinc）は亜鉛で、元素記号Znを覚えている人はそこから覚える。有害な鉛やクロムが<u>フリー</u>（入っていない）の<u>さび止め塗料</u>（<ruby>防錆塗料<rt>ぼうせいとりょう</rt></ruby>）が主流になりつつある。<u>シーラー</u>とは、接着、密着（seal）を良くする下塗り塗料。<u>フィラー</u>とは、凹凸に詰め物（fill）をする下塗り塗料。プライマー、シーラー、フィラーは厳密には区別されていない。
● 木部のクリア（透明）塗装の下塗りに、ウッドシーラー、サンジングシーラーなどが使われる。<u>ウッドシーラー</u>とは透明な下塗り塗料。サンジングシーラーとは、厚塗りした後にサンドペーパーで削り（sanding）、表面をなめらかな鏡面とする、透明な中塗り塗料。

Q 吹付け塗装で、スプレーガンは1行ごとに約1/（　）ずつ重なるように吹き付ける
施

A 約1/3ずつ

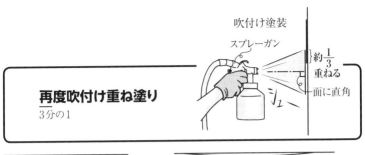

再度吹付け重ね塗り
3分の1

吹付け塗装

スプレーガン

約 $\frac{1}{3}$ 重ねる

面に直角

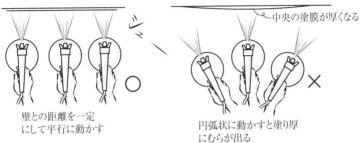

中央の塗膜が厚くなる

壁との距離を一定
にして平行に動かす ○

円弧状に動かすと塗り厚
にむらが出る ×

● スプレーガンは塗り面に直角に向け、平行に動かす。円弧状に動かすと、中央だけ塗り厚が大きくなってしまう。1行ごとに吹付け幅が1/3ずつ重なるように吹き付ける。重ならないように吹き付けると、むらができてしまう。空気圧力はスプレーガンの口径に合わせて調整する。空気圧が低すぎると噴霧の粒が粗くなり、ゆず肌状となってしまう。

Q 複層ガラスと合わせガラス、断熱性の良いのは?
[施]

A 複層ガラス

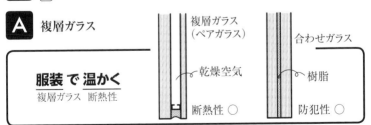

服装 で 温かく
複層ガラス 断熱性

複層ガラス
(ペアガラス)

合わせガラス

乾燥空気

樹脂

断熱性 ○

防犯性 ○

● 複層ガラスと合わせガラスはややこしく、ひっかけ問題で頻出するので、複層ガラスの方が断熱に有利としっかりと覚えておく。複層ガラスは複層加工後は端部が接着されるので、切断、孔あけ、小口処理、切欠きなどは不可。

Q **Low-E ガラスのEとは?**
[構] [施]

A 放射 (Emissivity)。Low-Eは低放射

$$E \Rightarrow \text{放射}$$

Eの形から放射を連想

● 金属膜をガラス面にコーティングすることで、日射を反射し、中空層での熱放射を低減する。屋外側ガラスに金属膜を付けると日射の遮へいに効果があり、屋内側に付けると断熱に効果がある。

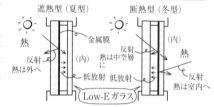

● デコボコの型を付けて不透明にするのが型ガラス（型板ガラス）。キズを付けて不透明にするのがスリガラス（スリ板ガラス）。フロートガラス（フロート板ガラス）は溶けた金属のプールに浮かせて（フロート）平滑な面とした一般的な透明ガラス。

Q **外部に接するガラス溝に設ける水抜き孔は、直径 (　　) mm 以上、2カ所以上** [施]

A 6mm 以上

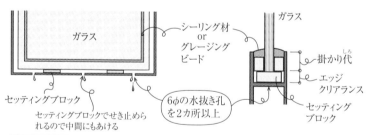

水抜き孔の
直径 → φ → 6 → 6mm 以上

直径のφを6に読み替え

● 水抜き孔は複層ガラス、合わせガラス、網入りガラスも同様に6mm以上、2カ所以上。ガラスブロックの場合の水抜き孔は、溝が大きくなるので6mm以上を1〜1.5m間隔。
● 掛かり代は、8、10mmのガラスでガラス厚以上、複層ガラスで15mm以上。

網入りガラスにおける小口のさび止め処理は、下から高さの 1/（　）行う 施

A 1/4

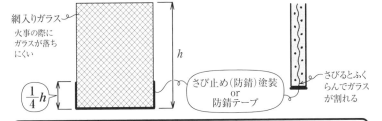

網入りガラス
火事の際に
ガラスが落ち
にくい

h

$\dfrac{1}{4}h$

さび止め（防錆）塗装
or
防錆テープ

さびるとふく
らんでガラス
が割れる

網入りガラス → 余分な手間がかかる
4分の1

● 網入りガラスは、菱形にワイヤが入ったものが一般的（菱ワイヤ）。火事でガラスが落ちにくく、建築基準法上、延焼のおそれのある部分の窓ガラスは網入りガラスとする。防犯上の効果はない。ガラスと鋼は線熱膨張係数がほぼ一緒なのでガラスに鋼を埋め込むのは可能だが、多少の違いから、太陽光による熱割れも起こる**【ガラスは合コンを熱望する】**（p.99参照）。水が入ってさびると、膨張してガラスが割れる。それを防ぐため、下1/4には防錆処理をする。

● 強化ガラスはフロートガラス（透明板ガラス）よりも強度が高く、割れても粒状になる。

Q **アルミサッシがモルタルと接する部分には、耐アルカリ性塗料の（　）系塗料を塗る** 施

A アクリル樹脂系塗料（ウレタン樹脂系塗料）

アルミサッシ → 耐アルカリ性塗料 → アクリル樹脂系塗料

● コンクリート、モルタルはアルカリ性。**【根気よく歩く】**

● アルミは酸ともアルカリとも反応し（両性金属）、水素を発生して溶ける。そこでアルミをモルタルから絶縁する必要があり、耐アルカリ性塗料のアクリル樹脂系塗料、ウレタン樹脂系塗料などを塗る。

● アルミサッシをコンクリートに取り付けるには、事前に埋め込んでおいたアンカーに、サッシ側に付けられた鋼製金物を溶接する。届かないときは短い鉄筋などを間に入れる。位置の微調整は木製のくさびで行い、後にくさびは撤去する。

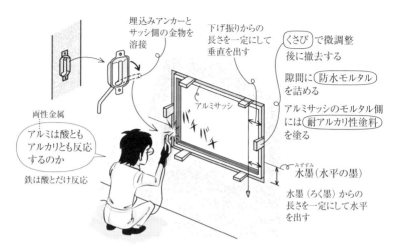

埋込みアンカーと
サッシ側の金物を
溶接

下げ振りからの
長さを一定にして
垂直を出す

くさび で微調整
後に撤去する

隙間に 防水モルタル
を詰める

アルミサッシのモルタル側
には 耐アルカリ性塗料
を塗る

アルミサッシ

両性金属
アルミは酸とも
アルカリとも反応
するのか

鉄は酸とだけ反応

水墨（水平の墨）

水墨（ろく墨）からの
長さを一定にして水平
を出す

Q 高さ2m以上、2.4m以下の木製ドアでは、丁番は（ ）枚。 [施]

A 3枚

番長 は **背が高い** が **3枚** 目
番 丁 ↰   2m以上

● 2m未満は2枚。

Q 洗面脱衣室などの湿気の多い場所では、ビニル床シート張りの
接着剤は？ [施]

A ウレタン樹脂系接着剤、エポキシ樹脂系接着剤

脱衣は **うれし楽しい** **エポック**
脱衣室   ウレタン系   エポキシ系

● 下地のコンクリート乾燥期間は28日以上で塗装と同じ。モルタルの乾燥期間は14日
以上。

乾燥期間 ┬ 塗装 ──────── コンクリート → 冬期28日以上、夏季21日以上
         └ ビニル床シート ┬ コンクリート → 28日以上 ┐
                           └ モルタル → 14日以上 ┘ × $\frac{1}{2}$

● フローリングのコンクリート、モルタルへの直張りは、ウレタン樹脂系接着剤、エポキシ樹脂系接着剤を使用する。フローリングの割付けは部屋の中央から行う。寸法調整は目立たない壁際で行い、出入口を避ける。

● タイルカーペット張りでは、粘着はく離型接着剤を使用する。粘着はく離型接着剤は、簡単にはく離できてずれをすぐに直せる。

● タイルカーペットをフリーアクセスフロア（床を浮かせるユニットを並べたフロア）に敷く場合、タイルカーペットは床パネルの目地にまたがるように割り付ける。床パネルのの目地にそろえると、パネルの動きでタイルカーペットに隙間ができてしまう。

 Q （　　　）樹脂はコンクリートのひび割れ補修に用いられる
施

 A エポキシ

> 万博
> # エキスポ の塔、ひび だらけ
> エポキシ樹脂注入

● エポキシ樹脂は耐水性、耐久性、耐薬品性に優れる。

Q 防水性に優れた石こうボードは?
構 施

A シージング石こうボード

> **SEA** → **海** → **防水性**
> シージング石こうボード

● 石こうの板の両側に紙を張ったものが石こうボード。その紙に防水処理したものがシージング石こうボード。

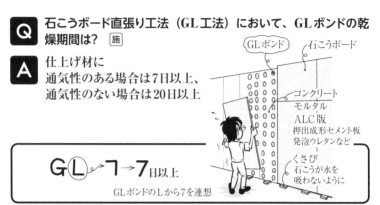

Q 石こうボード直張り工法（GL工法）において、GLボンドの乾燥期間は？ 施

A 仕上げ材に
通気性のある場合は7日以上、
通気性のない場合は20日以上

G⃝L ⁊→7日以上

GLボンドのLから7を連想

● GLとはGypsum Liningの略で石こうの裏地が直訳。タイガー GLボンド（吉野石膏）などの商品がある。コンクリートやモルタル面に団子状に塗り、石こうボードを押し付けて留める。石こうボードを張った後にすぐにクロスなどを張ると、GLボンドの水分が残っていて、湿気でクロスがはがれたりふくれたりしてしまう。石こうボード表面に<u>仕上げをするまでの乾燥期間</u>は、<u>通気性のある布壁紙などで7日以上、通気性のないビニルクロスなどで20日以上</u>とする。

Q 石こうボードを目地なしとする場合、エッジは？ 施

A テーパーエッジ

テー パー に テー プ を張る

● 目地なしはテーパーエッジが望ましいが、ベベルエッジでも可能。

taper：先細り、bevel：斜面、square：四角形
【バベル の塔の 傾き】
ベベル

Q アスベスト含有吹付け材を取り除くには乾燥させる？ 湿潤化させる？ 施

A 湿潤化させる

アスベスト → ベトベト → 湿潤化して処理
アスベストのべトトから連想

● 人体に有害なアスベスト含有吹付け材を取り除くには、粉じんが出ないように粉じん飛散抑制剤などにより湿潤化させるか、セメントなどで固化させてから除去する。

Q 水準測量で標高差（高さ）はどうやって測る？ 施

A レベルと標尺で測量し、標高差＝後視−前視で計算する

標　高　差
後 − 前

7

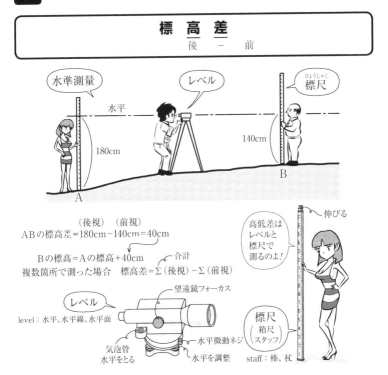

（水準測量）　　水平　　（レベル）　　（ひょうしゃく 標尺）

180cm　　　　　　　　140cm

A　　　　　　　　　B

（後視）　（前視）
ABの標高差＝180cm−140cm＝40cm

Bの標高＝Aの標高＋40cm　　合計
複数箇所で測った場合　標高差＝Σ（後視）−Σ（前視）

高低差はレベルと標尺で測るのよ！　　伸びる

（レベル）　　　望遠鏡フォーカス
level：水平、水平線、水平面

気泡管　　　　水平微動ネジ
水平をとる　　水平を調整

（標尺 箱尺 スタッフ）
staff：棒、杖

Q 平板測量の方法は? 施

A 進測法（導線法）、放射法

進みながら測る　中央から放射状に測る
進測法　　　　　　　　　放射法

● 多角形（トラバース=骨組）の測点を順々にたどりながら、進みながら測る、線を導きながら測るので、進測法または導線法という。 traverse：横断する、ジグザグの道

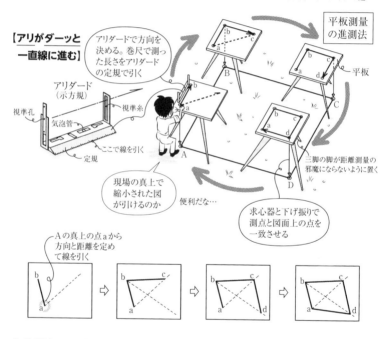

【アリがダーッと一直線に進む】

アリダード（示方規）
視準孔
気泡管
視準糸
ここで線を引く
定規

アリダードで方向を決める。巻尺で測った長さをアリダードの定規で引く

平板測量の進測法

平板

三脚の脚が距離測量の邪魔にならないように置く

現場の真上で縮小された図が引けるのか

便利だな…

求心器と下げ振りで測点と図面上の点を一致させる

Aの真上の点aから方向と距離を定めて線を引く

● 放射法は、中央の測点から各測点の方向と距離を測って図化する。中央に建物がある場合は不可。

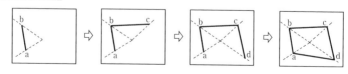

306

8 構造

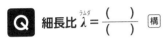

Q 細長比 ラムダ $\lambda = \dfrac{(\quad)}{(\quad)}$ 構

A $\lambda = \dfrac{\ell_k}{i} = \dfrac{\ell_k}{\sqrt{\dfrac{I}{A}}}$　　ℓ_k：座屈長さ、i：断面2次半径、I：断面2次モーメント、A：断面積

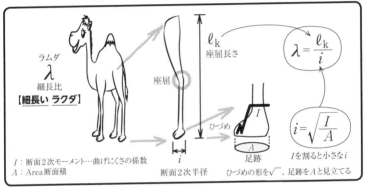

ラムダ
λ
細長比
【細長い ラクダ】

ℓ_k 座屈長さ

$\lambda = \dfrac{\ell_k}{i}$

座屈

ひづめ

$i = \sqrt{\dfrac{I}{A}}$

I：断面2次モーメント…曲げにくさの係数
A：Area断面積

i　断面2次半径

Iを割ると小さなi

足跡　A

ひづめの形を$\sqrt{}$、足跡をAと見立てる

● 細長比は構造的な細長さ、「長さ/太さ」を構造的に正確に「座屈長さ/断面2次半径」とする。強軸（曲がりにくい軸）と弱軸（曲がりやすい軸）がある場合、弱軸で湾曲しやすい方のλ、大きい方のλを有効細長比という。λはS造柱で200以下、柱以外で250以下、木造の柱で150以下。

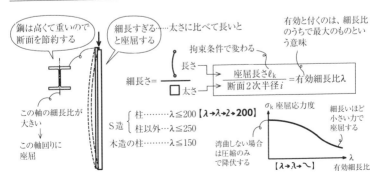

鋼は高くて重いので断面を節約する

細長すぎる…太さに比べて長いと座屈する

有効と付くのは、細長比のうちで最大のものという意味

拘束条件で変わる

細長さ＝ $\dfrac{長さ}{太さ}$ → $\dfrac{座屈長さ\,\ell_k}{断面2次半径\,i}$ ＝有効細長比λ

この軸の細長比が大きい↓この軸回りに座屈

S造 $\begin{cases} 柱\cdots\cdots\lambda\leqq200 \text{【}\lambda\to\lambda\to2\to200\text{】}\\ 柱以外\cdots\lambda\leqq250 \end{cases}$
木造の柱$\cdots\cdots\lambda\leqq150$

σ_k 座屈応力度

細長いほど小さい力で座屈する

湾曲しない場合は圧縮のみで降伏する

【$\lambda\to\lambda\to$〜】　有効細長比

● 座屈長さℓ_kは両端の拘束の仕方で、下図のようになる。1つの湾曲の長さを座屈長さとする。湾曲の形で0.5ℓ、0.7ℓ、2ℓなどを覚えてしまうとよい。

● ℓ_kを隠してスラスラ言えるようになるまで繰り返そう！

上端の横移動		拘　　束		自　　由	
両端の回転	両端ピン	両端固定	一端固定他端ピン	両端固定	一端固定他端ピン
座屈形					
座屈長さℓ_k	ℓ	0.5ℓ	0.7ℓ	ℓ	2ℓ

回転拘束　　　　　　回転拘束

ℓ　　　　　　　　0.5ℓ　　　　　　0.7ℓ

回転　　　回転

曲げやすい！　　　曲げにくい　　回転を拘束され　　ちょっと曲げにくい
　　　　　　　　　　　　　　　　　るほど曲げにくい
　　　　　　　　　【固定→0.5ℓ】　　　回転

● トラスの部材の座屈長さは、節点間距離で計算する。
● 横移動の拘束されたラーメンの柱において、座屈長さは節点間距離とする。

Q 座屈荷重P_kの式は？
構

A $P_k = \dfrac{\pi^2 EI}{\ell_k{}^2}$

ℓ_k：座屈長さ、E：ヤング係数、I：断面2次モーメント

長い痔の後に	パイ	で	栄	養を取る
長さの自乗	π	自乗	EI	で(de)をじ(di)に読み替え

● 圧縮で壊れるのではなく、湾曲して壊れるときの荷重が座屈荷重P_k。ℓ_kが分母、EI（曲げ剛性）が分子であることに注意。

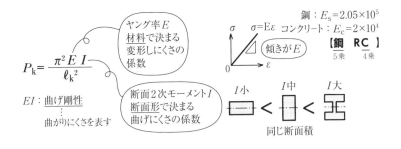

$$P_k = \frac{\pi^2 E I}{\ell_k^2}$$

ヤング率E
材料で決まる
変形しにくさの
係数

$\sigma = E\varepsilon$ 傾きがE

鋼：$E_s = 2.05 \times 10^5$
コンクリート：$E_c = 2 \times 10^4$
【鋼　RC】
5乗　4乗

EI：曲げ剛性
⋮
曲がりにくさを表す

断面2次モーメントI
断面形で決まる
曲げにくさの係数

I小　I中　I大
<　<
同じ断面積

Q 座屈長さ ℓ_k が長いと、座屈荷重 P_k は?
構

A 小さくなる（座屈しやすくなる）

長いと 湾曲 しやすい
ℓ_k大　座屈

● 分母の ℓ_k が大きいと、P_k は
小さく、座屈しやすくなる。
● 押しつぶされて壊れる柱を<u>短
柱</u>、折れ曲がって座屈で壊れ
る柱を<u>長柱</u>という。

バン

短柱　　長柱

8

Q 座屈応力度 σ_k は、有効細長比 λ が大きくなるとどうなる?
構

A 小さくなる（座屈しやすくなる）

細長い　ラクダ
有効細長比　ラムダλ

$\lambda \rightarrow$ （形） $\rightarrow$ σ_k 右下がり
λの形からグラフの形を連想

● S造は柱、梁ともに板厚は薄い。そのため圧縮を受けると、圧縮で壊れる前に全体
が大きく湾曲したり（座屈）、板の一部が曲がったり（局部座屈）してしまう。柱全体の
座屈時における圧縮応力度を、<u>座屈応力度σ_k</u>という。σ_kは有効細長比λ（大きい方の
λ）が大きいほど小さく、座屈しやすくなる。σ_kを元に決められた超えてはいけない限度
の許容応力度も小さくなる。

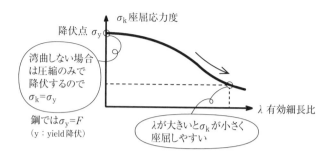

湾曲しない場合は圧縮のみで降伏するので $\sigma_k = \sigma_y$

鋼では$\sigma_y = F$
（y：yield 降伏）

σ_k 座屈応力度

降伏点 σ_y

λ が大きいとσ_k が小さく座屈しやすい

λ 有効細長比

Q 下図の断面2次モーメントIは？
構

A $I = \dfrac{bh^3}{12}$

中立軸

> ## 2次 会 に 自由に 参上!
> 断面2次モーメント　12分の　3乗

● Iは断面形で決まる曲げにくさの係数。高さhが3乗で、幅bよりも影響が格段に大きい点に注意。H形、コの字形、ロの字形などは四角に分解してIを計算できる。

$\dfrac{bh^3}{12}$ は高さhの中心に中立軸があるときだけ。軸からy離れた面積Aの長方形では

$I = \dfrac{bh^3}{12} + Ay^2$

となって、計算が面倒になる。

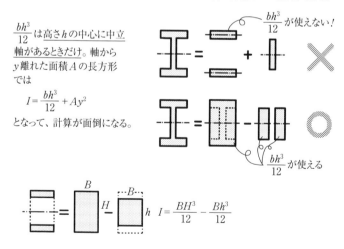

$\dfrac{bh^3}{12}$ が使えない！

$\dfrac{bh^3}{12}$ が使える

$I = \dfrac{BH^3}{12} - \dfrac{Bh^3}{12}$

$\Box = \Box_{B}^{H} - \Box_{b}^{h}$ $I = \dfrac{BH^3}{12} - \dfrac{bh^3}{12}$

$\mathrm{I} = \Box_{B}^{H} - \Vert_{\frac{b}{2}\,\frac{b}{2}}^{h}$ $I = \dfrac{BH^3}{12} - \left(\dfrac{\left(\frac{b}{2}\right)h^3}{12} + \dfrac{\left(\frac{b}{2}\right)h^3}{12} \right)$

$\qquad\qquad\qquad = \dfrac{BH^3}{12} - \dfrac{bh^3}{12}$

$\mathrm{E} = \Box_{B}^{H} - \Box_{b}^{h}$ $I = \dfrac{BH^3}{12} - \dfrac{bh^3}{12}$

$\mathrm{J} = \mathrm{J} = \Box_{}^{H} - \Box_{b}^{h}$ $I = \dfrac{BH^3}{12} - \dfrac{bh^3}{12}$

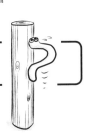

Q 下図の断面2次モーメントIは?
[構]

A $I = \dfrac{bh^3}{36}$

$h \left[\triangle \right] \dfrac{1}{3}h$, b

$$\dot{3}角 \rightarrow \dot{3} \xrightarrow{倍} 6$$

8

Q 下図の断面2次モーメントIは?
[構]

A $I = \dfrac{\pi d^4}{64}$

—・— 中立軸, d

$$\underset{64}{\underline{丸太}} を \underset{4乗}{\underline{虫}} が よじ登る$$

● 分子のbh^3、分母の12、36、64をしっかり覚えること。
d^4はbh^3から長さの4乗と想像がつく。

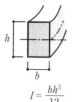 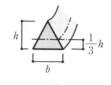 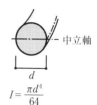

$$I = \frac{bh^3}{12}$$

$$I = \frac{bh^3}{36}$$

$$I = \frac{\pi d^4}{64}$$

【2次 会 に 自由に 参上！】
断面2次モーメント　12分の　3乗

【3角→ 3 →6】
　　　　　倍

【丸太 を 虫 がよじ登る】
　　　　64　4乗

● 上下に重なった2つの梁で、接触面に摩擦がない場合、上下の I を足し算すればよい。

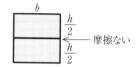

$$I = \frac{b\left(\frac{h}{2}\right)^3}{12} + \frac{b\left(\frac{h}{2}\right)^3}{12} = \frac{bh^3}{48}$$

Q 座屈で材が曲がるのは強軸まわり？ それとも弱軸まわり？
【構】

A 弱軸（I が最小の軸）まわりに曲がる

愛が小さいと人生は曲がる
　　　I　　小

● 断面形には I が最大となる強軸と、I が最小となる弱軸がある。弱軸まわりに曲がり、座屈しやすい。H形鋼の梁が横座屈しやすいのはそのため。

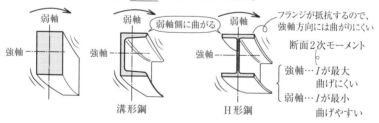

フランジが抵抗するので、強軸方向には曲がりにくい

断面2次モーメント

強軸…Iが最大　曲げにくい

弱軸…Iが最小　曲げやすい

弱軸側に曲がる

溝形鋼　　H形鋼

Q 曲げ剛性＝（　　）
[構]

A EI（ヤング係数×断面2次モーメント）

$$\underset{E \,\times\, I}{\underline{\text{イー 愛}}} \text{ があると人生は } \underset{\text{曲げ剛性}}{\underline{\text{曲がらない}}}$$

● <u>曲げ剛性EI</u>とは、曲げにくさを表す係数。Eは材料から、Iは断面形から決まる。座屈、たわみ、たわみ角などの式で登場する。

Q たわみ$\overset{\text{デルタ}}{\delta}$＝定数×$\dfrac{力×\ell^{(\ )}}{EI}$

たわみ角$\overset{\text{シータ}}{\theta}$＝定数×$\dfrac{力×\ell^{(\ )}}{EI}$　　ℓ：部材の長さ
[構]

A δ＝定数×$\dfrac{力×\ell^3}{EI}$　　θ＝定数×$\dfrac{力×\ell^2}{EI}$

$$\text{たわみ } \delta \;\rightarrow\; \Delta \;\rightarrow\; \overset{\cdot}{3}\text{角形} \;\rightarrow\; 3\text{乗} \;\rightarrow\; \delta = \square \times \dfrac{力×\ell^{③}}{EI}$$

$$\text{たわみ角 } \theta \;\rightarrow\; \angle\theta \;\rightarrow\; \overset{\cdot}{2}\text{辺の角度} \rightarrow 2\text{乗} \;\rightarrow\; \theta = \bigcirc \times \dfrac{力×\ell^{②}}{EI}$$

8

● δ、θの式はまず分母のEI（曲げ剛性）と分子のℓ^3、ℓ^2を覚える。等分布荷重w（N/mなど）も$w\ell = W$（Nなど）と力の単位に直して覚えると、ℓの次数が3乗、2乗とそろう。曲げ剛性EIが大きいと、δ、θは小さくなる。【<u>イー愛があると人生は曲がらない</u>　】
$\underset{EI大}{}\;\longrightarrow\;\underset{分母（\delta,\theta小さくなる）}{}$

● 次頁の$\delta_{\max}$、$\theta_{\max}$はスラスラ言えるようになるまで繰り返そう！

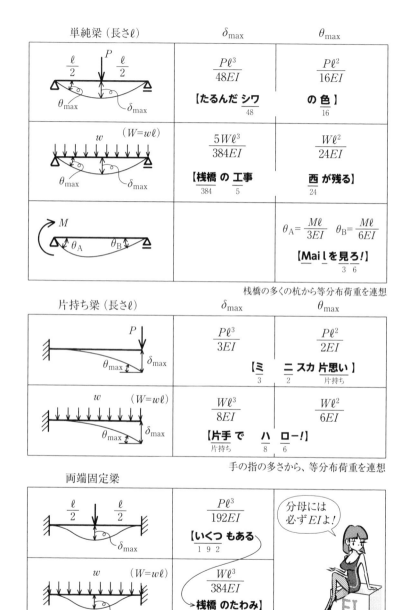

単純梁（長さ ℓ）	$\delta_{\max}$	$\theta_{\max}$
$\dfrac{\ell}{2}$ P $\dfrac{\ell}{2}$ $\theta_{\max}$ $\delta_{\max}$	$\dfrac{P\ell^3}{48EI}$ 【たるんだ シワ $\underset{48}{}$】	$\dfrac{P\ell^2}{16EI}$ の色】$\underset{16}{}$
w $(W=w\ell)$ $\theta_{\max}$ $\delta_{\max}$	$\dfrac{5W\ell^3}{384EI}$ 【桟橋 の 工事 $\underset{384}{}$ $\underset{5}{}$	$\dfrac{W\ell^2}{24EI}$ 西 が残る】$\underset{24}{}$
M θ_A θ_B		$\theta_A = \dfrac{M\ell}{3EI}$ $\quad$ $\theta_B = \dfrac{M\ell}{6EI}$ 【Mai l を見ろ!】$\underset{3}{}$ $\underset{6}{}$

桟橋の多くの杭から等分布荷重を連想

片持ち梁（長さ ℓ）	$\delta_{\max}$	$\theta_{\max}$
P $\theta_{\max}$ $\delta_{\max}$	$\dfrac{P\ell^3}{3EI}$ 【ミ $\underset{3}{}$	$\dfrac{P\ell^2}{2EI}$ ニ スカ 片思い】$\underset{2}{}$ 片持ち
w $(W=w\ell)$ $\theta_{\max}$ $\delta_{\max}$	$\dfrac{W\ell^3}{8EI}$ 【片手 で 片持ち $\underset{8}{}$	$\dfrac{W\ell^2}{6EI}$ ハ ロー!】$\underset{6}{}$

手の指の多さから、等分布荷重を連想

両端固定梁

$\dfrac{\ell}{2}$ $\dfrac{\ell}{2}$ $\delta_{\max}$	$\dfrac{P\ell^3}{192EI}$ 【いくつ もある $\underset{1\ 9\ 2}{}$	分母には 必ず EI よ!
w $(W=w\ell)$ $\delta_{\max}$	$\dfrac{W\ell^3}{384EI}$ →桟橋 のたわみ】$\underset{3\ 8\ 4}{}$	

桟橋の多くの杭から等分布荷重を連想

Q 同じ断面のH形鋼の梁において、SN400BとSN490Bではたわみは違う？ 同じ？ 構

A 同じ

$$
\left.
\begin{array}{l}
\text{同断面} \longrightarrow I\text{同じ} \\
\text{鋼の}E=2.05\times10^5\text{で同じ}
\end{array}
\right\}
\begin{array}{c}
\text{（曲げ剛性）} \\
\longrightarrow EI\text{同じ} \longrightarrow \text{たわみ同じ}
\end{array}
$$

● SN400BとSN490Bでは、最大強度と降伏点は異なるが、$\overset{\text{シグマ}}{\sigma}-\overset{\text{イプシロン}}{\varepsilon}$ グラフの最初の傾きEは同じ。よってたわみは同じ。SN400BをSN490Bに替えても、たわみは変わらない。

Q 曲げモーメントMを受ける材における、中立軸からyの地点での曲げ応力度 $\overset{\text{シグマビー}}{\sigma_{\mathrm{b}}}=$（　　） 構

A $\sigma_{\mathrm{b}}=\dfrac{My}{I}$　b：bending 曲げ

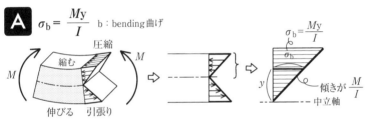

シロクマ は 私の 愛!
σ_{b}　=　My /　I

● 曲げモーメントMは、断面に垂直な曲げ応力度σ_{b}に分解できる。変形のない中立軸から離れるほどσ_{b}は大きくなり、縁で最大となる（縁応力度）。

8

Q σ_bをMと断面係数Zで表すと?

構

A $\sigma_b = \dfrac{M}{Z}$

> ## シロクマ は 私の 愛! マジ で!
> σ_b $=$ My / I M/Z

● $\sigma_b = \dfrac{My}{I} = \dfrac{M}{\frac{I}{y}}$ で$Z = \dfrac{I}{y}$ とおくと$\sigma_b = \dfrac{M}{Z}$となる。この場合のZは、yが最大$y_{\max}$

のとき、すなわち縁でのZとするのが普通。幅b、高さhの長方形では$y_{\max} = \dfrac{h}{2}$なの

で、その地点での$Z = \dfrac{I}{y_{\max}} = \dfrac{\frac{bh^3}{12}}{\frac{h}{2}} = \dfrac{bh^3}{12} \cdot \dfrac{2}{h} = \dfrac{bh^2}{6}$

となる。縁での最大σ_bはM/Zで出るが、$\dfrac{My_{\max}}{I}$でも同

じ値となる。

$I = \dfrac{bh^3}{12}$ 【 **2次 会に自由に参上!** 】
断面2次モーメント 12 分の 3乗

● スラブと一体化した梁はその分曲がりにくくなるので、T形断面(スラブ端の梁はL形断面)の梁としてIを計算する。T形では長方形の2倍、L形では1.5倍と略算することもある。

 Q 曲げモーメントの傾き=（　　　）

構

A せん断力 $\left(\dfrac{\Delta M}{\Delta x} = Q、\dfrac{dM}{dx} = Q \right)$

> ## 木綿の割合がちぎれにくさを決める
> (曲げ)モーメント　　　せん断力

● M図の傾きからQを求める問題は頻出。弾性時のMから柱梁のQを出し、Qを合計して水平力を出すなどの問題でも使える。

316

Q 下図のせん断応力度の最大値 τ_{max}（タウ）は平均せん断応力度 $\dfrac{Q}{A}$ の それぞれ何倍？ 構

Q：せん断力、A：断面積

A $\tau_{max} = \dfrac{3}{2} \times \dfrac{Q}{A}$ $\qquad \tau_{max} = \dfrac{4}{3} \times \dfrac{Q}{A}$

> **A級の** **兄 さん** **三 振する**
> $\underset{A分のQ}{}$ $\underset{2分の3}{}$ $\underset{3分の4}{}$

● せん断応力度τは、曲げ 応力度とは逆に、中央部が 最大となる。

● すべての応力は、断面 に垂直な応力度σと平行な 応力度τに分解される。

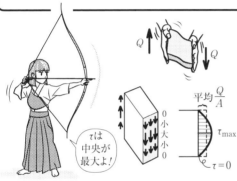

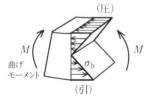

τは 中央が 最大よ！

平均 $\dfrac{Q}{A}$

0 小 大 小 0

τ_{max}

$\tau = 0$

8

● 曲げ応力度σ_bのグラフは、バタフライ形と斜め線形の2通りの書き方がある。

M 曲げ モーメント M

（圧）

（引）

σ_b

（圧）

（引）

バタフライ形

（圧）

（引）

斜め線形

Q 荷重によって分類された応力の種類は？ 構

A G（固定）、P（積載）、S（積雪）、W（風）、K（地震）

（　）内の荷重による応力

散歩
GPS で Walk

令82

● たとえば G とは、固定荷重（建物本体の重さ）によって部材断面に生じる応力 N、M、Q のこと。荷重のことではない点に注意。

Q 多雪地域で W、K が短期でかかるときの荷重は？ 構

A $G+P+0.35S+W$、$G+P+0.35S+K$

S を低減

おおさむ こさむ 雪 の上に 風 が吹く
0 . 3 　　 5 　　 S 　　 $+W$

令82

力の種類	荷重および外力について想定する状態	一般の場合	多雪地域の場合
長期に生じる力	常　時	$G+P$	$G+P$
	積雪時		$G+P+0.7S$
短期に生じる力	積雪時	$G+P+S$	$G+P+S$
	暴風時	$G+P+W$	$G+P+W$
			$G+P+0.35S+W$
	地震時	$G+P+K$	$G+P+0.35S+K$

おおさむ
こさむ

積載荷重

雪が積もっていない 固定荷重
場合も検討

S ではなく $0.35S$

K と W は同時にかからない

● 多雪地域、長期では $0.7S$。【髪の長い 雪 女】

長期　　$0.7S$

● 雪の比重＝0.2。0.2tf/m³＝200kgf/m³＝2000N/m³。1cm の高さだとその 1/100 なので 20N/m²。積雪荷重は高さ 1cm 当たり 20N/m²。【雪だるま、ニンジン差して完成】

20N/m²

● RCの比重＝2.4【RCは西（西洋）から来た】。2.4tf/m³＝24kN/m³【トン テン カン】、コンクリートの比重は0.1小さく、2.3tf/m³＝23kN/m³。単位体積重量は1kN/m³だけRCの方が大きい。鉄筋の方がコンクリートよりも重たいため。

$$
\begin{cases}
\text{RC} \cdots\cdots\cdots\cdots & 2.4 \rightarrow 2.4\text{tf/m}^3 = 24\text{kN/m}^3 \\
\text{コンクリート} \cdots\cdots & 2.3 \rightarrow 2.3\text{tf/m}^3 = 23\text{kN/m}^3
\end{cases}
$$

　　比重　　　単位体積重量　　　　　　　　　　　}+1kN/m³　　　（1tf=10kN）

Q 積載荷重の構造部位別大小関係は？ 構

A 床用＞骨組（大梁、柱、基礎）用＞地震用

スラブ人 は 骨格 に 自信 あり！
床用　　＞　　骨組用 ＞ 地震用

令85

● 集中するおそれの大きい方を、安全のため多めに見積もる。床は重さがかたよるおそれがあるので、一番大きい。地震力は層全体に重さをかけるので、積載荷重は一番小さい。
● 住宅、寝室、病室の床用積載荷重は1800N/m²（180kgf/m²）
● 積載荷重は　店舗＞教室＞住宅　　　　　　【住宅のモジュールは1800（1間）】

Q 学校の屋上と教室、百貨店の屋上広場と売場、それぞれの積載荷重の大小は？ 構

A 学校の屋上＞教室、百貨店の屋上＝売場

学校の屋上 で 全校集会！
集中するおそれあり

令85

Q 学校の廊下と教室、百貨店の廊下と売場、劇場の廊下と客席の積載荷重、それぞれの大小は？ 構

A 廊下＞教室、 廊下＞売場、 廊下＞客席

> ## 避難で 全員廊下に出る！
> 廊下の方が集中するおそれあり

Q 地震層せん断力係数 C_i＝（　）×（　）×（　）×（　） 構

A $C_i = Z \times R_t \times A_i \times C_0$

$\left\{\begin{array}{l} i\ :i\text{層} \\ Z\ :\text{地震地域係数} \\ R_t:\text{振動特性係数。建物の固有周期}t\text{と地盤で決まる} \\ A_i:\text{高さ方向の分布係数。むち振り効果で上ほど大きい} \\ C_0:\text{標準せん断係数。}0.2、0.3、1\text{など} \end{array}\right.$

> ## 地震 は 絶対 ある、あし たにも
> $\underset{C_i}{} = \underset{Z}{} \times \underset{R_t}{} \times \underset{A_i \times C_0}{}$

令88

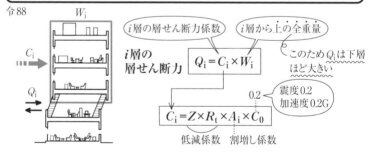

i層の層せん断力係数

i層から上の全重量

i層の層せん断力　$Q_i = C_i \times W_i$

このため Q_i は下層ほど大きい

$C_i = Z \times R_t \times A_i \times C_0$

震度 0.2 加速度 0.2G

低減係数　割増し係数

● 地震の横方向の加速度が何 G あるかが C_i。 C_i が 0.2 ならば 0.2G の加速度が働き、考えている層から上の重さ×0.2 だけ横力がかかるとする。地震力＝約 0.2×（その層より上の固定荷重＋積載荷重）。Z、R_t はその 0.2 を低減する係数、A_i は割増しする係数。Z は地域から決まる係数で、東京、大阪などの確率の高い所は 1、確率の低い沖縄などは 0.7 と低減係数となる。

● 層せん断力 Q_i は、その層より上の重さ W_i に C_i（約 0.2）をかけて出す。下の階ほど上に載る重さ W_i が大きくなるので、Q_i は大きくなる。上の階ほどむち振り効果で A_i が大きくなり、C_i も大きくなる。しかし W_i は上の階ほど小さいので、$Q_i = C_i \times W_i$ は上の階ほど小さく、下の階ほど大きくなる。C_i と Q_i の大小関係は頻出！

Q 高さ *h*（m）の建物の1次固有周期 *T* は？
構

A S造、木造：$T = 0.03h$　　RC造：$T = 0.02h$
RC造＋S造：$T = (0.02 + 0.01\alpha)h$　（α：Sの全体 *h* に対する比）

> # 琵琶湖 一周 近江 の 大津 から
> 　　　　周期 *T*　おうみ　　おおつ
> 　　　　　　　おおみ
> 　　　　　　　0.03*h*　　0.02*h*

昭55建告

● RC造は固いので、周期 *T* はS造、木造に比べて短い。

● 同じ方向に揺れた場合が<u>1次</u>、S字の揺れ方が<u>2次</u>、右左右とクネッた揺れ方が<u>3次</u>。<u>固有</u>とは建物に本来備わった、物理的条件で一義的に決まっているということ。

Q $R_t - T$ のグラフはどのような形？
構

A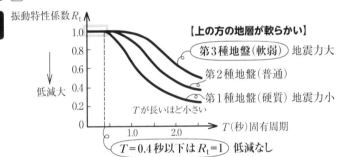

昭55建告

● *T* が長いと R_t は小さくなる。建物の周期 *T* が長いと、地面の振れに共振しにくくなるため。R_t の値は3種＞2種＞1種。地盤が軟らかいと、揺れは大きくなるため。$T \le 0.4$ 秒では $R_t = 1$ で C_i の低減なし。たとえば高さ $h = 10$m の建物の場合、RC造では $0.02 \times 10 = 0.2$ 秒、S造では $0.03 \times 10 = 0.3$ 秒。どちらも0.4秒以下となり $R_t = 1$ と低減はなくなる。

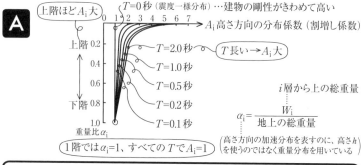

Q 高さ方向の分布係数 A_i は上層ほど大きい？　小さい？ 構

A 大きい

> ### AIは 人間に むちを振る
> A_i　　　　　　　　　むち振り→上層ほど大きい

● むち振り、さお振りの効果で、高さ方向の分布係数 A_i は上層ほど大きくなる。Z と R_t は地面でほぼ決まり、A_i は建物で決まる。建物の周期 T は、R_t と A_i を決めるときに必要。A_i が上層ほど大きいため、C_i も上層ほど大きくなる。

Q $A_i - \alpha_i$ のグラフはどのような形？ 構

A

上階ほど A_i 大

$T = 0$ 秒（震度一様分布）…建物の剛性がきわめて高い

A_i 高さ方向の分布係数（割増し係数）

上階 0.2　—— $T = 2.0$ 秒　 T 長い→A_i 大

0.4　—— $T = 1.0$ 秒

0.6　—— $T = 0.5$ 秒　i 層から上の総重量

下階 0.8　—— $T = 0.2$ 秒

1.0　—— $T = 0.1$ 秒

$$\alpha_i = \frac{W_i}{\text{地上の総重量}}$$

重量比 α_i

（高さ方向の加速分布を表すのに、高さ h を使うのではなく重量分布を用いている）

1階では $\alpha_i = 1$、すべての T で $A_i = 1$

$A_i \rightarrow$ 　　　$\rightarrow 1$

右上がり直線（最初の部分）

建物高い T 長い（軟らかい）〉→むち振り効果大→A_i 大

1階は $A_i = 1$（むち振りなし）

A の左肩から右上がりの直線を連想

i を1と連想

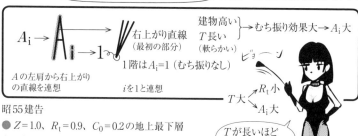

ビョーン

T 大 〈 R_t 小 / A_i 大

T が長いほど A_i は大きいのよ！

昭55建告

● $Z = 1.0$、$R_t = 0.9$、$C_0 = 0.2$ の地上最下層（1層）の C_i は、$A_1 = 1.0$ なので

$C_1 = 1.0 \times 0.9 \times \underline{1.0} \times 0.2 = 0.18$ となる。

● 1層（1階）は $A_i = 1$ で最小値なので、C_1 は最小となる。しかし1層にかかる層せん断力 Q_1 は、$Q_1 = C_1 \times W_1$ と1層より上の総重量 W_1 をかけるので、Q_1 は最大となる。C_i の大きさの違いよりも層より上の重さの違いの方が大きいため。

A：Amplification 増幅「アンプ」で覚えておく

322

Q 構 標準せん断力係数 C_0 は $C_0 \geq$（　）

A $C_0 \geq 0.2$

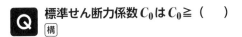

$$C_0 \rightarrow C_0 \rightarrow て_0 \rightarrow 0.2$$ 横線　　　C に横線を加えて 2 と連想

令88

● 中地震のための1次設計では $C_0 \geq 0.2$、大地震のための2次設計の保有水平耐力計算では $C_0 \geq 1$。

Q 構 木造で軟弱地盤の場合は $C_0 \geq$（　）

A $C_0 \geq 0.3$

軟弱	大工	の	オッサン
	木造		0.3以上

令88

8

Q 構 S造でルート1（2次設計）の場合は $C_0 \geq$（　）

A $C_0 \geq 0.3$

国道1号	の 車	は	オッサンばっか
ルート1	S造		0.3以上

構造関係技術基準

● 2次設計はきわめてまれに来る大地震で、損傷させるが倒壊せずに、人命を確保する。1次設計は弾性範囲内、2次設計は主に降伏点を超えた範囲を扱う。S造のルート1は C_0 を0.3としてブレースを多くして、強度、硬さでもたせようとするもの。

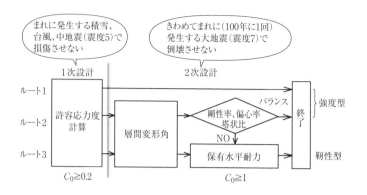

まれに発生する積雪、台風、中地震（震度5）で損傷させない

きわめてまれに（100年に1回）発生する大地震（震度7）で倒壊させない

1次設計　　　　2次設計

ルート1

ルート2　　　許容応力度計算　　層間変形角　　剛性率、偏心率　塔状比　　バランス　終了　　強度型

ルート3　　　　　　　　　　　　　　　　　　NO　　保有水平耐力　　　　　　　靭性型

$C_0 \geqq 0.2$　　　　$C_0 \geqq 1$

Q 保有水平耐力計算（2次設計）の場合は $C_0 \geqq$（　　）
構

A $C_0 \geqq 1$

きわめてまれに来る大地震　1G以上が横からかかる

$C_0 = 1$ 以上

令88

● 1次設計：$C_0 \geqq 0.2$　　　1次設計・軟弱地盤木造：$C_0 \geqq 0.3$
2次設計・S造ルート1：$C_0 \geqq 0.3$　　　2次設計・保有水平耐力：$C_0 \geqq 1$。

Q 地下の水平震度 k は（　　）m を超えると $0.05Z$ で一定
構

A 20m 超え

地下ピット は 2重 スラブ、その下 は土

20m　　　　　　　超え

令88

● 地震波は地盤面でエネルギーが放出されて、一番大きく揺れる。また地下は地上のようにむち振り、さお振りの効果はなく、割増し係数 A_i も不要。

● ピット（pit）は穴が元義で、地下ピットは配管を通すために RC スラブを2重にしてつくった床下空間のこと。

Q 地下1層の層せん断力の合計は？
[構]

A $\underset{\text{B1の層せん断力}}{\underline{k_{B1} \times W_{B1}}}$ + $\underset{\text{1Fの層せん断力}}{\underline{C_1 W_1}}$ $\left(\begin{array}{l} k_{B1}：地下1層の震度 \\ W_{B1}：地下1層の重量 \end{array} \right)$

$C_1 W_1$

$k_{B1} W_{B1}$

$k_{B2} W_{B2}$

下ほど<ruby>苦<rt>くる</rt></ruby>しい

横力は足される!

下ほど苦しい!

● 地下の各層にかかる水平力 P_{Bi} は、その層の震度 k_{Bi} とその層の重さ W_{Bi} の積で

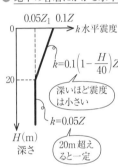

0.05Z_1 0.1Z

0

k水平震度

$k = 0.1\left(1 - \dfrac{H}{40}\right)Z$

20

深いほど震度
は小さい

$k = 0.05Z$

H(m)
深さ

20m超え
ると一定

$P_{Bi} = k_{Bi}W_{Bi}$ で求められる。

地上部の
層せん断力も足す

$B1 \cdots P_{B1} = k_{B1}\ W_{B1} \rightarrow Q_{B1} = P_{B1} + C_1 W_1$

$B2 \cdots P_{B2} = k_{B2}\ W_{B2} \rightarrow Q_{B2} = P_{B2} + P_{B1} + C_1 W_1$

$B3 \cdots P_{B3} = k_{B3}\ W_{B3} \rightarrow Q_{B3} = P_{B3} + P_{B2} + P_{B1} + C_1 W_1$

● 震度 k をかけるのは各層の重さ W_{Bi} で、P_{Bi} は B_i 層だけにかかる力。

● C_i にかけるのは i 層よりも上の総重量 W_i で、$Q_i = C_i W_i$ は i 層にかかる層せん断力、i 層より上の力の合計。以前は地上も震度で各層に働く力を出したが、層せん断力を直接出すようになり、地下はそのままなのでややこしい。

Q 風圧力＝（　）×（　）
[構]

A 風圧力＝速度圧 q ×風力係数 C_f

風圧は車の速度と形が影響する

$\underline{風圧力}$ ＝ $\underline{速度圧\,q}$ ×$\underline{風力係数\,C_f}$
form

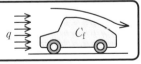

q

C_f

● 風力係数 C_f は、建物の形（form）と風向きで決まる係数。

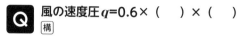

Q 風の速度圧 $q = 0.6 \times$ （　　）$\times$（　　）
〔構〕

A $q = 0.6 \times E \times V_0{}^2$ $\left(\begin{array}{l} E：高さと周辺の状況で決まる係数 \\ V_0：基準風速 \end{array} \right)$

オール EV 自動車の速度圧
　　　　電気
0．6　　　　　　　自乗
ルをロに読み替え

令87

● 各層の風荷重（N）＝風圧力（N/m²）×受圧面積（m²）

    ＝（速度圧 q×風力係数 C_f）×受圧面積　←風圧力＝$q \times C_f$

    ＝$(0.6 E V_0{}^2) \times C_f$×受圧面積　←$V_0{}^2$の2乗である点に注意

    ＝$0.6 (E_r{}^2 \cdot G_f) V_0{}^2 \times C_f$×受圧面積　←$E = E_r{}^2 \times G_f$

$\left(\begin{array}{l} E_r：平均風速の高さ方向の分布係数 \\ G_f：突風を考えた平均風速の割増し係数 \end{array} \right)$

Q 風力係数 $C_f =$（　　）係数 －（　　）係数
〔構〕

A $C_f =$ 外圧係数 C_{pe} －内圧係数 C_{pi}　　f：form　p：pressure　e：exterior
　　　　　　　　　　　　　　　　　　　　i：interior

日本の風力＝（アメリカからの）外圧 －（国内からの）内圧

令87

● 外圧係数＝0.8、内圧係数＝-0.2の場合、風力係数 $C_f = 0.8 - (-0.2) = 1.0$ となる。
速度圧が1000N/m²とすると、風圧力＝$1000 \times 1.0 = 1000$N/m²となる。

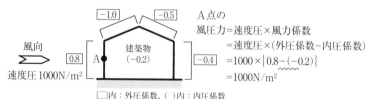

A点の
風圧力＝速度圧×風力係数
　　　　＝速度圧×（外圧係数－内圧係数）
　　　　＝$1000 \times \{0.8 - (-0.2)\}$
　　　　＝1000N/m²

□内：外圧係数、（ ）内：内圧係数

● 一部が開放されたガレージのような建物だと、風向きによっては内圧係数がマイナスになることがある。

● 風圧力＝速度圧 q×風力係数 $C_f = (0.6 E V_0{}^2) \times C_f$

Q 都会の場合、高さ方向の分布係数 E_r、突風を考えた割増し係数であるガスト係数 G_f は大きい？ 小さい？ 構

A E_r は小さい、G_f は大きい

背の高い **エリンギ** は都会には **少ない**
高さの方向分布 E_r 小さい

（お店）
ガスト は **都会** に **多い**
ガスト係数 G_f 大きい

● $E = E_r{}^2 \times G_f$。E_r は、地表面粗度区分（I〜IV）と建物高さから決まる。G_f は地表面粗度区分と周囲の建物で決まる突風による割増し係数。I〜IVの大小関係は頻出。

E_r ：（海辺など）I＞II＞III＞IV（都会） ←──風が吹き抜ける！
ガスト係数 G_f：（海辺など）I＜II＜III＜IV（都会） ←──ビル風多い！

● ビル風を抑制するには、発生頻度の多い立面積を小さくする、角を隅切りする、中層部に空洞を設ける。凹凸を付けて風の流れを乱してエネルギーを吸収するなどの対策がある。

Q 地震力（$C_0 \geqq 0.2$）による各層の
層間変形角 $\dfrac{\delta}{h} \leqq$（ ） 構

A 原則 $\dfrac{\delta}{h} \leqq 1/200$
内外装材、諸設備に著しい損傷のおそれがない場合は $1/120$

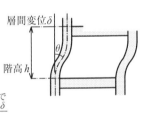

層間変位 δ

階高 h

θ 小さいので
$\theta \fallingdotseq \tan\theta = \dfrac{\delta}{h}$

8

そう簡単 に 2泊 はできない高級ホテル
層間変形角   1/200以下

令82の2

● δ/h の h は分母。【Hは下半身】
分母

Q 剛性率 $R_s \geqq$ （ ）
構

A $R_s \geqq 0.6$ R：Rate（率） s：stiffness（固さ）

豪勢 な セックス
剛性率   six → 0.6

令82の6

● 高さ方向の剛性を、各層一定以上にし、立体的なバランスをとって、ある層に変形が集中するのを防ぐ。$R_s < 0.6$ならばルート3の保有水平耐力計算などが必要となる。

Q 偏心率 $R_e \leqq$ （　　）　構

A 0.15

R：Rate（率）　e：eccentricity（偏心）

十五 夜 に 変身！
0.15以下　　偏心

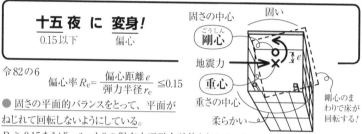

固さの中心
固い
剛心
地震力
重心
重さの中心
柔らかい
剛心のまわりで床が回転する！

令82の6
偏心率 $R_e = \dfrac{\text{偏心距離 } e}{\text{弾力半径 } r_e} \leqq 0.15$

● 固さの平面的バランスをとって、平面がねじれて回転しないようにしている。
$R_e > 0.15$ならば、ルート3の保有水平耐力計算などが必要となる。

Q 塔状比 $\dfrac{H}{D} \leqq$ （　　）　H：建物の高さ　D：建物の幅　構

A $\dfrac{H}{D} \leqq 4$

搭乗員 死 を覚悟する
塔状比　4以下

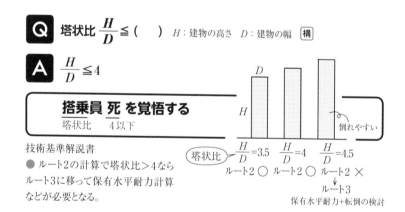

技術基準解説書
● ルート2の計算で塔状比＞4ならルート3に移って保有水平耐力計算などが必要となる。

塔状比　$\dfrac{H}{D} = 3.5$　$\dfrac{H}{D} = 4$　$\dfrac{H}{D} = 4.5$
倒れやすい
ルート2 ○　ルート2 ○　ルート2 ×
ルート3
保有水平耐力+転倒の検討

9 環境

Q 空気線図で、相対湿度100%（飽和水蒸気）のグラフ形は？
計

A

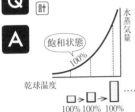

乾球温度が高いと飽和状態の
水蒸気量（絶対湿度）は
大きくなる

……水を入れるコップが大きくなる

飽和水蒸気 → 水蒸気量 温度 湯気の出たなべの形から連想

● 空気線図の横軸は乾球温度で縦軸は水蒸気量。水蒸気量は絶対湿度か水蒸気圧とされ、両者を併記しているグラフが多い。絶対湿度は水蒸気の絶対量なので、乾球温度によって変化しない（頻出）。横軸が温度、縦軸が水蒸気量、100%のグラフ形をまず頭に入れる。グラフは右に寄るので、縦軸も見やすいように右側に書く。

● 絶対湿度は、乾き空気（Dry Air、DAと略）1kgに入っている水蒸気のkg数。水蒸気の絶対量（ほかと比べない量）として質量を示したもの。単位は乾き空気（DA）1kgに水蒸気が何kg入っているかということでkg/kg(DA)、g/kg(DA)などを使う。

Q 空気線図で、相対湿度50%のグラフ形は？
計

A

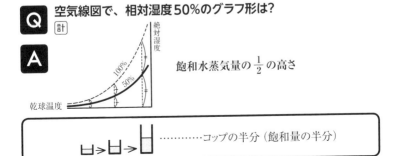

飽和水蒸気量の $\frac{1}{2}$ の高さ

……コップの半分（飽和量の半分）

● 相対湿度は、飽和水蒸気に対してどれくらい水蒸気があるのかの比。飽和水蒸気に対する比なので、相対が付く。質量（kg）の比でも圧力（N/m²=Pa：パスカル）の比でも同じ値となる。相対湿度50%とは、たとえていえば、コップに半分水が入っていること。飽和水蒸気（100%）の曲線の、高さを50%にすれば相対湿度50%のグラフ、高さ20%にすれば相対湿度20%のグラフとなる。

Q 空気線図上の点 A を冷却すると、露点（結露する点）の位置は？
計

A A から左に水平線を延ばした線と100%ラインの交点

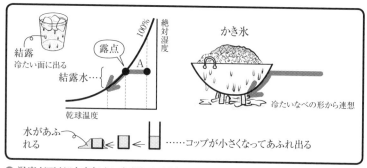

● 温度が下がると空気中に水蒸気が入りきれなくなり、水となって出てくる。

Q 空気線図で、湿球温度の線はどのような形？
計

A

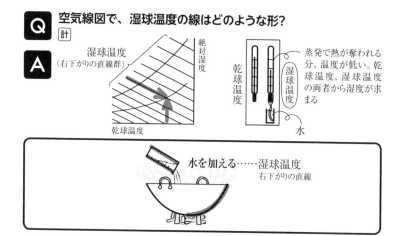

Q 乾球温度に比べて湿球温度が低い場合、湿度は高い? 低い?
計

A 低い

$$\boxed{\text{湿球温度の高低} \fallingdotseq \text{湿度の高低}}$$

乾球温度に比べて $\begin{cases} \text{湿球温度}\ (\text{低}) \rightarrow \text{蒸発しやすい} \rightarrow \text{湿度}\ (\text{低}) \\ \text{湿球温度}\ (\text{高}) \rightarrow \text{蒸発しにくい} \rightarrow \text{湿度}\ (\text{高}) \end{cases}$

● 湿球温度は乾球温度より高くなることはない。

Q 顕熱、潜熱とは?
計

A 顕熱:物質の状態を変えずに温度だけ変化させる熱
潜熱:物質の状態を変えて温度は変化させない熱

$$\boxed{\begin{array}{l} \textbf{潜水艦は浮いたり沈んだり} \\ \text{潜熱} \qquad \text{グラフで上下} \\ \qquad\qquad \text{(水蒸気量だけ変える)} \end{array}}$$

● 顕熱は温度計に顕れる熱、エネルギー。潜熱は温度計に顕れない、潜んでいる熱、エネルギー。水蒸気の量を増やすために使われる。

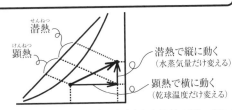

潜熱で縦に動く
（水蒸気量だけ変える）
顕熱で横に動く
（乾球温度だけ変える）

● SHFとはSensible Heat Factorの略で顕熱比のこと。与えられた熱量のうち、どれくらい温度変化の熱（顕熱）に使われるかの比。

$$\text{SHF} = \frac{\text{顕熱量}}{\text{全熱量}} = \frac{\text{顕熱量}}{\text{顕熱量+潜熱量}} \quad \overset{\text{(配転)}}{} \text{【シフト する けんね!】}$$

SHF   顕熱比

● 冷却塔（クーリングタワー）は冷却水の一部が蒸発するときの潜熱（気化熱）を利用して冷却水の温度を下げる。

Q 冬期の２重サッシの間の結露を防止するには、室内・室外どちら側の気密性を高める？ 計

A 室内側のサッシの気密性を高める

タマゴは2重マル 内側が黄身
 2重サッシ　　　　　気密性

● 水蒸気は多い側から少ない側に流れる。室内の方が水蒸気が多いので、水蒸気は室内から外へ出ようとする。室内側の気密性を上げると、水蒸気がサッシの中に入らず、外側の冷たいサッシに水蒸気が触れずにすむ。

● 断熱材のグラスウールを張る場合も、室内側を防湿シートの張った側とする。グラスウールの中に水蒸気が入ると、グラスウールのどこかで冷たい露点に達し、グラスウール内で結露するおそれがある（内部結露）。

● 土間コンクリートの下に断熱材を敷く場合、土から水蒸気が断熱材に入ってこないように、断熱材の下に防湿層を入れる（p.271参照）。

Q 冬期にカーテンを閉めると窓ガラスの結露はどうなる？ 計

A ガラス面の温度が下がり、結露しやすくなる

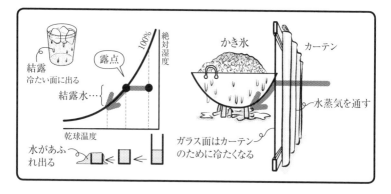

● 水蒸気は H_2O 分子なのでカーテンを透過する。またガラス面はカーテンがあるために室内の暖かい空気が対流せずに冷えて、結露が促進される。

● 押入れの襖の断熱性を上げると、外壁に接する壁がさらに冷えて、結露が生じやすくなる。ガラス面も外壁面では表面結露を防止するために、断熱強化とともに換気を良くして表面の温度を下げない工夫が必要。

● 夏期の冷房で冷えた内壁は、換気によって湿気のある外気が当たると結露が起こることがある。

Q 温熱6要素とは?
計

A 温度、湿度、気流、放射熱、代謝量、着衣量

温	室	風	熱	帯	着
温度	湿度	気流	放射熱	代謝量	着衣量

● 温熱6要素
```
┌─環境側─┬─温度
│        ├─湿度
│        ├─気流
│        └─放射熱
└─人体側─┬─代謝量
         └─着衣量
```

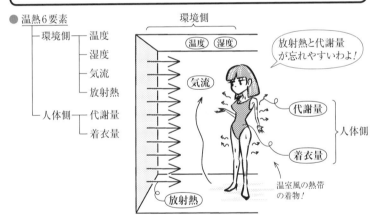

環境側

温度　湿度

放射熱と代謝量が忘れやすいわよ!

気流

代謝量

着衣量

人体側

放射熱

温室風の熱帯の着物!

スラスラ言えるようにしておく。6要素の中で、放射熱、代謝量、着衣量は忘れがちなので注意。

暖房デグリーデーとは?
計

 （暖房の設定温度−外気温）の期間分の合計（℃・day）

---

degree（温度差）× day（日数）

● 外気温は一般に日平均を使う。その地域の寒暖の指標で、都市ごとの相対的比較などに用いる。暖房デグリーデーのほかに、冷房デグリーデーがある。大きいほど冷暖房に必要なエネルギーが大きくなる。1月1日から1月5日の5日分のデグリーデーを計算するには、暖房設定室温22℃とすると、（22℃−各日平均外気温）の5日分の合計とする。通常は1月から4月などの期間で各都市で計算して比較する。

有効温度ETとは?
計

湿度100%、風速0m/sの箱とさまざまな環境の箱を比べ、同じ体感であったときの温度

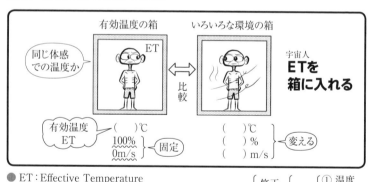

● ET：Effective Temperature
● 温熱要素の取り入れ方により、修正有効温度CET、新有効温度ET*、標準新有効温度SET*がある。

Q 予測平均温冷感申告（PMV）とは?

[計]

A 温熱6要素を変化させた温冷感アンケート（申告）を元に、不快と感じる人の割合をグラフ化し、それによって不快感を予測する方法

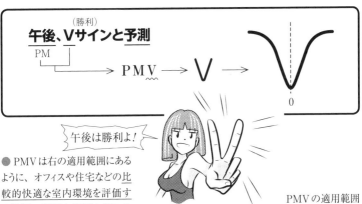

午後、Vサインと予測（勝利）

PM
→ P M V → V →

0

午後は勝利よ!

● PMVは右の適用範囲にあるように、オフィスや住宅などの比較的快適な室内環境を評価する指標。温度や湿度などの分布が比較的均一な環境を扱い、部分的な気流、部分的な熱放射などによって不均一となった環境には向かない。

● MRTとは平均放射温度で、グローブ温度から気温と気流の影響を取り除いたもの。

【丸太　の年輪は　放射状】
　MRT　　　　　放射温度

● ISOでは快適範囲を
$-0.5 < PMV < +0.5$
としている。PMVが±0.5の範囲ならば、不満足の人が10%以下となる。

PMVの適用範囲

温熱6要素
① 温度　　　$10 \sim 30℃$
② 湿度　　　$30 \sim 70\%$
③ 気流　　　$0 \sim 1m/s$
④ MRT　　　$10 \sim 40℃$
⑤ 代謝量　　$0.8 \sim 4Met$
⑥ 着衣量　　$0 \sim 2clo$

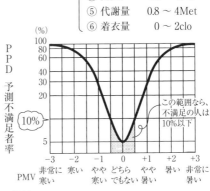

(%)
P
P
D
予
測
不
満
足
者
率

100
80
60
40
30
20
10%
10
5

この範囲なら、不満足の人は10%以下

−3　−2　−1　　0　　+1　+2　+3
非常に　寒い　やや　どちら　やや　暑い　非常に
寒い　　　　寒い　でもない　暑い　　　暑い

PMV

PMV ：Predicted Mean Vote
　　　予測された　平均　申告
PPD ：Predicted Percentage of Dissatisfied　不満足な
MRT ：Mean Radiate Temperature 平均放射温度
ISO ：International Organization for Standardization 国際標準化機構

9

Q 室内の浮遊粉じんの量は（　　）mg/m³以下
計

A 0.15 mg/m³ 以下

> # お い こ ら！　煙 を立てるな!
> 0 . 1 　5 mg/m³以下

令129の2の5

● 室内の<u>ホルムアルデヒド</u>の量は、さらに少なく、<u>0.1 mg/m³以下</u>。

Q 室内のCO_2、COの濃度は?
計

A 1000ppm以下、6ppm以下

> # 専 務 の 息 臭い!
> 1000 　6 ppm 　CO_2

令129の2の5

Q ppmとは?
計

A 10^{-6}（100万分の1、parts per million）

> # ピーピーエム
> マイナス　6乗

● CO_2が1000ppmとは、$1000 \times 10^{-6} = 10^3 \times 10^{-6} = 10^{-3} = \dfrac{1}{1000} = 0.001$

● CO_2が5%は、$5 \times 10^{-2} = 5 \times 10^4 \times 10^{-6} = 5 \times 10^4 ppm = 50000ppm$なので不可。

● CO_2が0.1%は、$0.1 \times 10^{-2} = 10^{-3} = 10^3 \times 10^{-6} = 1000ppm$でギリギリOK。

● COが1%は、$1 \times 10^{-2} = 10^4 \times 10^{-6} = 10000ppm$なので数分で死亡する。

Q 風呂のように大量に水蒸気を出す部屋、トイレのように臭気を出す部屋は、第（　）種換気を行う 計

A 第3種換気

> ## 水場 = 風呂、洗面、トイレ、キッチン
> <u>みずば</u>　　3種換気

● 水蒸気、臭気、煙をほかの部屋に入れずに外へ出すためには、室内を<u>負圧</u>とする第3種換気が適する。

```
┌ 第1種換気：給気機+排気機 ……正圧、負圧は調整可
│ 第2種換気：給気機………………正圧…汚染空気の流入を防ぐ
└ 第3種換気：排気機………………負圧
```

● シックハウス対策のため、建築物の<u>居室はすべて24時間機械換気が義務</u>！（令20の8）

Q 全熱交換型換気設備とは？ 計

A 顕熱と潜熱の両方を交換する換気設備

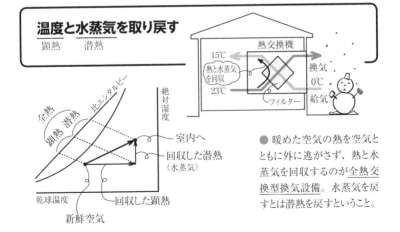

温度と水蒸気を取り戻す
顕熱　　潜熱

熱交換機
15℃
熱と水蒸気を回収
23℃
フィルター
換気
0℃
給気

全熱　顕熱　潜熱　比エンタルピー
絶対湿度
室内へ
回収した潜熱（水蒸気）
乾球温度
回収した顕熱
新鮮空気

● 暖めた空気の熱を空気とともに外に逃がさず、熱と水蒸気を回収するのが<u>全熱交換型換気設備</u>。水蒸気を戻すとは潜熱を戻すということ。

9

必要換気量Qの式は?
計

 $Q = \dfrac{K}{P_\mathrm{a} - P_0}$

Q：必要換気量（m³/h）、K：汚染物質の発生量（…/h）、P_a：汚染物質の許容濃度（…/m³）、P_0：汚染物質の外気濃度（…/m³）　…はmg・µgなど

$$\frac{発生量}{内の濃度 - 外の濃度}$$

汚染物質

タバコが分数の横線

● 1h 当たりの = 1h 当たりの汚染物質の発生量
　　換気量　　　換気1m³当たりの汚染物質の削減量

換気量の式に室容積が入っていない点に注意。室容積の大小で必要換気量は変化しない。濃度（mg/m³）の中に容積（m³）が入っているため、式には出てこない。

● 1時間（hour）当たり何m³の外気と室内空気を交換するかが換気量。外気と1m³交換すると、汚染物質は何g（m³）削減できるかの、換気1m³当たりの削減量で1時間当たりの発生量を割れば、1時間当たりの換気量が出る。1m³当たりの削減量は、（内の濃度）−（外の濃度）で計算する。次の2題は自分でやってみるとよい。

● 室内の粉じん発生量：15mg/h
　室内空気中の粉じん許容量：0.15mg/m³ ⎫必要換気量は?
　大気中の粉じん量：0.05mg/m³ ⎭

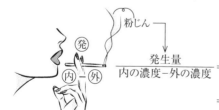

粉じん

単位を付けて計算すると、間違いにくい。

$$\frac{発生量}{内の濃度 - 外の濃度} = \frac{\overset{\text{ミリグラムパーアワー}}{15\text{mg/h}}}{0.15\text{mg/m}^3 - 0.05\text{mg/m}^3}$$

$$= \frac{15\text{mg/h}}{0.1\text{mg/m}^3} = 150\text{m}^3/\text{h}$$

必要換気量

- ● 1人当たりCO_2発生量：$0.02m^3/h \cdot 人$
  - 在室者　　　　　　：3人
  - 室内CO_2許容濃度　：0.10%
  - 外気CO_2濃度　　　：0.04%
  - 室容積　　　　　　：$50m^3$

  必要換気回数は？
  1hに室容積分の空気を
  何回入れ換えるか

$$Q = \frac{0.02m^3/h \cdot 人 \times 3人}{0.001 - 0.0004} = 100m^3/h$$

%、PPMは小数点
にする

$$必要換気回数 = \frac{100m^3/h}{50m^3} = 2.0回/h$$

- ● 部屋の空気全体を1時間に何回交換するか、部屋の何杯分を交換するかが換気回数で、必要換気量÷室容積で計算する。

- ● m（ミリ）：10^{-3}、μ（マイクロ）：10^{-6}、n（ナノ）：10^{-9}、p（ピコ）：10^{-12}

【見舞なのピコ】
　m　μ　　n　　p

Q 換気量$Q = \square\sqrt{\bigcirc}$の式でルートの外に来るのは?
[計]

A v、αA
v：風速、α：流量係数（開口面積を補正）、A：開口面積

風 は ルームの外 で吹く
v　　ルートの外

開口 は ルームの外壁 に付く
αA　　ルートの外

v
αA
ルーム
（部屋）

- ● 圧力差の式は$\alpha A\sqrt{\square}$、風力換気の式は$\alpha Av\sqrt{\square}$、温度差換気の式は$\alpha A\sqrt{\square}$。開口面積を補正したαA、風速vはルートの外に来ることを「風と窓はルーム（ルート）の外」として覚える。

9

Q 換気量 $Q=\square\sqrt{\bigcirc}$ の式でルートの中に来るのは?
計

 A ΔP、ΔC、Δh、Δt

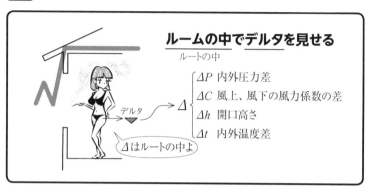

ルームの中でデルタを見せる
ルートの中

ΔP 内外圧力差

ΔC 風上、風下の風力係数の差

Δh 開口高さ

Δt 内外温度差

デルタ → Δ

Δはルートの中よ

圧力差の式 $\qquad Q=\alpha A\sqrt{\dfrac{2\Delta P}{\rho}}$ この式から下の2式が導かれる

風力換気の式 $\qquad Q=\alpha A v\sqrt{\Delta C}$

温度差換気の式 $\qquad Q=\alpha A\sqrt{\dfrac{2g\Delta h\Delta t}{t_{\mathrm{i}}+273}}$ （ρ：密度 $\quad t_{\mathrm{i}}$：室内温度 $\quad g$：重力加速度）

● 換気量、風量がαA、v、ΔP、ΔC、Δh、Δtに比例するのか、平方根（ルート）に比例するのかは頻出。まずルートの外か内かを覚えるとよい。

 Q 一般的な開口の流量係数αは、（　　）形の1.0よりも小さい
計

 A ベルマウス形

口笛を吹いて暮らすのが1番
ベルマウス形　　　　$\alpha\fallingdotseq1.0$

ベルを倒した口の形

340

● 流量係数αは実際の開口面積を、流れやすさによって補正する低減係数。ベルのような形の口をしたベルマウスは、空気に渦をつくらずに流し、通過後の流れの縮小が少なく、$\alpha \fallingdotseq 1$となる。通常の窓は、通過後の流れの断面積が、通過前の$0.6\sim0.7$倍となり、$\alpha = 0.6\sim0.7$。
● 実効開口面積αAは、どの換気の式にも付く。

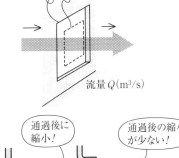

開口面積$A\,(\text{m}^2)$

実効面積$\alpha A\,(\text{m}^2)$

流量$Q\,(\text{m}^3/\text{s})$

$$\alpha A\sqrt{\dfrac{2\Delta P}{\rho}}$$

$$\alpha Av\sqrt{\Delta C}$$

$$\alpha A\sqrt{\dfrac{2g\Delta h\Delta t}{t_\text{i}+273}}$$

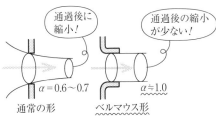

通過後に縮小！

通過後の縮小が少ない！

$\alpha = 0.6\sim0.7$
通常の形

$\alpha \fallingdotseq 1.0$
ベルマウス形

● 下図で窓の高さが同じ場合、温度差換気は起きず風力換気のみ。風力係数の差ΔCは、$\Delta C = +0.6 - (-0.2) = 0.8$。よって換気量$Q = \alpha Av\sqrt{\Delta C} = \alpha \cdot 2 \cdot v\sqrt{0.8}$で求まる。

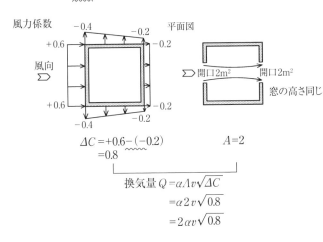

風力係数

-0.4 -0.2

$+0.6$ -0.2

風向

$+0.6$ -0.2

-0.4 -0.2

平面図

開口2m²   開口2m²

窓の高さ同じ

$\Delta C = +0.6 - (-0.2)$
$\quad = 0.8$

$A = 2$

換気量 $Q = \alpha Av\sqrt{\Delta C}$
$\quad = \alpha 2v\sqrt{0.8}$
$\quad = 2\alpha v\sqrt{0.8}$

Q 冬の温度差換気の場合、外気は上下どちらの開口から入る？
〔計〕

A 下の開口から入る

雪だるまがころがり込む
冬の外気　　　　下から入る

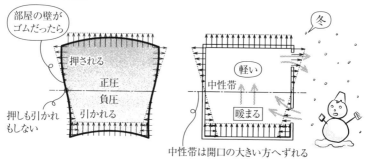

● 温度差換気は重力換気とも呼ばれ、温度によって空気の重さに違いが出て流れる換気のこと。

● 冬では暖められた空気は軽くなって上昇し、部屋の上の方では外よりも気圧が高くなり（正圧）、下の方が外よりも気圧が低くなる（負圧）。空気はふくれた方から出て、しぼんだ方から入ってくる。

部屋の壁がゴムだったら
押される
正圧
負圧
引かれる
押しも引かれもしない

冬
軽い
中性帯
暖まる
中性帯は開口の大きい方へずれる

● 夏では室内が低温で空気が収縮して、同じ体積での重さが大きくなり、外は逆に高温で軽くなる。部屋の内面に働く気圧は、下は外気より圧力が強く（正圧）、上は圧力が弱く（負圧）なり、正圧の側から出て負圧の側から入ってくる。

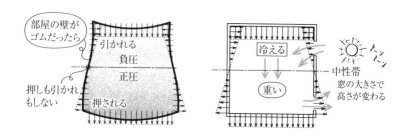

部屋の壁がゴムだったら
引かれる
負圧
正圧
押しも引かれもしない
押される

冷える
中性帯
重い
窓の大きさで高さが変わる

● 温度差による換気量 $Q=\alpha A\sqrt{\dfrac{2g\varDelta h\varDelta t}{t_\mathrm{i}+273}}$ においてα、室温t_i、内外温度差$\varDelta t$が一定の場合、Qは$A\sqrt{\varDelta h}$の比となる。Qの大小を求める問題では、値が一定のものは除外して比で考えると早い。

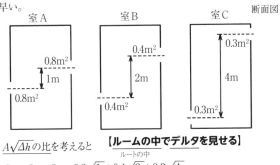

室A　　　　　　　室B　　　　　　　室C　　　　断面図

$A\sqrt{\varDelta h}$ の比を考えると　　　【ルームの中でデルタを見せる】
　　　　　　　　　　　　　　　　　ルートの中

$$Q_\mathrm{A}:Q_\mathrm{B}:Q_\mathrm{C}=0.8\sqrt{1}:0.4\sqrt{2}:0.3\sqrt{4}$$
$$=0.8:0.56:0.6 \qquad \therefore Q_\mathrm{A}>Q_\mathrm{C}>Q_\mathrm{B}$$

Q 計

右の図の①、②、③の表すものは?

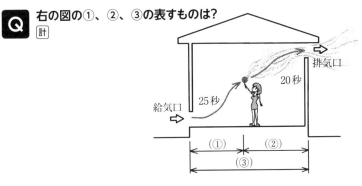

排気口

20秒

給気口

25秒

（①）　（②）

（③）

A

①空気齢、②空気余命、③空気寿命

年齢20歳　　　余命80年

年齢20歳＋余命80年
＝寿命100年

寿命100年

● 寿命と余命を間違いやすい。全体の方が寿命、残余の方が余命。

Q 比熱c、質量m、温度変化Δtで熱量Qを表すと?
計

A $Q = cm\Delta t$ （熱量=比熱×質量×温度変化、
cm =熱容量）

$$\underset{c}{\mathsf{C}}\ \underset{m}{\mathsf{M}}\ \underset{\Delta t}{\text{出た}}!$$

● $c = Q/m\Delta t$からcの単位はcal/g・℃、J/kg・K。
1g（1kg）を1℃（1K）上げるのに必要な熱量、エネルギー。水の比熱は1cal/g・℃。

Q 熱伝導、熱伝達、熱貫流とは?
計

A 熱伝導：物体の中を熱が流れること
熱伝達：空気と物体間で熱が流れること
熱貫流：伝達、伝導、伝達で物体を貫いて熱が流れること

$$\underset{\text{伝導}}{\text{動}}\ \underset{\text{物体内}}{\text{物}}$$

物体内を熱が
動くのが伝導にゃ

三毛猫
ラムちゃん

熱伝導 1つの物体の中を熱が流れること

熱伝達 物体（壁）から空気に熱が流れること

Q 熱伝導率の記号は?
計

A λ （ラムダ）　　　　（構造ではλは有効細長比）

熱伝導率 λ
熱伝導
なべの形から連想

$$\underset{\text{(有効)細長比}}{\text{やせた}}\ \underset{\lambda}{\text{ラクダ}}$$

Q **物体内の熱伝導量 Q を λ、Δt、ℓ、A で表すと?**
計

A $Q = \lambda \cdot \dfrac{\Delta t}{\ell} \cdot A$ （λ：熱伝導率、Δt：温度変化、ℓ：長さ、A：断面積）

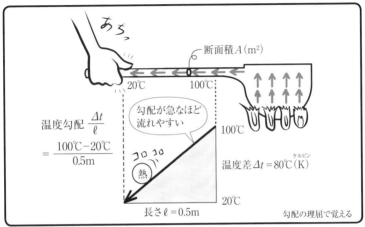

断面積 A (m²)

あち、

20℃　100℃

勾配が急なほど
流れやすい

温度勾配 $\dfrac{\Delta t}{\ell}$

$= \dfrac{100℃ - 20℃}{0.5m}$

100℃

コロコロ
熱

温度差 $\Delta t = 80℃$(K) ケルビン

20℃

長さ $\ell = 0.5m$

勾配の理屈で覚える

● 温度勾配 $\dfrac{\Delta t}{\ell}$ が急なほど転がりやすい、熱が伝わりやすいとイメージする。後は断面積 A と伝導しやすさの係数 λ をかけるだけ。λ は物質で決まる、熱の伝わりやすさの定数。熱伝導率が高いほど、熱が伝わりやすく、断熱性は低い。

Q **熱伝導率 λ の単位は?**
計

A $\overset{\text{ワット}}{W}/(m \cdot K)$

動 物？　ワッと ミ ケ だ！
伝導　物体内　　W / m・K

● Q を1秒当たりの伝熱量（J/s＝W：ジュール毎秒＝ワット）として

$Q = \lambda \dfrac{\Delta t}{\ell} A$ から $\lambda = \dfrac{Q\ell}{\Delta t A}$　∴ λ の単位は $\dfrac{W \cdot m}{K \cdot m^2} = W/(m \cdot K)$

● 1Nの力で1m動かすエネルギー（仕事）が 1J（ジュール）。毎秒1Jの仕事をする仕事率（エネルギー効率）が W（ワット）。

【ジュー ジュー 焼肉 　　】　　【わっと 仕事 なさい！】
　ジュール　　　熱＝エネルギー　　　ワット　仕事率

コンクリートの熱伝導率λは?
計

 1.4～1.6W／(m・K)

> ## 石の色をした<u>コンクリート</u>
> 1.4 ～ 1.6
>
> ポルトランド島の石灰石の色に似ていた
> のでポルトランドセメントと命名

	鋼	＞	コンクリート	＞	木材	
比重	7.85		2.3		0.5	tf/m³
λ	53		1.6		0.15	W／(m・K)

● 比重が大きいと、粒子間隔が小さく、熱が通りやすい。

● 断熱材は軽くてλが小さいが、同じ断熱材同士では、重い方がλが小さいことがある。
断熱材のλの大小は頻出。

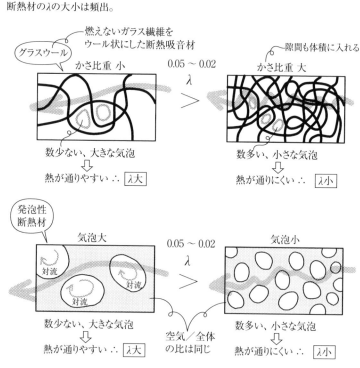

Q 熱伝達率の記号は?
計

A α（アルファ）

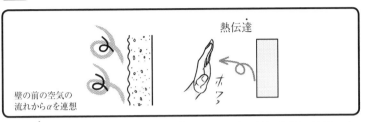

熱伝達

壁の前の空気の
流れからαを連想

● 熱伝達は物と空気間での熱のやりとり。式は$Q=\alpha\Delta tA$と、長さ（厚さ）ℓが入っていない。メートルの単位は壁面や天井面などの面積Aだけのため、λとは単位が異なる。換気量の流量係数（間口面積の補正係数）もαを使うので注意。

$$\boxed{Q=\alpha\Delta tA} \longrightarrow \alpha=\frac{Q}{\Delta tA} \longrightarrow 単位は \frac{W}{K\cdot m^2}=W/(m^2\cdot K)$$

壁面1m²当たり

ケルビン
温度差1K当たり

面積
温度変化

● 壁を貫く貫流熱量の式は、熱伝達と似ている。

（単位時間当たりの）
貫流熱量は、温度差Δtに比例する

$$Q=\Box \times \Delta t$$

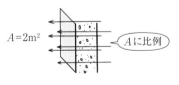

$\Delta t=10℃$
$\quad=10K$

35℃

Δtに比例

25℃

（単位時間当たりの）
貫流熱量は、表面積Aに比例する

$$Q= \bigcirc \times \Delta t \times A$$

比例定数をKとおく

$A=2m^2$

Aに比例

$$\boxed{Q=K\Delta tA} \longrightarrow K=\frac{Q}{\Delta tA} \longrightarrow 単位は \frac{W}{K\cdot m^2}=W/(m^2\cdot K)$$

壁面1m²当たり

温度差1K当たり

熱貫流率
ケルビンのKではない

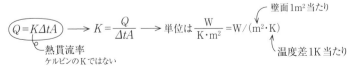

熱伝導率λ：$W/(m\cdot K)$、 熱伝達率α：$W/(m^2\cdot K)$、 熱貫流率K：$W/(m^2\cdot K)$

1乗：長さ
2乗：面積
2乗：面積

Q 貫流熱量の式を貫流抵抗 R を使って表すと?
計

A $Q = \dfrac{\Delta t}{R} A$ $\left(R = \dfrac{1}{K}\right)$

抵抗が小さいと
多く流れるのよ!

抵抗 R 小

抵抗 R 大

落差
(温度差 Δt)

Q 大

Q 小

● $\left(\text{電流} = \dfrac{\text{電位差}}{\text{抵抗}}\right)$ と同様に $\left(\text{熱流} = \dfrac{\text{温度差}}{\text{熱抵抗}} \times \text{面積}\right)$ とする。

$Q = K\Delta t A = \dfrac{\Delta t}{\frac{1}{K}} A = \dfrac{\Delta t}{R} A$ と変形しただけだが、係数を抵抗とすると<u>抵抗の足し算</u>ができる。

壁全体 → 貫流：$Q = K\Delta t A = \dfrac{\Delta t}{\frac{1}{K}} A = \dfrac{\Delta t}{R} A$ ← 全抵抗

壁表面 → 伝達：$Q = \alpha_i \Delta t A = \dfrac{\Delta t}{\frac{1}{\alpha_i}} A = \dfrac{\Delta t}{r_i} A$ ← 内in

壁内部 → 伝導：$Q = \lambda_1 \dfrac{\Delta t}{\ell_1} A = \dfrac{\Delta t}{\frac{\ell_1}{\lambda_1}} A = \dfrac{\Delta t}{r_1} A$ ← 壁材1、2、…

壁全体の抵抗＝各部の抵抗の和：$\left(R = \underset{\text{内}}{r_i} + \underset{\text{壁内部}}{\underline{(r_1 + r_2 + \cdots)}} + \underset{\text{外out}}{r_o}\right)$

$\dfrac{\ell}{\lambda}$：熱伝導抵抗 $\dfrac{1}{\lambda}$：熱伝導比抵抗 ← 式で使うのは $\dfrac{\ell}{\lambda}$ （ℓ：壁材の厚み）

Q 熱伝導比抵抗 $\dfrac{1}{\lambda}$ の単位は?
計

A $\dfrac{1}{\text{W}/(\text{m·K})} = \text{m·K/W}$

動物? ワッと ミ ケ だ! の逆
W / (m · K)

比抵抗は $\dfrac{1}{\lambda}$ ニャ

● <u>熱伝導比抵抗</u>は、熱伝導率 λ の単なる逆数 $\dfrac{1}{\lambda}$。<u>熱伝導抵抗</u>は壁の厚み ℓ が入る $\dfrac{\ell}{\lambda}$ で、単位は $\underline{\text{m}^2 \cdot \text{K/W}}$ とほかの抵抗と同じとなる。

Q 熱伝導率λ、厚みℓの熱伝導抵抗rは?
[計]

A $\dfrac{\ell}{\lambda}$　単位は $\dfrac{m}{W/(m \cdot K)} = m^2 \cdot K/W$

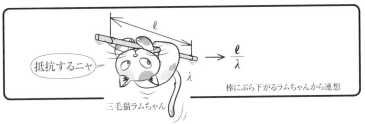

抵抗するニャ

棒にぶら下がるラムちゃんから連想

三毛猫ラムちゃん

Q 貫流抵抗 $R = \dfrac{1}{K}$、伝達抵抗 $r_i = \dfrac{1}{\alpha_i}$、伝導抵抗 $r_1 = \dfrac{\ell_1}{\lambda_1}$ の単位は?
[計]

iとo(内と外)がある　1、2、3…

A すべて $m^2 \cdot K/W$

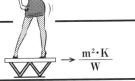

$$\underset{m}{\underline{\raisebox{0pt}{ミ}}} \underset{2}{\underline{\raisebox{0pt}{ニ}}} \underset{\cdot}{\underline{\raisebox{0pt}{ス}}} \underset{K}{\underline{\raisebox{0pt}{カ}}} を \underset{トラス形 W}{\underline{支える}} \rightarrow \dfrac{m^2 \cdot K}{W}$$

● 右図の壁の熱貫流量 Q を求めるには、すべて抵抗に直してから足し算する。

	熱伝導率
コンクリート	$\lambda_1 = 1.5$ W/(m·K)
硬質ウレタンフォーム	$\lambda_2 = 0.03$ W/(m·K)
石こうボード	$\lambda_3 = 0.2$ W/(m·K)

	熱抵抗
中空層	$r_中 = 0.2$ m²·K/W

	熱伝達率
室外側	$\alpha_外 = 23$ W/(m²·K)
室内側	$\alpha_内 = 9$ W/(m²·K)

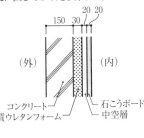

150　30　20 20

(外)　　(内)

コンクリート　　石こうボード
硬質ウレタンフォーム　中空層

外壁の熱伝達抵抗　　壁の中の熱伝導抵抗　　内壁の熱伝達抵抗

熱貫流抵抗 $R = r_外 + (r_1 + r_2 + r_中 + r_3) + r_内$

この式を覚える

$$= \frac{1}{\alpha_外} + \left(\frac{\ell_1}{\lambda_1} + \frac{\ell_2}{\lambda_2} + r_中 + \frac{\ell_3}{\lambda_3} \right) + \frac{1}{\alpha_内}$$

R がわかれば、Δt、A から Q が求められる

$$= \frac{1}{23} + \left(\frac{0.15}{1.5} + \frac{0.03}{0.03} + 0.2 + \frac{0.02}{0.2} \right) + \frac{1}{9}$$

$$Q = \frac{\Delta t}{R} A$$

$$\fallingdotseq 0.04 + (0.1 + 1 + 0.2 + 0.1) + 0.11 = \underline{1.55 \, m^2 \cdot K/W}$$

9

● 温度差1K当たりの外皮の総熱貫流量＝外皮平均熱貫流率 U_A×外皮総面積×1

$$\therefore \underline{外皮平均熱貫流率(U_A)} = \frac{温度差1K当たりの外皮の総熱貫流量}{外皮総面積}\quad{\tiny 温度差1K}$$

例：屋根：40m²、K＝0.2W/(m²·K)　{\tiny 熱貫流率　ケルビン}
　　外壁：60m²、K＝0.3W/(m²·K)
　　窓　：24m²、K＝2.0W/(m²·K)
　　床　：40m²、K＝0.2W/(m²·K)の場合、温度差1Kとして

$$外皮平均熱貫流率 U_A = \frac{\overset{屋根の貫流量}{(40×0.2×1)} + \overset{外壁の貫流量}{(60×0.3×1)} + \overset{窓の貫流量}{(24×2.0×1)} + \overset{床の貫流量}{(40×0.2×1)}}{\underset{外皮総面積}{40+60+24+40}}$$

$$= 0.5W/(m²·K)$$
{\tiny 1秒当たりのJ　1m²当たり　1K当たり}

【上からも下からも熱が抜ける】

U_A　　　　外皮平均熱貫流率　A：Average 平均

Kは熱貫流率の記号、Kは温度の単位ケルビンなので注意。

● 壁体の熱抵抗は、電流の抵抗と同様に直列となって足し算できる。

● 電流は抵抗が大きいと電圧降下が大きい。熱も同様に、抵抗が大きいと温度降下が大きい。

$$Q = \frac{\Delta t}{R}A \longrightarrow \Delta t = \frac{QR}{A}$$
{\small R 大だと Δt 大}

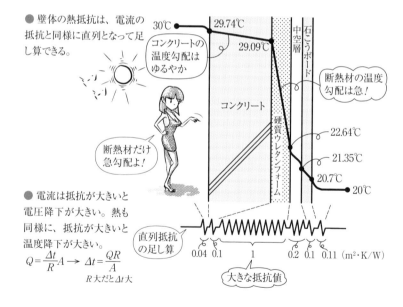

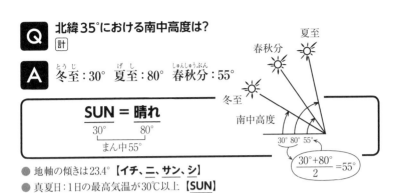

Q 北緯35°における南中高度は？
計

A 冬至：30°　夏至：80°　春秋分：55°

$$\underline{\text{SUN}} = \underline{\text{晴れ}}$$
30°　80°
まん中55°

$$\left(\frac{30°+80°}{2}=55°\right)$$

● 地軸の傾きは23.4°【**イチ、ニ、サン、シ**】

● 真夏日：1日の最高気温が30℃以上【**SUN**】
　真冬日：1日の最高気温が0℃未満

Q 南側鉛直壁面の可照時間が一番長い日は？
計

A 春秋分

春 秋（戦国）時代
春分秋分　　　　　　長い時間

● 日照率では、可照時間と日照
時間の違いに注意。

可照時間：日の出から日没までの時間
日照時間：実際に日の照っていた時間

$$日照率 = \frac{日照時間}{可照時間}$$

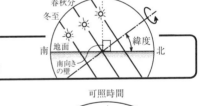

● 太陽から直接達する日射を
直達日射、天空中の雲やちりな
どで反射、散乱して天空全体
から放射される日射を天空日射
という。

$$日射量 = 直達日射量 + 天空日射量$$

● 日射量は、ある面が受ける単位面積、単位時間当たりの日射エネルギー量。

9

Q 南面、東西面、水平面のうち、冬至、夏至における終日日射量の多い順は? 計

A 冬至：南面＞水平面＞東西面、
夏至：水平面＞東西面＞南面 （南面、東西面は鉛直面）

冬は 縁側 と コタツ　　夏は 水　　筒
南面　＞　水平面　　　　水平面 ＞ 東西面

Q 四季を通して、終日日射量の多い時期と方位の組み合わせを上から3つ並べると? 計

A 夏至の水平面＞冬至の南面＞夏至の東西面

水　　　筒 を 縁 側で飲む
水平面 ＞ 南面 ＞ 東西面

● ルーバーは太陽高度の関係で、東西面は垂直ルーバー、南面は水平ルーバーがよい。

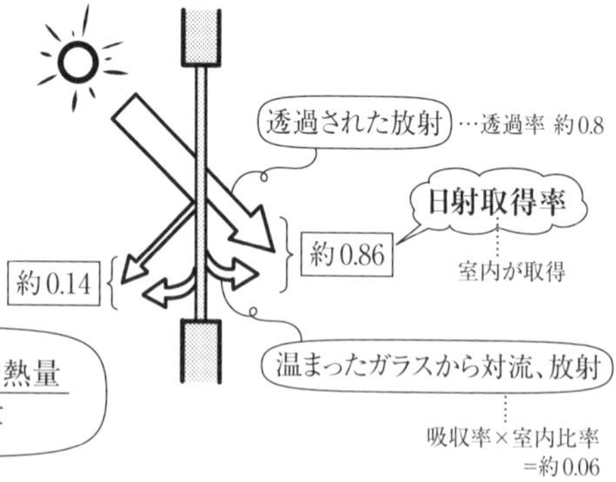

● 日射取得率（日射侵入率）は、日射熱量のうちどれくらい室内に取得されたか、どれくらい侵入したかの比率。透過した分以外に、温まったガラスなどから対流、放射で再放出される分も足される。

透過された放射 …透過率 約0.8

日射取得率
室内が取得

約0.86

約0.14

温まったガラスから対流、放射
吸収率×室内比率
＝約0.06

$$日射取得率 = \frac{室内に入った熱量}{日射熱量}$$
（日射侵入率）

352

日射遮へい係数とは?
計

A 日射遮へい係数 = $\dfrac{日射熱取得率}{3mm厚透明ガラスの日射熱取得率}$

へいを越えて入る　**さみしいカラスと**　**他のカラス**
遮へい係数　取得率　　　3mm　の　ガラス　分の　その他のガラス

● 日射遮へい係数とは、3mmの透明ガラスに比べて、どれくらい日射を室内に通すかの率。日射遮へい係数が大きいほど、室内の日射取得が多く、遮へい効果は小さいことになる。用語がわかりにくいので要注意。

3mm厚の透明ガラス
+水平ブラインド（室内）

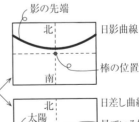

日射取得率
0.50

0.50

日射熱をどれくらい
室内に通すかの割合

日射遮へい係数 = $\dfrac{日射熱取得率}{3mm厚透明ガラスの日射熱取得率}$

3mmガラス
の通す割合

日射遮へい係数 = $\dfrac{0.50}{0.86}$ = 0.58

3mmガラス
の取得率

9

● 日影曲線 棒による影の先端の位置を示す図

影の先端

北

日影曲線

棒の位置

南

点対称

● 日差し曲線 太陽の位置を示す図

北

太陽

日差し曲線

見ている位置

南

● 日照図表 任意の緯度、日付におけるさまざまな高さの日差し曲線を1枚の図にしたもの

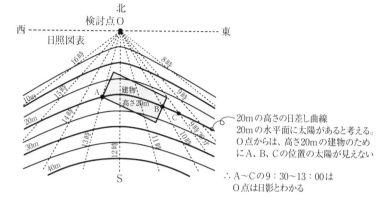

20mの高さの日差し曲線
20mの水平面に太陽があると考える。
O点からは、高さ20mの建物のためにA、B、Cの位置の太陽が見えない

∴ A～Cの9：30～13：00は
　O点は日影とわかる

● 日影図 (ひかげず、にちえいず) 一定の高さの水平面で測った日影の図。建築基準法では冬至日における真太陽時(南中を12時)の8～16時で作図するとされている(法56の2)。

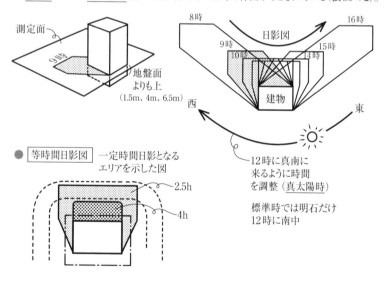

12時に真南に
来るように時間
を調整 (真太陽時)

標準時では明石だけ
12時に南中

● 平面形が同じ場合、高さが大きく違っても4時間日影図はほぼ同じ形となる。

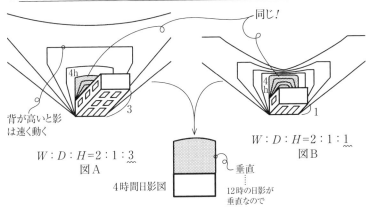

同じ！

背が高いと影は速く動く

$W:D:H=2:1:\underset{\sim}{3}$
図A

4時間日影図

垂直

$W:D:H=2:1:\underset{\sim}{1}$
図B

12時の日影が垂直なので

● 横幅が大きい方が4時間日影は大きくなる。

幅が広いと4時間日影は大きい

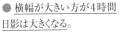

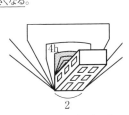

$W:D:H=\underset{\sim}{2}:1:3$

$W:D:H=\underset{\sim}{3}:1:3$

日影図 → 4時間日影図については拙著『ゼロからはじめる[環境工学]入門』p.199〜214を参照。

● 建物の上部の影はすぐに動くので、4時間日影は足元の太さで決まることが多い。

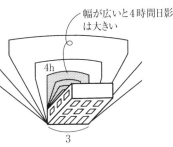

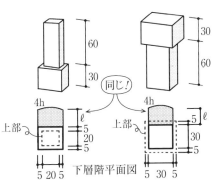

4h

上部

ℓ

5
20
5

5 20 5

4h

上部

5 ℓ

30

5

5 30 5

下層階平面図

● 2以上の建物の日影は、別々の日影図の足し算では不可。日影が複合されてふくれたり、島日影ができたりする。

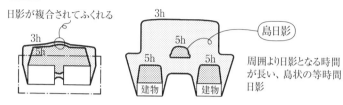

日影が複合されてふくれる

3h
3h
5h

3h
5h
5h 5h
建物 建物

島日影

周囲より日影となる時間が長い、島状の等時間日影

Q プルキンエ現象とは?
計

A 暗い所では、同じ明るさの黄や赤よりも、緑や青が明るく見える現象

暗い ⇨ **怖い** ⇨ **青ざめる**
　　　　　　　　　　　　青い方にずれる

● 暗所視においては、比視感度が最大となる波長が短い波長へ（青い方へ）ずれる。

● 明所視においては、緑がもっとも比視感度が高い。
【名所 は 緑が多い】
　明所

● 比視感度：多数の人の視感度を標準化して、最大を1にしてグラフ化したもの。

Q 光束（こうそく）の単位は?
計

A lm（ルーメン）

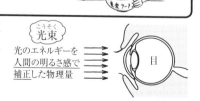

束

ラーメン の **束**
ルーメン　　　光束
lm

● 光束は人間の明るさ感によって補正した物理量。同じW（ワット）数でも比視感度の高い緑、黄は明るく、比視感度の低い紫、赤は暗く見える。そのため物理量をそれに合わせて補正している。

光束（こうそく）

光のエネルギーを人間の明るさ感で補正した物理量

目

Q 光度とは?
[計]

A 点光源から放射状に発せられる、単位立体角当たりの光束
(単位はcd:カンデラ)

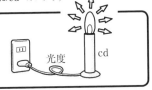

コード付きキャンドルは点光源
光度　　カンデラ

● 立体角 = $\dfrac{S}{r^2}$（単位はsr:ステラジアン）。半径 r の球面状の面積 S を、中心から切り取る角度を立体角という。半径1の球上の面積 S の場合、立体角は $S(sr)$。

● 1sr 当たりの光束が I lmの場合、光度は I (lm/sr＝cd) となる。

● 配光曲線は、光源の各方向に対する光度の分布を示すもの。

candle
点光源
I lm

光度
I lm/sr
＝
cd

1sr

1 sr（立体角）を通る I lmの放射状光束が、光度 I cd

カンデラはラテン語の「candela：ろうそく」が由来

Q 輝度とは?
[計]

A ある面の特定方向に放出する、単位面積当たり、単位立体角当たりの光束 (単位はlm/(sr・m²)＝cd/m²)

見かけのいい木戸
見かけ面積　　輝度
(見かけの明るさ)

9

見かけがいい

イラストは木戸孝允の旧家

輝度
L (cd/m²)

1m²

面の明るさ

見かけの面積
実際の面積

● 面の見かけの明るさを測るのが輝度。光を発散する面をある方向から見たときの明るさを示す。自分で光るモニターや反射して光るテーブルは、見る角度によって明るさが変わる。輝度は視線の方向に垂直な面を通過する光束を考える。

● 受照面が均等拡散面である場合、輝度は照度×反射率に比例する。

Q 照度の単位は？
計

A lx（ルクス）

私のこと？

照れるほど<u>ルックス</u>がいい！
　　照度　　　　lx

入射光束
F（lm）

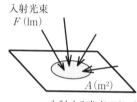

A（m²）

● テーブルなどの面に入射する単位面積当たりの光束（入射光束の面積密度）を照度、発散される単位面積当たりの光束を光束発散度という。両者とも光束／面積なので lm/m² が単位。照度では lm/m²＝lx といい、光束発散度では lm/m²＝rlx（ラドルクス）という。

照度 $E = \dfrac{入射する光束 F（lm）}{面積 A（m^2）} = F/A$ （lm/m²）
　　　　　　　　　　　　　　　　　　　　＝
　　　　　　　　　　　　　　　　　　　　lx ルクス

テーブルが黒っぽいと　照度 同じ

入射光束が同じなら
照度は同じ

光束発散度 小

反射光束が少ないので、
光束発散度は小さくなる

輝度 小

反射光束が少ないので、
輝度は小さくなる

● 照度 → 受照面を扱う　輝度、光束発散度 → 発光面を扱う
● 光束（lm）は比視感度で補正した物理量なので、lm を単位に含む光度、輝度、照度もみな比視感度で補正されている。

Q 光度 I（cd）から高さ r（m）真下の水平面照度は？
計

A $\dfrac{I}{r^2}$（lx＝lm/m²）

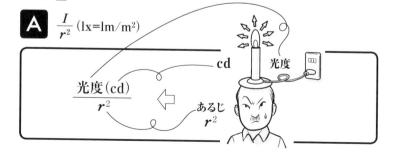

cd　　　　光度

$\dfrac{光度（cd）}{r^2}$　⇐　あるじ　r^2

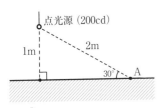

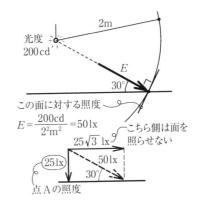

● $\dfrac{I}{r^2}$ は点光源を中心とした球に接する面の照度。斜めに受照する場合は、その面に対する垂直な成分のみが照度となる。

この面に対する照度

$$E = \dfrac{200\,\text{cd}}{2^2\,\text{m}^2} = 50\,\text{lx}$$

こちら側は面を照らせない

$25\sqrt{3}$ lx

25 lx

50 lx

30°

点Aの照度

 薄曇りの全天空照度は?
計

 50,000 lx

水蒸気が ごまん とある
5万 lx

薄曇り
直射日光入れない

天空全体が明るいのよ!

50,000 lx
乱反射して天空は明るい

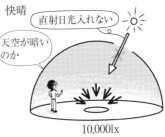

快晴
直射日光入れない

天空が暗いのか

10,000 lx
反射光がないので天空は暗い

設計用全天空照度（直射日光は含まない）

天候条件	lx
薄曇り、雲の多い晴天	50,000
明るい日	30,000
普通の日（標準の状態）	15,000
快晴の青空	10,000
暗い日	5,000
非常に暗い日（雷雲、降雪中）	2,000

最大!

快晴時より薄曇りの方が大きい!（頻出）

←普通

←暗い

9

Q 昼光率とは？
計

A $\dfrac{\text{室内のある点の昼光における照度}}{\text{全天空照度}} \times 100\%$

> 昼光の何%が来るかの率

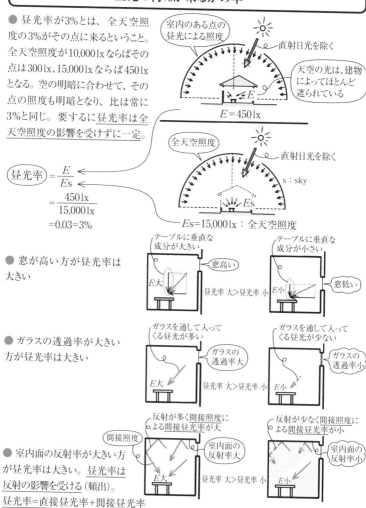

● 昼光率が3%とは、全天空照度の3%がその点に来るということ。全天空照度が10,000lxならばその点は300lx、15,000lxならば450lxとなる。空の明暗に合わせて、その点の照度も明暗となり、比は常に3%と同じ。要するに昼光率は全天空照度の影響を受けずに一定。

室内のある点の昼光による照度

直射日光を除く

天空の光は、建物によってほとんど遮られている

E

$E=450\,\text{lx}$

全天空照度

直射日光を除く

s：sky

$E\text{s}$

$E\text{s}=15,000\,\text{lx}$：全天空照度

昼光率 $= \dfrac{E}{E\text{s}}$

$= \dfrac{450\,\text{lx}}{15,000\,\text{lx}}$

$=0.03=3\%$

● 窓が高い方が昼光率は大きい

テーブルに垂直な成分が大きい

窓高い

E大

昼光率 大＞昼光率 小

テーブルに垂直な成分が小さい

窓低い

E小

● ガラスの透過率が大きい方が昼光率は大きい

ガラスを通して入ってくる昼光が多い

ガラスの透過率大

E大

昼光率 大＞昼光率 小

ガラスを通して入ってくる昼光が少ない

ガラスの透過率小

E小

● 室内面の反射率が大きい方が昼光率は大きい。昼光率は反射の影響を受ける（頻出）。

昼光率＝直接昼光率＋間接昼光率

反射が多く間接照度による間接昼光率が大

間接照度

室内面の反射率大

E大

昼光率 大＞昼光率 小

反射が少なく間接照度による間接昼光率が小

室内面の反射率小

E小

● 直接昼光率は、測定点を中心とした半球を用いて求めた立体角投射率と等しくなる。

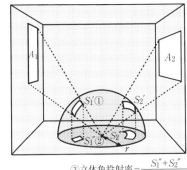

①窓の面積A_1、A_2を半球に投射してS_1'、S_2'を求める。

②S_1'、S_2'を底円に投射してS_1''、S_2''を求める。

③$S_1''+S_2''$と底面の面積の比から立体角投射率を求める。

$$③立体角投射率 = \frac{S_1''+S_2''}{底面の面積} = \frac{S_1''+S_2''}{\pi r^2}$$

直感的には、魚眼レンズの写真で、窓が全体に占める割合と考えるとわかりやすい。実際の魚眼レンズは正確な立体角投射ではなく、光学的なひずみがあるので修正が必要となる。

魚眼レンズの写真

視界全体の面積πr^2

建物がないと、円全体が明るいはず

窓の部分は、水平面に対して、この面積だけ効果がある

$$立体角投射率 = \frac{窓面積}{視界全体の面積}$$

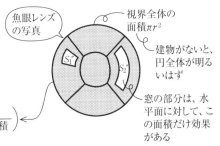

9

<table>
<tr><td>Q</td><td>**普通教室の基準昼光率は?**
計</td></tr>
<tr><td>A</td><td>2%</td></tr>
</table>

教室 → 孝女 → 浮 → 二%
　　　　　　　　　　　子供への昼光
　　　　　　　　　　　1,000lx

● 普通教室は2%、製図室は3%、精密製図・精密工作は5%。

● 基準昼光率は、全天空照度を普通の日の15,000lxとして、JISの基準照度を満たすように定められている。室内の最低照度を昼光により確保する場合、暗い日の全天空照度5,000lxを使う。

● 普通教室の机上照度は500lx、製図や細かい事務作業は1,000lx。【製図は線!】

日本画の展示壁面照度は? 計

 $150 \sim 300\,lx$

〜〜 → $300\,lx$ 　　　屏風の形から連想

● 洋画は$300 \sim 750\,lx$で日本画より大きい。

 机上面の均斉度は $\dfrac{1}{(\ \ )}$ **以上** 計

 人工照明$\dfrac{1}{3}$以上　昼光片側採光$\dfrac{1}{10}$以上

最低／最高　　**遠い**　　**窓から採光**
3分の1以上　　　10分の1以上　　片側採光

● 均斉度 $=\dfrac{最低照度}{最高照度}$

均斉度は1に近いほど
照度のむらがない。

均斉度 $=\dfrac{50\,lx}{250\,lx}=\dfrac{1}{5}$

$250\,lx$　$50\,lx$

● 机上面照度の均斉度

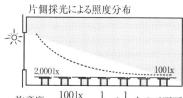

片側採光による照度分布

$2,000\,lx$　　　　　　$100\,lx$

均斉度 $=\dfrac{100\,lx}{2,000\,lx}=\dfrac{1}{20}<\dfrac{1}{10}$ なので不可

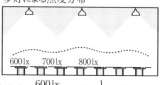

多灯による照度分布

$600\,lx$　$700\,lx$　$800\,lx$

均斉度 $=\dfrac{600\,lx}{800\,lx}=0.75\geqq\dfrac{1}{3}(0.33)$ なので可

Q 机上の作業周囲の輝度は、作業面に比べて $\dfrac{1}{(\ \ \ )}$ 以上 [計]

A $\dfrac{1}{3}$ 以上

> （周囲）　（作業面）
> ## 最低／最高
> 3分の1

● 机上面は照度、輝度ともに1/3以上。照度は机が受ける光、輝度は机が出す光。

発光面の見かけの明るさ

まわりが暗い
といやよ！

3：1程度

作業面の輝度
150cd/m²

周囲の輝度
75cd/m²

$\dfrac{75\,\text{cd/m}^2}{150\,\text{cd/m}^2}=\dfrac{1}{2}\geqq\dfrac{1}{3}$ OK!

● <u>ライトシェルフ</u>は、室内照度の均斉度を上げるとともに、直射日光を遮へいしながら眺望を妨げない窓システム。

shelf：棚

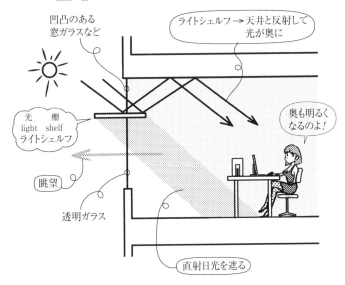

凹凸のある
窓ガラスなど

ライトシェルフ→天井と反射して
光が奥に

光　棚
light　shelf
ライトシェルフ

奥も明るく
なるのよ！

眺望

透明ガラス

直射日光を遮る

Q タスク・アンビエント照明とは？
[計]

A 作業面を明るくするタスク照明と、周辺を明るくするアンビエント照明を併用する方式のこと

デスクでタスク	周辺に花粉で、アン鼻炎と
作業	アンビエント

● taskは作業、ambientは周辺（の）、環境。オフィスでは天井付けの全般照明によって、作業面と周囲を均等に明るくするアンビエント照明が一般的だった。タスク・アンビエント照明は、スタンドのようなタスクライトを使うことでアンビエント照明を減らして省エネ効果を出そうとしたもの。

アンビエント照明（全般照明）

少し暗くできる！

タスク照明

タスク・アンビエント照明

Q 光の3原色、加法混色の3原色は？
[計]

A 赤（R）、緑（G）、青（B）

明るいうちから	あ	る	じ	ビール	（胃に）加える
光の3原色	R	G	B		加法混色

● R：Red　G：Green　B：Blueの略。

光の3原色

● RGB各色の強さを変えて混ぜると、さまざまな色ができる。RGBを100%ずつ混色すると明るい白（W）となる。モニターのRGB信号はこの原理。

モニターのRGBよ！

R　Y　G　W　C　M　B

加法混色

【家宝の白磁】
加法混色

364

Q 色の3原色、減法混色の3原色は？
計

A シアン（C）、マゼンタ（M）、イエロー（Y）

<u>インク</u> の <u>し</u> <u>み</u> <u>い</u>
　　　　　 C　M　Y

● C：Cyan　M：Magenta　Y：Yellowの略。

● 絵の具やインクは、<u>色を吸収することでそれ以外の色を出す</u>。混ぜるほど多くの光を吸収して暗くなり、黒に近づく。

【 <u>減俸</u> は <u>ブラック</u>企業！】
　減法混色

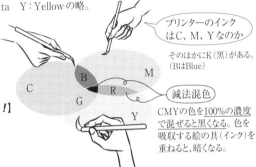

プリンターのインクはC、M、Yなのか

そのほかにK（黒）がある。（BはBlue）

減法混色

CMYの色を100%の濃度で<u>混ぜると黒くなる</u>。色を吸収する絵の具（インク）を重ねると、暗くなる。

Q マンセル表色系の3属性は？
計

A 色相（Hue）、明度（Value）、彩度（Chroma）

ナイジェル・マンセル（イングランドのレーシングドライバー）

マンセルの <u>色</u> <u>目</u> は <u>あざやか</u>！
　　　　　 色相 明度　　　彩度

色の3属性
色相　Hue	【<u>色</u>っぽい！ <u>ヒューヒュー</u>！】 　　　　　　Hue
明度　Value	【<u>メイド</u>が運ぶ<u>バリュー</u>セット】 　　　　　　Value
彩度　Chroma	【<u>あざやか</u>な口紅隠す黒マスク】 　　　　　　Chroma

● <u>色調</u>（トーン）とは、色の明度と彩度を合わせて色の印象を表したもの。

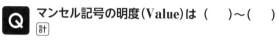

Q マンセル記号の明度（Value）は（　　）～（　　）
計

A 0～10（0は黒、10は白）

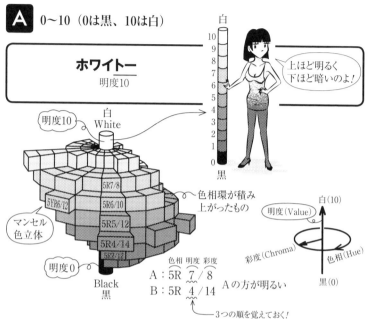

ホワイトー
明度10

上ほど明るく下ほど暗いのよ！

白 明度10 White

色相環が積み上がったもの

マンセル色立体

明度0

Black 黒

白(10)

明度（Value）

彩度（Chroma） 色相（Hue）

黒(0)

色相 明度 彩度
A：5R 7/8
B：5R 4/14　Aの方が明るい

3つの順を覚えておく！

Q マンセル記号の彩度（Chroma）で灰色の数値は？
計

A 0

灰色 議員は 最 低
彩度 0

● 彩度の数値は色があざやかなほど、色みが強いほど大きくなり、無彩色は0（ゼロ）となる。純色は色相の中でもっとも彩度の高い色で、色相によって純色の最大彩度が異なる。上のマンセル色立体は中心が彩度0、一番外側が純色でその最大彩度が各々異なるため、色立体がデコボコとなる。

Q オストワルト表色系とは?
[計]

A 24色相の純色と白（反射率100%）、黒（反射率0%）の混合比率で表す表色系

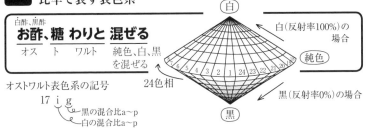

お酢、糖 わりと 混ぜる
白酢、黒酢
オス　ト　ワルト　純色、白、黒を混ぜる

白（反射率100%）の場合

純色

24色相

黒（反射率0%）の場合

オストワルト表色系の記号
17 i g
　　　└黒の混合比a〜p
　　└白の混合比a〜p

たとえばaは白89%、黒11%というように、混合比を、a〜pで表している。

Q 色光の誘目性（ゆうもくせい）における1番、2番は?
[計]

A （1番）赤、（2番）青

信号 は 止まれ と 進め を 誘う
　　　①赤　　②青　　誘目性

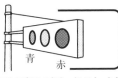
青　赤

● 色の目立ちやすさを誘目性といい、赤がもっとも高く、青は2番目に高く、緑はもっとも低い。

● JISの安全色の一般事項において、緑は「安全」と「進行」、青は「指示」「誘導」、赤は「停止」「禁止」「防火」を表している。

● 補色とは、色相環の正反対に位置する色のこと。混ぜると無彩色（灰色）となる。

● 色の面積効果……同じ色でも面積が大きいと、明度、彩度が高く見える。

● 色の膨張、収縮…同じ色でも明度、彩度が高いほど、膨張して見える。

● 色の重い軽い……同じ色でも明度が高いほど、軽く見える。

● 色の同化…………他の色に囲まれた際に、その色に近づいて見える。

● 色の距離感………暖色は近く、寒色は遠くに感じる。
【温 暖 化 が 近づく】

9

● 色の対比

補色対比 …… 補色を並べると、互いに彩度が高まって見える。

色相対比 …… 背景色の反対方向（補色）に色相が近づいて見える。

明度対比 …… 背景色の明度が低いと高く、高いと低く見える。

彩度対比 …… 背景色があざやかだとくすんで、くすんでいるとあざやかに見える。

私と一緒だとくすんで見えるわよ！

色の対比

Q 昼光は演色性が良い？　悪い？
[計]

A 良い

中高生になると色気が出る！
　　昼光　　　　　　　演色性良い

● 演色性は照明による色の見え方が、昼光のときの色をどれだけ再現しているかを示し、平均演色評価数Raなどの指標がある。Raが100に近い光源ほど、色の見え方が自然光に近くなる。

● 演色性は光源の分光分布によって決まり、視対象の色そのものの影響を受けない。

● 色温度は高温の物質から出る光の色を、その温度（K：ケルビン）と対応させたもの。夕日の赤い色温度は2000K程度、正午の青白い色温度は6500K程度。色温度が低いと暖かみのある雰囲気となる。　　　　**【日中は高い温度 → 日中の青は高い色温度】**

Q 周波数の単位は？
[計]

A Hz（ヘルツ）、回／秒

だって時間がないし…
だってお金がないし…
だってやる気がないし…

1秒間に3回のへ理屈だから3Hz！

へ理屈を言う回数
　　ヘルツ

Q 可聴周波数は？
[計]

A 20Hz～20kHz（20,000Hz）

耳は 2重 マル
可聴　20Hz～20kHz

<u>2重マル</u>　<u>2重マル</u>
20Hz　　　　20kHz

● 音の3要素
- 大きさ………振幅
- 高さ…………振動数（周波数）
- 音色 ………波形

波長
振幅
波形

● 音の周波数と波長の関係
- 周波数 小　波長 大
  （低音）
- 周波数 大　波長 小
  （高音）

音の速さ＝波長×周波数＝一定 —— 周波数小だと波長大、
　　　　　　　　　　　　　　　　周波数大だと波長小
　⋮
気温が高いほど大きい

● 音の強さI　進行方向に垂直な1m²の面を1秒間に通るエネルギー量

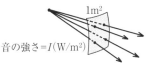
1m²
音の強さ＝I（W/m²）

9

Q ウェーバー・フェヒナーの法則とは？
[計]

A 人の感覚は刺激量の対数に比例する

飢え場、増える火 の 刺激
ウェーバー　フェヒナー

ログの火
$\log_{10}$

● 刺激量　100倍 ⟶ 感覚2倍
　　　　　1000倍 ⟶ 　　3倍
　　　　 10000倍 ⟶ 　　4倍

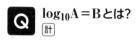

Q $\log_{10}A = B$ とは？
[計]

A $10^B = A$

（何畳?）

<u>ログ</u> ハウスは 何畳？
<u>log□</u>　　　10の何乗が□か

● 10^1を1、10^2を2、10^3を3、10^4を4と書くことにすると下図のようになる。

		(千)		(100万)		(10億)					
10^1	10^2	10^3	10^4	10^5	10^6	10^7	10^8	10^9	10^{10}	10^{11}	
1	2	3	4	5	6	7	8	9	10	11	→ 対数尺

0

このグラフが、<u>対数尺</u>といわれるもの。$\log_{10}10^1 = 1$、$\log_{10}10^2 = 2$、$\log_{10}10^3 = 3$、$\log_{10}10^4 = 4$と、桁違いに大きな数も、1、2、3、4と表すことができる。<u>log□</u>とは、<u>□</u>は<u>10の何乗か</u>という記号で、<u>10を底とする対数</u>と呼ばれ、よく用いられる対数なので、<u>常用対数</u>ともいう。刺激の物理量が100倍、1000倍になっても人間の感覚は2倍、3倍にしか増えないので、$\log_{10}$が使われる。

$$\log_{10} \square = \bigcirc \cdots \square は10の\bigcirc乗$$

↑底　↑10を底とする対数
　　↑真数

$$\begin{cases} \log_{10}10 = 1 & 10は10の1乗 \\ \log_{10}100 = 2 & 100は10の2乗 \\ \log_{10}1000 = 3 & 1000は10の3乗 \\ \log_{10}10000 = 4 & 10000は10の4乗 \end{cases}$$

（0の数は4つ）

● 対数の重要公式。音圧レベルの計算で必要なので、覚え直しておく。

$$\begin{cases} \log(A \times B) = \log A + \log B & \longleftarrow \log(2 \times 3) = \log 2 + \log 3 \\ \log \dfrac{A}{B} = \log A - \log B & \longleftarrow \log \dfrac{3}{2} = \log 3 - \log 2 \\ \log A^a = a\log A & \longleftarrow \log 2^3 = 3\log 2 \end{cases}$$

$$(\log 2^3 = \log(2 \times 2 \times 2) = \log 2 + \log 2 + \log 2 = 3\log 2)$$

● $\log_{10}2 \fallingdotseq 0.301$　【<u>浪人</u> は <u>オッ</u> <u>サン</u> <u>多 い</u>】（フリーター）

$\log_{10}3 \fallingdotseq 0.477$　$\log_{10}2 = \underset{0.}{} \ \underset{3}{} \ \underset{0}{} \ \underset{1}{}$

Q 音の強さのレベル IL を、強さ I（W/m²）と最小可聴音の強さ I_0（W/m²）で表すと？ 計

A $IL = 10 \log_{10} \dfrac{I}{I_0}$ （dB）^{デシベル}

（丸太）
ログ を 割る
↓　　↓　　↓　　↓
1　　0　　$\log_{10}$

丸太の形から10を連想

IL：Intensity Level　dB：decibel

● 音の強さ I は、音波の進行方向に垂直な単位面積を単位時間当たりに通過する音響エネルギー量。音の強さのレベル IL は、最小可聴音 I_0 の何倍かの対数をとって10倍したもの。

> 音の強さ I は最小(I_0) 10^{-12}W/m²〜最大 1W/m² で扱いにくい

⬇

> 「感覚は刺激の対数に比例」から I/I_0 の対数をとる…$\log_{10} \dfrac{I}{I_0}$ （B：ベル）

⬇

> 10倍して単位を調整……$10 \log_{10} \dfrac{I}{I_0}$ （dB：デシベル）

9

Q 音の強さのレベル IL の単位は？ 計

A dB（デシベル）

ベル（音）
↓
（強さの）**レ ベル**（Level）
↓
デシ ベル（dB）
弟子

弟子

● 音の強さが $I = 10^{-6}$（W/m²）だとすると、最小可聴音は $I_0 = 10^{-12}$（W/m²）なので

$$10 \log_{10} \frac{I}{I_0} = 10 \log_{10} \frac{10^{-6}}{10^{-12}} = 10 \log_{10} 10^{-6+12} = 10 \underbrace{\log_{10} 10^6}_{= 6} = 60 \text{（dB）}$$

↖最小の何倍か

Q 音圧レベルPLを、音圧 P（$\overset{\text{パスカル}}{\text{Pa}}=\text{N/m}^2$）と最小可聴音の音圧 P_0（P_a）で表すと？ 計

A 音圧レベル $PL = 10\log_{10}\left(\dfrac{P}{P_0}\right)^2 = 20\log_{10}\dfrac{P}{P_0}$（dB）$\left(\dfrac{I}{I_0}=\left(\dfrac{P}{P_0}\right)^2\right)$

私 が	**ピー**	**ピー** 鳴く
$\dfrac{I}{I_0}$ =	$\dfrac{P}{P_0}$	$\times$ $\dfrac{P}{P_0}$

● $\dfrac{I}{I_0}=\left(\dfrac{P}{P_0}\right)^2$ なので $IL=10\log_{10}\dfrac{I}{I_0}=10\log\left(\dfrac{P}{P_0}\right)^2=20\log_{10}\dfrac{P}{P_0}$ となる。

● IL=PLだが、測定は音圧の方が簡単。　　　　　　　　　　　　　　　PL : Pressure Level

Q 60dBの音が同時に2つ存在すると何dB？ 計

A 63dB（60dB＋3dB）

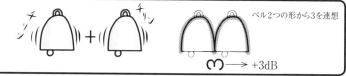

ベル2つの形から3を連想

ㇺ ⟶ +3dB

● $IL=10\log_{10}\overset{\overset{\text{2倍}}{\frown}}{\dfrac{2I}{I_0}}=10\left(\log_{10}\dfrac{I}{I_0}+\log_{10}2\right)=10\left(\log_{10}\dfrac{I}{I_0}+0.301\right)=10\log_{10}\dfrac{I}{I_0}+3.01$ 　**【浪人はオッサン多い】**
よって $+3\text{dB}$

● 4倍では $IL=10\log_{10}\overset{\overset{\text{4倍}}{\frown}}{\dfrac{4I}{I_0}}=10\left(\log_{10}\dfrac{I}{I_0}+\log_{10}\overset{2^2}{4}\right)=10\left(\log_{10}\dfrac{I}{I_0}+2\log_{10}2\right)$
$=10\log_{10}\dfrac{I}{I_0}+6.02$ よって $+6\text{dB}$

● 3倍では $IL=10\log_{10}\overset{\overset{\text{3倍}}{\frown}}{\dfrac{3I}{I_0}}=10\left(\log_{10}\dfrac{I}{I_0}+\log_{10}\overset{0.477}{3}\right)=10\log_{10}\dfrac{I}{I_0}+4.77$ よって $+5\text{dB}$

● 10倍では $IL=10\log_{10}\overset{\overset{\text{10倍}}{\frown}}{\dfrac{10I}{I_0}}=10\left(\log_{10}\dfrac{I}{I_0}+\log_{10}\overset{10^1=10}{10}\right)=10\left(\log_{10}\dfrac{I}{I_0}+1\right)$
$=10\log_{10}\dfrac{I}{I_0}+10$ よって $+10\text{dB}$

レベルの合成 $\begin{cases} 2倍 \longrightarrow +3\text{dB} \\ 4倍 \longrightarrow +6\text{dB} \\ 3倍 \longrightarrow +5\text{dB} \\ 10倍 \longrightarrow +10\text{dB} \end{cases}$ $\begin{cases} 1/2倍 \longrightarrow -3\text{dB} \\ 1/4倍 \longrightarrow -6\text{dB} \\ 1/3倍 \longrightarrow -5\text{dB} \\ 1/10倍 \longrightarrow -10\text{dB} \end{cases}$

Q 点音源の音の強さ I は音源からの距離 r とどのような関係?
計

 A I は r^2 に反比例：$I = \dfrac{W}{4\pi r^2}$ （W：音源の音響パワー（W））

照度 $= \dfrac{光度}{r^2}$　あるじ　音の強さ $= \dfrac{\square}{r^2}$

● 点光源、点音源では球状に広がるので、どちらも r^2 に反比例する。$4\pi r^2$ は球の表面積。

● r が2倍になるとは I は1/4になり、音圧レベルは -6dB。I が2倍で $+3$dB、4倍で $+6$dB。1/2倍で -3dB、1/4倍で -6dB は頻出するので確実に覚える。

● 音源から50mの騒音レベルが73dBの場合、100mでは I が $1/2^2 = 1/4$ になり、騒音レベルは -6dBの67dBとなる。

● 線音源、面音源は、音が通過する面積の増える割合が小さく、音は点音源より遠くまで届く。

Q 40phon の等ラウドネス曲線の形は?
計

A

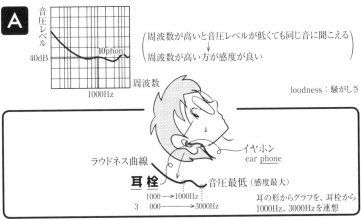

音圧レベル

40dB ---- 40phon

周波数

1000Hz

（周波数が高いと音圧レベルが低くても同じ音に聞こえる
↓
周波数が高い方が感度が良い）

loudness：騒がしさ

9

ラウドネス曲線

耳栓　音圧最低（感度最大）

イヤホン
ear phone

1000 → 1000Hz
3 000 → 3000Hz

耳の形からグラフを、耳栓から
1000Hz、3000Hzを連想

● 1000Hzのときに40dBで聞こえた音と同じ大きさに感じる音のレベルをグラフにしたのが、40phonの等ラウドネス曲線。周波数が高い高音ほど感度は高く、低い音圧でも同じ大きさに聞こえ、グラフは低くなる。3000Hzで感度最大で、グラフは一番低くなる。

● 等ラウドネス曲線は、1000Hzの音を基準として、同じ大きさ（loudness）に聞こえる点を結んだグラフ、等しい騒がしさ（等ラウドネス）を表す曲線。1000Hz、40dBと同じ大きさの音は、40phonとする。

● 等ラウドネス曲線で、グラフがもっとも低い位置が、もっとも低い音圧でも同じ大きさに聞こえる位置。すなわち耳の感度がもっとも高い位置となる。

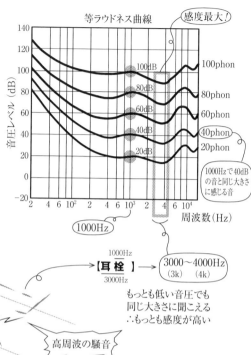

等ラウドネス曲線

感度最大！

100phon
80phon
60phon
40phon
20phon

1000Hzで40dBの音と同じ大きさに感じる音

音圧レベル（dB）

周波数（Hz）

1000Hz

1000Hz
【耳栓】→
3000Hz

3000〜4000Hz
（3k）　（4k）

もっとも低い音圧でも同じ大きさに聞こえる
∴もっとも感度が高い

高周波の騒音

● 40phonの等ラウドネス曲線を使って音圧を補正したのがA特性の音圧レベルdB（A）。低周波では小さく、高周波では補正しない。騒音計ではdB（A）で測る。C特性はほとんど補正しない。

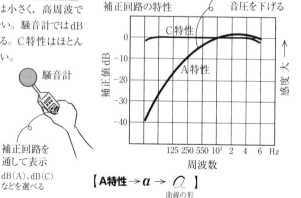

補正回路の特性

感度の低い音では音圧を下げる

C特性

補正値 dB

A特性

感度　大　→

125 250 550 10³　2　4　6　Hz
周波数

騒音計

補正回路を通して表示
dB（A）、dB（C）などを選べる

【A特性 → a → （曲線）】
曲線の形

NC値が大きいと騒音は?
計

大きい

許容の範囲
で叩く

騒音許容値
の基準よ!

| **大きい ノック ほど 騒音大!** |
| NC |

● ジェット戦闘機のキーンという音は、かなり不快感を与える。ある周波数ではこの程度の音圧まで許容できるという、許容値の基準を表したものがNC曲線。

● 許容の段階をNCの後の数字が示し、NC値が高いほど、許容される騒音の音圧レベルは高くなる。

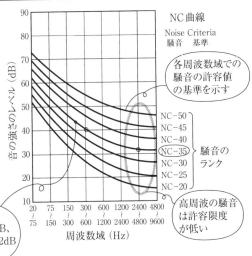

NC曲線

Noise Criteria
騒音 基準

各周波数域での
騒音の許容値
の基準を示す

NC-50
NC-45
NC-40
NC-35 } 騒音の
NC-30   ランク
NC-25
NC-20

高周波の騒音
は許容限度
が低い

NC-35では
300〜600Hzで約40dB、
2400〜4800Hzで約32dB
が許容できる騒音

周波数域(Hz)

● NC-35とはすべての周波数域でNC-35曲線を下回っていることをいう。

住宅の寝室、アナウンススタジオのNC推奨値は?
計

NC-30、NC-15

$Bed\ room$	**アナウンサー は イー娘**
30	アナウンススタジオ 15
Bの形から3を連想	

● 許容値(推奨値)は、住宅の寝室はNC-30、アナウンススタジオや音楽ホールはNC-15。

Q **透過損失TLの式は?**
計

A $\mathrm{TL} = 10\log_{10}\dfrac{I}{I_t} = 10\log_{10}\dfrac{1}{透過率}$　I：入射音の強さ　I_t：透過音の強さ

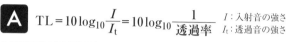

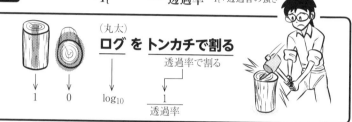

（丸太）
ログ を トンカチで割る
透過率で割る

↓　　　↓　　　　　　　　↓
1　　　0　　　$\log_{10}$　　$\dfrac{1}{透過率}$

● 透過している間に、反射、吸収でどれくらい損失するかの量を、レベル表示（dB）で表す遮音性能の指標。透過損失TLが大きいほど、遮音性能は高い。

> 遮音される音のレベル表示
> 透過の際に失われた音のレベル表示

壁
入射音 I
反射音 I_r
吸収音 I_a
透過音 I_t

TL：Transmission Loss

透過損失＝Iのレベル－I_tのレベル

$= 10\log_{10}\dfrac{I}{I_0} - 10\log_{10}\dfrac{I_t}{I_0} = 10\log_{10}\left(\dfrac{I}{I_0}\right) \Big/ \left(\dfrac{I_t}{I_0}\right) = 10\log_{10}\dfrac{I}{I_t} = 10\log_{10}\dfrac{1}{\frac{I_t}{I}}$ …透過率

● 同じ厚さの1重壁の場合、単位面積当たりの質量が大きいほどTLは大きい。質量が大きいと振動しにくくなるので、音のエネルギーが吸収されて透過損失は大きくなる。

Q **長波長（低周波数）の低音ほど、透過損失TLは（　　）**
計

A **小さい（透過音が多い）**

長い足 で またいで越える
長波長　　　　透過音多い

● 壁の振動周期は長いものが多く、低周波数の音に共振しやすい。音の周期と壁の周期が一致（coincidence）して単層の壁が振動し、遮音性能が低下することをコインシデンス効果という。

Q 中空2重壁の空気を厚くすると、共鳴する波長は？ 計

A 長くなる（周波数は低くなる）

> 長い空気層
> ## 長い足 で またいで越える
> 長波長　　　共鳴して壁を透過する

● 中空層の空気はバネの働きをして、中空層が広がるとバネが弱くなり、低周波数で共振（共鳴）しやすくなる。空気を振動させないように中空層にグラスウールを入れると、空気による共鳴を防ぐことができる。

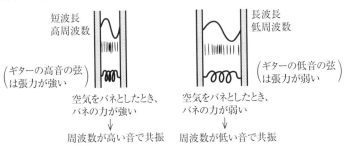

短波長
高周波数

（ギターの高音の弦は張力が強い）

空気をバネとしたとき、
バネの力が強い
↓
周波数が高い音で共振

長波長
低周波数

（ギターの低音の弦は張力が弱い）

空気をバネとしたとき、
バネの力が弱い
↓
周波数が低い音で共振

Q グラスウールなどの多孔質の吸音は、低音？　高音？ 計

A 高音

> ## 羊 は 高音 で鳴く
> グラスウール　高音を吸収
> wool

グラスウール

（周波数 大）
高音

高音での吸音 大

振動、摩擦による吸音

板（ゆっくり揺れる）

（周波数 小）
低音

低音での吸音 大

共振による吸音

● 吸音率 = $\dfrac{\text{壁に吸収される音のエネルギー＋壁を透過する音のエネルギー}}{\text{壁に入射する音のエネルギー}}$

● 吸音材は透過率は大きく、遮音性能は低い。

Lr-45、Lr-60のどちらが床衝撃音の遮音性能が良い?
計

 Lr-45 (下階に届く衝撃音が小さい)

Lr：Level response

<u>下 階</u> で <u>得 る 音</u>	<u>**Lr**</u>
Lr	L ittle (小さい) 方がよい

軽量床衝撃音の測定
(物を落としたりいすを引く音など)

重量床衝撃音の測定
(子供の飛び跳ねる音など)

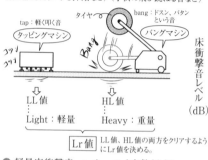

床衝撃音レベルの遮音等級

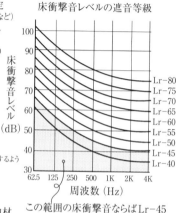

tap：軽く叩く音
タッピングマシン

bang：ドスン、バタン
という音
バングマシン

⇩ LL値 …… Light：軽量

⇩ HL値 …… Heavy：重量

Lr値 LL値、HL値の両方をクリアするようにLr値を決める。

- 軽量床衝撃音 → カーペットを敷くなど。

  重量床衝撃音 → RC床スラブを厚くする、
  RC床スラブの間に発泡材
  を挟むなど。

この範囲の床衝撃音ならばLr-45

 Dr-30とDr-55で、壁の遮音性能が良いのは?
計

 Dr-55

Dr：Difference response

ドクター **Dr** の <u>差</u> は <u>大きい</u>
D デカイ方がよい

音圧レベルの差を測る → Dr値

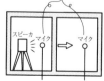

$\begin{cases} Lr → 下階の音圧レベル……Little(小さい方)がよい \\ Dr → 隣室との音圧レベル差…Dデカイ方がよい \end{cases}$

- <u>Lrは小さい方がよく、Drは大きい方がよい。</u>まぎらわしいので、Lr→Little、Dr→デカイで覚えておく。

Q 残響時間とは? 計

A 音の強さのレベルが60dB減衰するのに必要な時間

残響 には 無情 感 ただよう
60dB

Q セイビンの残響時間式は $T = \dfrac{定数 \times (\quad)}{(\quad) \times (\quad)}$ 計

A $T = \dfrac{定数 \times V}{S \times \bar{\alpha}}$　　V：室容積　S：室内表面積　$\bar{\alpha}$：平均吸音率
$S \times \bar{\alpha}$：吸音力

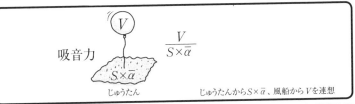

吸音力　$\dfrac{V}{S \times \bar{\alpha}}$

じゅうたん　　　　　　　　　　じゅうたんから$S \times \bar{\alpha}$、風船からVを連想

● 室容積 V が大きいほど残響時間 T が長くなり、平均吸音率 $\bar{\alpha}$ が大きいほど残響時間 T は短くなる。

● 吸音力 $S \times \bar{\alpha}$ をいくら大きくしても、セイビンの式では T は0にならない。それを修正したのがアイリングの式で、T の大きさはセイビンの式による T ＞ アイリングの式による T。

イアリング（アイリング）

say ビーン

音楽は長く話は短く!

● 最適残響時間：音楽ホール ＞ 学校の講堂 ＞ 映画館 ＞ 講演を主とするホール。
　　　　　　教会音楽＞クラシック＞ロック　　音楽＋講演
● マスキング効果：ある音があるために、目的とする音が聞き取りにくくなる現象。
● カクテルパーティー効果：さまざまな音が聞こえても、特定の音だけ聞きとれる現象。
● フラッターエコーとは、平行面間を反射往復して音が2重3重に聞こえる現象。吸音率が低いと発生。flutter：はためくこと　echo：反響

9

10 設備

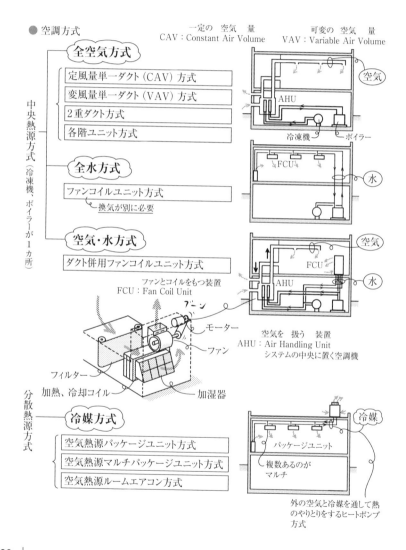

● 空調方式

一定の 空気 量
CAV : Constant Air Volume

可変の 空気 量
VAV : Variable Air Volume

中央熱源方式（冷凍機、ボイラーが1カ所）

全空気方式

- 定風量単一ダクト（CAV）方式
- 変風量単一ダクト（VAV）方式
- 2重ダクト方式
- 各階ユニット方式

空気

AHU

冷凍機　　ボイラー

全水方式

- ファンコイルユニット方式
  └ 換気が別に必要

FCU

水

空気・水方式

- ダクト併用ファンコイルユニット方式

ファンとコイルをもつ装置
FCU : Fan Coil Unit

ファン
モーター
ファン
フィルター
加熱、冷却コイル
加湿器

空気

FCU

AHU

水

空気を 扱う 装置
AHU : Air Handling Unit
システムの中央に置く空調機

分散熱源方式

冷媒方式

- 空気熱源パッケージユニット方式
- 空気熱源マルチパッケージユニット方式
- 空気熱源ルームエアコン方式

冷媒

パッケージユニット

複数あるのが
マルチ

外の空気と冷媒を通して熱
のやりとりをするヒートポンプ
方式

Q 定風量(CAV)／定流量(CWV)と変風量(VAV)／変流量(VWV)では、どちらの制御方式が省エネ効果が高い？ 計

A 変風量(VAV)／変流量(VWV)

> 勝利
> **省エネに V！**
> V̇AV
> V̇WV

● 定風量CAVよりも変風量VAV、定流量CWVよりも変流量VWVの方が、室温変化に応じて流量が変えられるので、省エネルギー効果は大きい。

	一定 Constant	変化 Variable
空気の風量	C̈AV (Constant Air Volume)	V̈AV (Variable Air Volume)
水の流量	C̈WV (Constant Water Volume)	V̈WV (Variable Water Volume)

各室のVAVユニットで風量を調整
> (あかちゃんが)
> **バブバブ言ったら**
> V̇AV
> **風をゆるめる**
> 変風量

インバーター付ポンプで水量を調整

● PMV̇は予測平均温冷感申告。【午後、V サインと予測】
PM V

Q パッケージユニットやルームエアコンのインバーターは何をする？ 計

A 交流の周波数を変えてモーターの回転数をなめらかに変える

10

> **中に バター を入れて 風 味を 調節**
> イン バーター 風量

● ON、OFFによる制御より、モーターの回転数を変えて制御した方がなめらかで省エネルギー。

● パッケージユニット：冷凍機を組み込んだ室内に置く中型の空調機。
【アイスのパッケージ】
冷凍機

Q 変流量VWV方式で使うのは2方弁？　3方弁？
[計]

A 2方弁

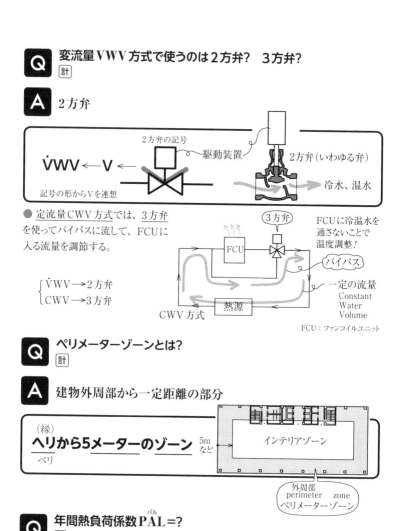

$\dot{V}WV \leftarrow V \leftarrow$

記号の形からVを連想

2方弁の記号

駆動装置

2方弁（いわゆる弁）

冷水、温水

● 定流量CWV方式では、3方弁を使ってバイパスに流して、FCUに入る流量を調節する。

3方弁

FCUに冷温水を通さないことで温度調整！

FCU

バイパス

一定の流量
Constant
Water
Volume

$\begin{cases} \dot{V}WV \rightarrow 2方弁 \\ CWV \rightarrow 3方弁 \end{cases}$

熱源

CWV方式

FCU：ファンコイルユニット

Q ペリメーターゾーンとは？
[計]

A 建物外周部から一定距離の部分

（縁）
ヘリから5メーターのゾーン
ペリ

5m
など

インテリアゾーン

外周部
perimeter　zone
ペリメーターゾーン

Q 年間熱負荷係数PAL（バル）＝？
[計]

A $PAL = \dfrac{ペリメーターゾーンの年間熱負荷（MJ/年）}{ペリメーターゾーンの床面積（m^2）}$ （ペリメーターゾーン1m², 1年間当たりの熱負荷）

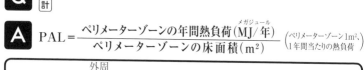

外周
（ガラスをもう1枚）**張ると断熱性が向上！**
PAL

● PAL：Perimeter　Annual　Load
外周の　　年間　　負荷

● 外皮性能を表す<u>PAL（パル）</u>の床面積算定の仕方を少し変えたのが<u>PAL*（パルスター）</u>。PAL*での床面積＝外周の長さ×5mとされ、コーナー部は重複して、実際の床面積より多めにカウントされる。窓の断熱性能を上げると、PAL、PAL*を小さくできる。

Q 成績係数COP（コップ）の式は？
[計]

A $COP = \dfrac{冷暖房能力(kW)}{消費電力(kW)}$ （定格時：安全範囲での最大出力時）

コップが大きい方が、氷がいっぱい入る
COP　　　　　　冷房能力が良い（大きい方が○）

● 最大出力（定格出力）時の電力が20kWで、100kWの熱を奪う冷房の場合、
$COP = \dfrac{100kW}{20kW} = 5$　となる。
● <u>ヒーターの場合は電気抵抗で熱を出すので、電気エネルギーに対して熱は1を超えることはできない。すなわちCOP≦1となる。</u>
● <u>ヒートポンプは熱を低い方から高い方へくみ上げる（ポンプアップする）仕組み。</u>外の温度が低いと、くみ上げる熱が少ないので、暖房効率は悪くなる。

Q 通年エネルギー消費効率APF＝？
[計]

A $APF = \dfrac{年間冷暖房能力(kWh)}{年間消費電力量(kWh)}$ （中間出力も入れて年間で、消費電力に対してどれくらい熱を動かしたか）

10

アン パン ファン 1年中
A　　P　　F　　通年

成績係数
$\boxed{COP} = \dfrac{冷暖房能力(kW)}{消費電力(kW)}$ （大きい方が○）……最大出力時の瞬間の効率
（単位はkW=kJ/s）

通年エネルギー消費効率
$\boxed{APF} = \dfrac{年間冷暖房能力(kWh)}{年間消費電力量(kWh)}$ （大きい方が○）…年間を通したトータルの効率
（単位はkWh=kJ×3600）

年間熱負荷係数
$\boxed{PAL} = \dfrac{ペリメーターゾーンの年間熱負荷(MJ/年)}{ペリメーターゾーンの床面積(m^2)}$ （小さい方が○）…外周部の熱負荷
（MJ/m²・年）

Q コンベクター（convector）とは？
計

A 対流させることにより熱を運ぶ（convect）放熱器

窓下に置くとコールドドラフトを防げる

（ベルト）**コンベアーのように**
コンベクター

ゆっくりと熱を運ぶ 蒸気
対流

フィン fin

● ラジエーター（radiator）：放射させる（radiate）放熱器。**【ラジオ局は電波を放射】**
radio

Q ダクトのアスペクト比とは？
計

A $\dfrac{長辺}{短辺}$ （アスペクト比1が正方形、4以下が望ましい）

スペクトルは長波長 〜 短波長
アスペクト 長辺 / 短辺
長
短

空気の流れやすさ
（同じ断面積） ◯ ＞ □ ＞ □ ＞ ▭
アスペクト比=1 アスペクト比=2 アスペクト比=4

Q 1kPaを水柱に直すと？
計

A 0.1m（水柱）

カッパ の 多い 水中
1 kPa ≒ 0.1m 水柱

● 1kPa ≒ 0.1m（水柱）
10kPa ≒ 1m（水柱）
100kPa ≒ 10m（水柱）
ひと桁減らす

10kPaは水を1m上げるのに要する圧力

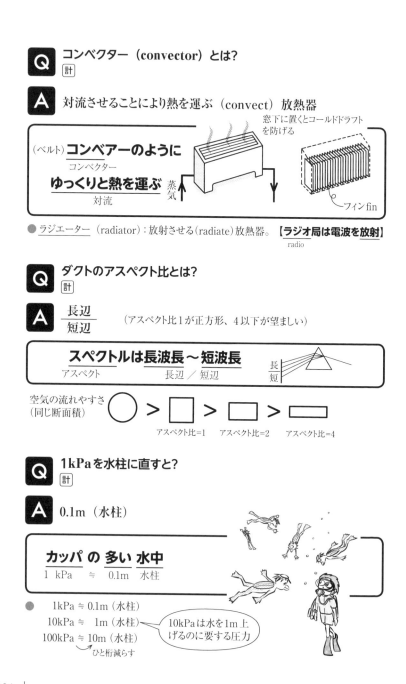

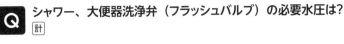

Q シャワー、大便器洗浄弁（フラッシュバルブ）の必要水圧は？
計

A 70kPa＝7m（水柱）

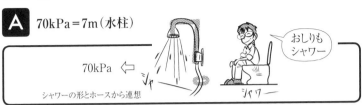

シャワーの形とホースから連想

おしりも
シャワー

Q キッチンや洗面の水栓における必要水圧は？
計

A 30kPa＝3m（水柱）

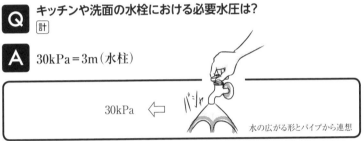

水の広がる形とパイプから連想

● シャワーは70kPa必要で、70kPa≒7m（水柱）。高置水槽から落とす場合、落差が7m必要。水栓は30kPa≒3m（水柱）なので、落差は3mですむ。水圧が高すぎる場合は、弁を締めて調整する。

Q 住宅の使用水量は？
計

A 200〜400ℓ/day・人（1日、1人当たり）

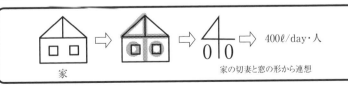

家

400ℓ/day・人

家の切妻と窓の形から連想

● ホテルは住宅より多く、<u>400〜500ℓ/day・人</u>程度。400を中心に、少ない方が住宅、多い方がホテルと覚えておく。

小、中、高校の使用水量は?
計

A ~100ℓ/day・人

学校 のテストは ~100点
~100ℓ/day・人

● 事務所は同程度で60~100ℓ/day・人、病院は多く必要で1500~3500ℓ/day・床。

● 給水側から直接排水側に接続せず、吐水口空間や排水口空間で一旦大気に開放した後に間接的に排水するのが間接排水。汚水や臭気が給水側に入らないようにする工夫。業務用冷蔵庫、給水器の排水も間接排水とする。

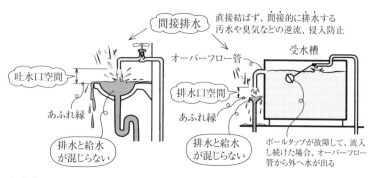

直接結ばず、間接的に排水する
汚水や臭気などの逆流、侵入防止

間接排水

オーバーフロー管

受水槽

吐水口空間

排水口空間

あふれ縁

あふれ縁

排水と給水
が混じらない

排水と給水
が混じらない

ボールタップが故障して、流入
し続けた場合、オーバーフロー
管から外へ水が出る

● 給水、給湯系統と他の系統を直接接続するのはクロスコネクションといって、衛生上危険なので禁止されている。井戸水と上水をつなぐのも、クロスコネクションとなり禁止されている。

● 受水槽の容量は、1日の予想給水量の50%程度。中の水が適度に入れ替わらないと、水が傷むおそれがある。

● 給水栓における遊離残留塩素は0.1mg/ℓ以上。

【塩素 多い 水道水】
0.1mg/ℓ以上

● 急に水流を止めると、水圧が急上昇して管の曲がり角などに当たって音や衝撃が発生することをウォーターハンマー（水撃圧）という。流速を下げる、管を太くする、ウォーターハンマー防止器を付けるなどで防げる。

小部屋
エアチャンバー、
ベローズ（蛇腹）
などで水圧を吸収

Q ガス給湯器の1号とは? 計

A 1ℓの水の温度を1分間に25℃上昇させる能力を示す

日光 で 水を温める
25℃

● 24号は24ℓの水を1分間に25℃上昇させるファミリー向け給湯器、16号は16ℓでシングル向け給湯器。
● ガス給湯器の元止め式とは、器具の元にあるボタンで湯を出したり止めたりできる方式。先止め式は、器具の先にある水栓で止める方式。
● 給湯用配管は管が熱で伸縮するので、伸縮を妨げない伸縮継手を設ける。

Q レジオネラ属菌を繁殖させないためには、貯湯槽内の湯の温度を
( ) ℃以上に保つ 計

A 60℃以上

レジおねえさん 老齢化
レジオネラ　　　60℃以上

10

Q さや管ヘッダ方式とは?
計

A さや管の中に給水管などを入れ、ヘッダで接続する方式

> ## さや を 頭 で まとめる
> さや管　　ヘッダ

● さや管を先に施工して後から給水管などをその中に通すヘッダ方式を、<u>さや管ヘッダ方式</u>という。クネクネ曲がるさや管に給水管などを入れ、差し込むだけで接続できるジョイントなどを使うことで、施工の能率が上がる。配管の更新が容易であること、給水・給湯圧力の安定、湯待ち時間が短いこともメリット。マンションや住宅で使われる。

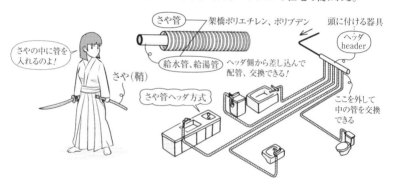

さや管　架橋ポリエチレン、ポリブデン　頭に付ける器具

ヘッダ
header

給水管、給湯管　ヘッダ側から差し込んで配管、交換できる!

さやの中に管を入れるのよ!

さや(鞘)

さや管ヘッダ方式

ここを外して中の管を交換できる

Q バキュームブレーカ(vacuum breaker)とは?
計

A 負圧の空気が水を吸い上げないようにする逆流防止装置

> vacuum breaker
> 真空を破壊するもの ⇨ 負圧を破壊して大気圧を保つ装置

● 排水管内が負圧になって逆流したり、流れにくくなったりするのを防ぐのがバキュームブレーカ。「真空を破壊するもの」が直訳。バキュームブレーカは給水管に付けるが、排水から逆流しないように空気を吸う仕組み。<u>ホースをつなぐ給水栓</u>にも付ける。

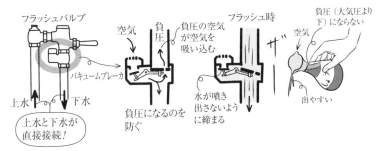

フラッシュバルブ
空気
負圧
負圧の空気が空気を吸い込む
フラッシュ時
負圧（大気圧より下）にならない
空気
バキュームブレーカ
上水　下水
上水と下水が直接接続！
負圧になるのを防ぐ
水が噴き出さないように締まる
出やすい

● 同様の理由で排水立管の頂部を延ばして空気が入るようにしたのが伸張通気管（通気立管）。

Q 排水トラップの封水深さは？
計

A 5〜10cm

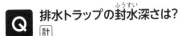

$\Rightarrow$ **5** $\Rightarrow$ 5cm〜（2倍の10cm）

Pトラップの形から5を連想

● 水をS字やP字の管にためて、下水側から臭気や虫が上がらないようにする工夫がトラップ。下水側の空気に水で封をする。

● トラップを2重にすると、トラップ間の空気が負圧、正圧になって流れにくくなる。2重トラップは禁止。

● Sトラップはサイホン作用（下流側の水がその重さで引っ張る）で破封（水がなくなる）しやすい。

管を曲げることにより水をためるトラップ		
封水 Sトラップ	Pトラップ	Uトラップ

容器に水をためるトラップ		
わんトラップ	逆わんトラップ	ドラムトラップ

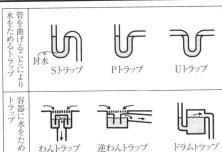

● 破封は、サイホン作用、負圧による引き込み、正圧による跳ね出し、髪や糸による毛細管現象などで起こる。

● 排水立管で上ほど細くするタケノコ配管は不可。空気が流れなくなるため。

● 雨水排水管を分流式公共下水道の雨水専用管につなぐ場合は、臭いが上がるおそれがないのでトラップますは不要。汚水排水管につなぐ場合はトラップますを付ける。

10

Q 業務用厨房に付けるのはグリース阻集器（そしゅうき）? オイル阻集器?
計

A グリース阻集器

grease：油脂

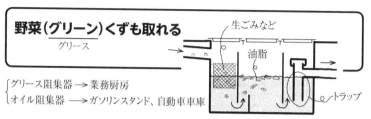

野菜（グリーン）くずも取れる
グリース

生ごみなど

油脂

トラップ

{ グリース阻集器 → 業務厨房
{ オイル阻集器 → ガソリンスタンド、自動車車庫

Q ガス漏れ検知器の床、天井からの位置は?
計 施

A 都市ガスは天井から30cm以内、プロパンガスは床から30cm以内

ガス漏れ は 惨事！
30cm以内

● 都市ガス（メタンCH_4が主成分）は空気より軽く、プロパン（C_3H_8、液化天然ガス、LPG）は空気より重い。

Q FF式暖房機、FF式給湯機は開放型? 密閉型?
計

A 密閉型

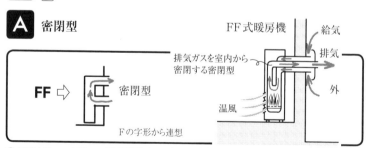

FF式暖房機

給気

排気

外

排気ガスを室内から密閉する密閉型

FF ⇨ 密閉型

温風

Fの字形から連想

● FFはForced Flue（強制通気）の略で、室外から給気して室外へ排気し、排気ガスを室内から密閉する密閉型の燃焼器具。換気設備を別に設ける必要がない。

Q BODとは?
計

A 生物化学的酸素要求量（汚染水の有機物を分解するのに必要な酸素量で、水質汚濁の評価指標）

浄化するのにどれくらい酸素を使うかよ！

BODYへの欲求は生物的！
　　　　　　要求量　生物化学的

● BOD：Biochemical　Oxygen　Demand
　　　　生物化学的　　　酸素　　要求量
● 単位は mg/ℓ＝ppm ← mg/1000g＝10^{-6}　【ピーピー エム】
　　　　　↑　　　　　　　　　　　　　　　　　　　マイナス 6乗
　汚染水1ℓ当たり（1000g当たり）

生物化学的欲求！

Q （　）×（　）＝電力
計

A 電圧×電流＝電力（$VI=P$）

Very Important Person
　V　　I　　　　P ⟶ $V×I=P$

● 電力は電流が1秒間当たりにする仕事（J：ジュール）で、　　　　　　**【ワッと仕事なさい！】**
単位は J/s＝W（ジュールパーセコンド＝ワット）。　　　　　　　　　　　　　W　仕事率
● 電力量は一定時間にした仕事量で、単位は Wh（ワットアワー）。← W×3600s
● 電流（A）＝ $\dfrac{電圧（V）}{抵抗（Ω）}$ ← 落差（電位差）があるほど流れる → $\dfrac{温度差}{貫流抵抗}$×面積＝熱貫流量
　　　　　　　　　　　← 抵抗があるほど流れない

　　　　　　　　$\dfrac{1}{\alpha_i}+\dfrac{\ell}{\lambda}$ の合計 $+\dfrac{1}{\alpha_0}$ 　**【ミニスカを支える】**
　　　　　　　　ｍ ² ・ Ｋ ／ Ｗ

● 送電時に電圧を高くし電流を小さくすると、抵抗による熱損失が少なくなり、電力損失を減らすことができる。電線の太さと長さが同一の場合、電圧が高い方が大きな電力を供給できる。
● 電圧 V と電流 I がずれる（位相差）と、電力が小さくなる。どれくらい有効に働くかの割合が力率（りきりつ）。力率80%だと電力＝$VI×0.8$（W）となり、無効電力が20%となる。力率の改善のために、進相コンデンサーを並列に接続する。
　　　　　　　　　　【混んでさー！ を 改善 して 進む ようにする】
　　　　　　　　　　コンデンサー　　　　　　　　　進相

Q ディーゼルエンジン、ガスエンジンとガスタービン、効率が悪いのは？ 計

A ガスタービン

> # 足袋 は 効率が悪い
> <small>た び</small>
> ターゲン

● コジェネレーションとは、電気と熱を一緒に（co）発生させて（generation）、冷暖房、給湯などに使うこと。エネルギーの有効利用となる。

● UPS：Uninterruptible Power Supply → 電源を中断させない装置
　　　　中断させない　　　　電源　　　　**【電気がアップしないようにする装置】**
　　　　　　　　　　　　　　　　　　　　　　　　 U P S

　CVCF：Constant Voltage Constant Frequency → 電圧、周波数を一定に保つ
　　　　　一定の　　電圧　　一定の　　周波数　**【しぶしぶ電圧を一定に維持する】**
　UPS、CVCFともにOA機器に接続する。　　　　　 C V C F

　PBX：Private Branch eXchange 構内電話交換機。IP-PBXはInternet Protocol
を使った電話の交換機。**【プライベートな交換区】**
　　　　　　　　　　　　　P　　B　　　　X

Q 特別高圧：（　　）V超え　高圧：（　　）V超え（交流の場合） 計

A 7000V超え、 600V超え

> 特別　**ク** → 7000V　　　高圧　**示** → 六 → 600V
> <small>特と高の文字形から7と六を連想</small>

電圧区分

	直流	交流
低圧	750V以下	600V以下
高圧	750Vを超え 7000V以下	600Vを超え 7000V以下
特別高圧	7000Vを超えるもの	

Q 受変電設備が必要な契約電力は（　　）W以上
計

A 50000W以上（50kW以上）

> ## ごまん と電気を使うには 受変電設備!
> 5万W

● 電気配線の許容電流値は、周辺温度や電線隔離距離に影響される。

Q D種接地工事は（　　）V以下
計

A 300V以下

300V ⇦ 三 ⇦ [アース記号] C ↑ 300V 超 / D ↓ (地面) 300V 以下

銅製の棒　　銅板

アース記号の3本の線から300Vを連想　CDではD（Dimen地面）が下

● 接地は地面から75cm以下の深さ。

● 接地工事を行うのは電気が流れやすいように水分を含んだ所で、腐食されないように酸を含まない所。

A種接地	高圧または特別高圧用器具の外箱または鉄台の接地
B種接地	高圧または特別高圧と低圧を結合する変圧器の中性点の接地
C種接地	300Vを超える低圧用器具の外箱または鉄台の接地
D種接地	300V以下の低圧用器具の外箱または鉄台の接地

└─ 接地工事は4種ある

Q ケーブル、絶縁電線とは?
計 施

A ケーブル　：導体+絶縁被覆+外装（シース）
絶縁電線：導体+絶縁被覆

sheath：さや

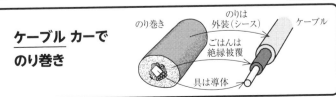

ケーブル カーで のり巻き

のり巻き　　のりは外装（シース）　ケーブル
ごはんは絶縁被覆
具は導体

● 絶縁電線を屋内配線するには裸では使えず、がいしなどが必要。ケーブルは外装（のり巻きののり）があるので、裸配線ができる。ケーブルラックは複数ケーブルをまとめて敷設（ふせつ）するラックで、絶縁電線を載せるのは不可。

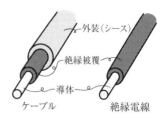

ケーブル　　　　絶縁電線

- 外装（シース）
- 絶縁被覆
- 導体

Q オフィスビル事務室におけるOA用コンセントの負荷密度は？
［計］

A $30\sim50\mathrm{VA/m^2}$

> ## オフィス では 中年 が多い
> $30\sim50\mathrm{VA/m^2}$

● 1m²当たりどれくらいの電力を使うかが負荷密度。皮相電力（有効電力+無効電力）で測るので単位はVAとするが、Wが使われることもある。

Q 光束法による全般照明の室指数 R は？
［計］

A 室指数 $R=\dfrac{x\times y}{H\cdot(x+y)}$ $\left(\begin{array}{l}H:\text{作業面から照明器具}\\ \quad\text{までの高さ}\\ x,y:\text{室の間口、奥行}\end{array}\right)$

> ## Hは下半身、おへそ(×)は上
> $\dfrac{1}{H}$ $\qquad$ $\dfrac{x\times y}{x+y}$

● 室指数とは照明効率に影響を与える部屋の形による指数。天井が低いほど大きくなる。
● 照明率は光源の光のうち、作業面にどれくらい到達するかの比。室指数と反射率から照明率を計算する。
● 保守率は、ランプの経年劣化や汚れで新設時より照度が低下する率。作業面の平均照度で測る、設置直後の照度は、保守率分低下する設計照度よりも大きくなる。

● 照度＝$\dfrac{\text{ランプの球数×ランプの光束×保守率×照明率}}{\text{全体の面積}}$

- ランプを出た所の全光束量
- 分子は作業高さに到達する全光束量
- ランプや反射板が汚れているか否か

 **Q** は何の記号?

A 定温式スポット型熱感知器、 差動式スポット型熱感知器

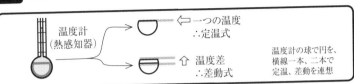

温度計
(熱感知器)

⇐ 一つの温度
∴定温式

↑ 温度差
∴差動式

温度計の球で円を、
横線一本、二本で
定温、差動を連想

S スポット型煙感知器　自動火災報知設備は自動、非常警報設備は押しボタン式。

● 非常警報設備の非常ベルは、1m離れた所で90dB以上の音圧が必要。

● 自動火災報知設備の感知器

【クレーム出る音】
90 dB

煙感知器 ─ スポット型
点(spot)で置く
ゴボゴボ
─ 分離型
投光部と受光部
に分離して置く

熱感知器 ─ 定温式
□℃に反応
アチャ
─ 差動式
温度差○℃に反応
キッチン
ボイラー室
など

炎感知器
アッ!
高天井
など

● 階段室の自動火災報知設備の感知器は、天井が高くて熱や炎を感知しにくいため、煙感知器とする。

Q LCA（Life Cycle Assessment）とは?
計

A 建設から廃棄にいたる建物の生涯における、環境への影響の評価

10

汗吸う綿と 下着を 評価
assessment

アセスメント
は評価か
汗吸う綿

LC Life Cycle 建物の生涯 ← LCは語源で覚える

LCC Life Cycle Cost 建物の生涯でかかる費用

LCCO₂ Life Cycle CO₂ 建物の生涯で発生するCO₂

LCA Life Cycle Assessment 建物の生涯における環境への影響の評価
　　　評価方法はISO（国際標準化機構）で定められている

Q 建築環境総合評価システムCASBEE（キャスビー）における
環境効率BEEの式は？ 計

A $BEE = \dfrac{Q}{L}$　　Q：Quality 環境品質　　L：Load 環境負荷

クル クル **BEE** が 飛ぶ
$\underline{Q/L} = BEE$

BEE は **急上昇する ヤツが優秀**
傾きQ/L 大

急上昇！

● CASBEEは以下の略で、後半のBEEは建物の環境効率を意味する。

Comprehensive Assessment System for Built Environment Efficiency
　　総合的　　　　　評価　　　システム ～のための 建てられた 環境 効率

● $Q-L$グラフの傾き$Q/L=BEE$が急傾斜だと、Lが小さい割にQが大きいので、環境効率が良いことを意味する。

● $ERR = \dfrac{省エネルギー量（J）}{1次エネルギー量（J）}$ …石油などに換算 【**省エネで偉い！**】
$\underset{イーアールアール}{ERR}$　　　　　　　　　　　　　　　　　　　　　　ERR

CASBEEにおける建物設備の高効率化評価指標

Q（品質）

BEE=3.0　　BEE=1.5

100

S　A　B⁺

傾き$\dfrac{Q}{L}$=BEE

BEE=1.0

B⁻

普通

50

傾きが大きい
方が評価が
高い

C

BEE=0.5

0　　　50　　　100　L（負荷）

Q BEIとは？
計

A 設計1次エネルギー消費量／基準1次エネルギー消費量

ベイエリア（湾岸）に来る 石炭、石油

BEI ・・・ 1次エネルギー

● Building Energy Indexの略。地域、用途などにより定められた<u>基準建築物の基準1次エネルギー量</u>に対して設計建築物の設計1次エネルギー消費量がどれくらいかの比が<u>BEI</u>で、1次エネルギー消費の効率を表す。BEIが小さいほど省エネ性能が高く、<u>建築物省エネルギー性能表示制度BELS</u>（Building-housing Energy-efficiency Labeling System、第三者機関による評価認定、星5が最高）の星数が増える。1次エネルギーとは石炭、石油、ガスなどの加工されていないエネルギー。

 Q 外皮平均熱貫流率（U_A値）とは？ 計

A 外皮を貫流して逃げる総熱量／外皮の合計面積（W/m²K）

上 からも 下からも 熱が逃げる

U_A ・・・ 熱貫流

● 1秒当たり、温度差1K当たり、外皮面積1m²当たりに平均何Jの熱量が逃げるか（入るか）が外皮平均熱貫流率（U_A値）。建物の外皮全体について平均した熱貫流率。計算例はp.350参照。

● ジュールJは熱量、エネルギーの単位で、J＝N・m。ワットWは1秒間の熱量、エネルギー量、仕事率の単位で、W＝J/s。

Q 冷房期平均日射熱取得率（η_{AC}値）、暖房期平均日射熱取得率（η_{AH}値）とは？ 計

A 建物全体の総日射熱取得量／外皮の総面積

日射 が 痛い

日射熱取得率 ・・・ イータη （C：Cool、H：Hot）

● 建築物省エネ法、国交告における新築住宅の省エネ基準で、外皮平均熱貫流率U_A、冷房期平均日射熱取得率η_{AC}、暖房期平均日射熱取得率η_{AH}が一定以下とする。1秒当たり、外皮面積1m²当たりに何Jの日射熱量を取得するかの値。日射熱取得量は、それぞれの部位の日射熱取得率×部位の外皮面積×方位係数などで求める。

Q **ZEB（ゼブ）、ZEH（ゼッチ）とは?**
[計]

A net Zero Energy Building、net Zero Energy House の略で、省エネ、創エネによって1次エネルギー消費ゼロを目指すビル、住宅のこと。

<u>ゼロ</u> <u>エネルギー</u> <u>ビル</u> <u>（ハウス）</u>
Z   E   B   H

● 経済産業省資源エネルギー庁が制定した省エネルギー基準。省エネ50%以上＋創エネで100%以上削減のZEB、省エネ50%以上＋創エネで75%以上削減のNearly ZEB、省エネで50%以上削減のZEB Ready、さらなる省エネに向けた未評価技術を導入しているZEB Orientedの4段階がある。グレードはZEB＞Nearly ZEB＞ZEB Ready＞ZEB Oriented。

● インバーター制御（p.381）、LED照明などの設備による省エネはアクティブ型（active：積極的、能動的）、建物本体のデザインによる省エネはパッシブ型（passive：消極的、受動的）。

● HEMS（ヘムス）はHome Energy Management Systemの略で、住宅内の電気設備、家電などとつなぎ、エネルギー使用量を見える化したり自動制御したりするシステム。

【屁 蒸す 家庭環境】
ヘ ム ス

Q **カーボンニュートラルとは?**
[計]

A 二酸化炭素の排出量−除去量　をゼロにしようとすること

カーボン＝炭素 →二酸化炭素　ニュートラル→プラスマイナスゼロ

● carbonは炭素で、ここでは二酸化炭素のこと。ニュートラルは、プラスマイナスしてゼロとすること。二酸化炭素ばかりでなく、メタン、一酸化二窒素、フロンなどの温室効果ガスを含む。

● SDGs：持続可能な開発目標（Sustainable Development Goals）のこと。持続可能な（sustainableサステナブル）という英単語はよく出てくるので、覚えておく。

● パッシブデザイン（passive design）：機械的な方法によらずに建築的に自然エネルギーをコントロールすること。逆がアクティブデザイン（active design）で、機械的方法によって自然エネルギーをコントロールすること。パッシブpassiveは受け身の、アクティブactiveは能動的なという意味。

● PM2.5：Particulate Matter 2.5μmの略で、大気中に浮遊する微細な粒子（2.5マイクロメーター以下）のこと。

【午後 2時半 の おやつは 小麦粉製】
PM　2.5　　　　　　　　　　微細粒子

398

11 寸法・面積ほか

玄関のくつずりや框の段差をなくすなどで、障壁をなくしてだれにでも使えるようにすることを（　）という。	バリアフリー barrier　free 障壁　　がない
老若男女、人種、文化、障害などの差異を問わずにだれでも利用できる設計のことを（　）という。	ユニバーサルデザイン universal　design 万人のための　　設計
高齢者、障害者などの施設を地域から隔離せず、健常者と一緒に助け合いながら暮らす正常な社会を実現しようとする理念を（　）という。	ノーマライゼーション normalization 正常化

いすの高さは　　約（　）cm テーブルの高さは　約（　）cm	約40cm 約70cm

車いすの高さは（　）～（　）cm ベッドの高さは　（　）～（　）cm 便座の高さは　　（　）～（　）cm 浴槽の縁の高さは（　）～（　）cm	すべて40～45cm 浴槽　　便座　　車いす　ベッド

キッチン流し台の高さは 　　　　　　約（　）cm	約85cm 【箱の上で調理】 85cm

洗面化粧台の 高さは約（　）cm　　　　　　間隔は約（　）cm	約75cm　　約75cm	
車いす用キッチンの流し台の　　　　　　　　　　高さは約（　）cm	約75cm（テーブルの高さ+α）	
ひざを入れるスペースの　　　　高さは　約（　）cm　　　　奥行は　約（　）cm	約60cm　　約45cm	
上部の棚の高さは　　　　　約（　）cm以下	約150cm以下	
車いす使用者用スイッチの　　　　　　高さは（　）～（　）cm	100～110cm（目の高さ）	

車いす使用者用コンセントの 　　　高さは　約（　）cm	約40cm 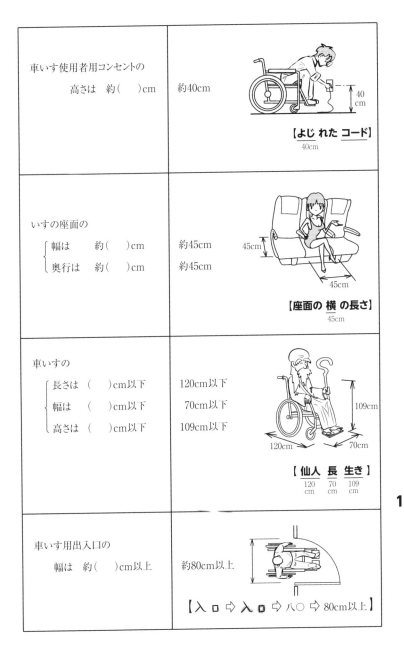 　　　　　　　　　40 　　　　　　　　　cm 【よじ れた コード】 　　40cm
いすの座面の 　┌ 幅は　　　約（　）cm 　└ 奥行は　　約（　）cm	約45cm 約45cm 45cm 　　　　　　　45cm 【座面の 横 の長さ】 　　　　　45cm
車いすの 　┌ 長さは　（　）cm以下 　├ 幅は　　（　）cm以下 　└ 高さは　（　）cm以下	120cm以下 　70cm以下 109cm以下 　　　　　　　　109cm 120cm　　　70cm 【 仙人 長 生き 】 　120　　70　　109 　cm　　cm　　cm
車いす用出入口の 　　幅は　約（　）cm以上	約80cm以上 【入 口 ⇨ 入 回 ⇨ 八〇 ⇨ 80cm以上】

11

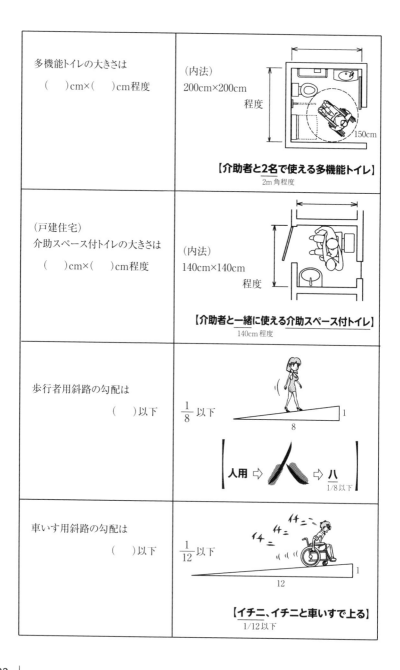

多機能トイレの大きさは （　　）cm×（　　）cm程度	（内法） 200cm×200cm 程度 150cm **【介助者と2名で使える多機能トイレ】** 2m角程度
（戸建住宅） 介助スペース付トイレの大きさは （　　）cm×（　　）cm程度	（内法） 140cm×140cm 程度 **【介助者と一緒に使える介助スペース付トイレ】** 140cm程度
歩行者用斜路の勾配は （　　）以下	$\dfrac{1}{8}$ 以下　1/8 人用 ⇨ 八 ⇨ 八 1/8以下
車いす用斜路の勾配は （　　）以下	$\dfrac{1}{12}$ 以下　1/12 イチニ、イチニ **【イチニ、イチニと車いすで上る】** 1/12以下

車いす用斜路の踊場の 高さは（　　）以下ごとに 長さは（　　）cm以上	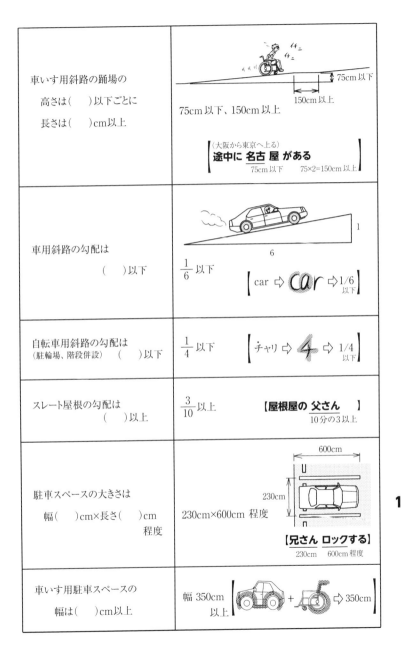 75cm以下、150cm以上 （大阪から東京へ上る） **途中に　名古　屋　がある** <u>75cm以下</u>　　<u>75×2＝150cm以上</u>
車用斜路の勾配は （　　）以下	$\dfrac{1}{6}$ 以下 $\left[\text{car} \Rightarrow \textit{car} \Rightarrow \underset{\text{以下}}{1/6}\right]$
自転車用斜路の勾配は （駐輪場、階段併設）（　　）以下	$\dfrac{1}{4}$ 以下　　$\left[\text{チャリ} \Rightarrow \textbf{4} \Rightarrow \underset{\text{以下}}{1/4}\right]$
スレート屋根の勾配は （　　）以上	$\dfrac{3}{10}$ 以上　　**【屋根屋の　父さん　】** <u>10分の3以上</u>
駐車スペースの大きさは 幅（　　）cm×長さ（　　）cm 程度	230cm×600cm 程度 **【兄さん　ロックする】** <u>230cm</u>　<u>600cm程度</u>
車いす用駐車スペースの 幅は（　　）cm以上	幅350cm 以上　　$\Rightarrow$ 350cm

駐車場の面積は 　　　　（　）m²/台程度	50m²/台程度	P GO! 50m²
車路（相互通行）の幅は 　　　　（　）cm以上	550cm以上	GO　GO →550 　　　　　　cm
車の内法回転半径は 　　　　（　）cm以上	500cm以上	GO →500 　　　cm
車路の梁下の高さは 　　　　（　）cm以上	230cm以上	【兄さん　梁に頭をぶつける】 230cm以上　　　梁下
交差点から駐車場の入口 　　　までの距離は（　）m以上	5m以上	（交差点） コーナーから離せ！ 5m以上
バイクの駐車スペースの大きさは 　幅（　）cm×長さ（　）cm 　　　　　　　　　程度	90cm×230cm 程度	【兄さん ロック する】 230cm　　　90cm程度
自転車の駐輪スペースの大きさは 　幅（　）cm×長さ（　）cm 　　　　　　　　　程度	60cm×190cm 程度	bicycle b icy 60cm × 190cm
一般病室（4人用）の面積は 　　　　（　）m²/人以上	（内法） 6.4m²/人 以上	【老人　　多い病室】 6.4m²/人以上

保育所における保育室の 　　面積は（　）m²/人以上	1.98m²/人 以上	【行くわ！　　むかえに】 　　　　　　1.98m²/人以上
小・中学校における普通教室 　　の面積は（　）〜（　）m²/人	1.2〜2.0m²/人	【1、2 年生には先生 2 人必要】 　　1.2　　　　　　　　　　2.0m²/人
劇場、映画館における客席の 　　面積は（　）〜（　）m²/人 　　　　　　　　　程度	0.5〜0.7m²/人 程度	 【（映画館で）おなら、おこられる】 　　　　　　0.7　　　0.5m²/人
宴会場の面積は 　　　　　（　）m²/人 程度	2m²/人 程度	【2 人 でする結婚式】 2m²/人程度　　　宴会場
オフィスビルのレンタブル比（対基準階） 　＝ $\dfrac{収益部の面積}{基準階の面積}$ ＝（　）% オフィスビルのレンタブル比（対延べ面積） 　＝ $\dfrac{収益部の面積}{延べ面積}$ ＝（　）%	75（〜85）% （65〜）75%	 【名古屋へ出張　　】 　　75%　　　オフィスビル
設計、施工の基準寸法を（　） という	モデュール	
ル・コルビュジエがつくった基準 寸法を（　）という	モデュロール	

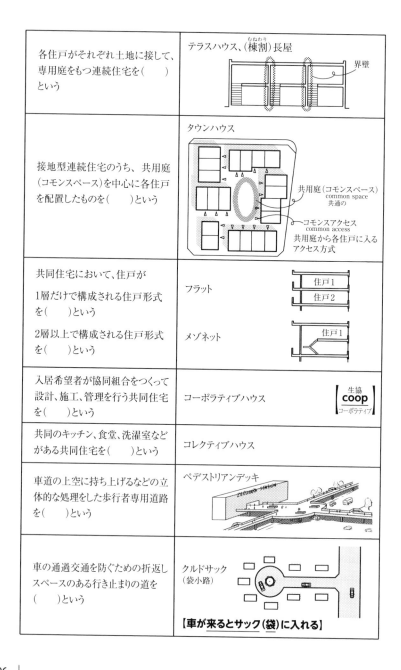

各住戸がそれぞれ土地に接して、専用庭をもつ連続住宅を(　　)という	テラスハウス、(棟割)長屋 界壁
接地型連続住宅のうち、共用庭(コモンスペース)を中心に各住戸を配置したものを(　　)という	タウンハウス 共用庭(コモンスペース) common space 共通の コモンスアクセス common access 共用庭から各住戸に入る アクセス方式
共同住宅において、住戸が 1層だけで構成される住戸形式を(　　)という	フラット 住戸1 住戸2
2層以上で構成される住戸形式を(　　)という	メゾネット 住戸1
入居希望者が協同組合をつくって設計、施工、管理を行う共同住宅を(　　)という	コーポラティブハウス 生協 coop コーポラティブ
共同のキッチン、食堂、洗濯室などがある共同住宅を(　　)という	コレクティブハウス
車道の上空に持ち上げるなどの立体的な処理をした歩行者専用道路を(　　)という	ペデストリアンデッキ ZEROTAPA STATION
車の通過交通を防ぐための折返しスペースのある行き止まりの道を(　　)という	クルドサック (袋小路) 【車が来るとサック(袋)に入れる】

車は行き止まりの道に入れ、歩行専用通路は緑地につくる歩者分離の住宅地計画を（　）システムという	ラドバーンシステム	（土地） **ランドでバーンとぶつからないように歩車分離**
道路をS字クランクさせるのは（　）という 道路につけるこぶは（　）という S字クランクとこぶによって車のスピードをゆるめる道路方式は（　）という	シケイン ハンプ ボンエルフ	【(教習所の)**試験はS字クランク**】 **【半端な出張り】** シケイン ハンプ **【ボンボンがエルフをとばさないように工夫】**
周辺駅の駐車場に車を置いて、そこから公共交通機関を使うシステムは（　）という 路面電車やバスと歩道を合わせた散歩道は（　）という	パークアンドライド トランジットモール	park ride transit 交通機関 mall 散歩道

建築史頻出用語

パルテノン神殿（BC432）	ギリシャ神殿、ドリス式オーダーの外周柱、黄金比
ギリシャ3オーダー	ドリス式、イオニア式、コリント式 **【ドレスを着たイー女にはこりた】** ドリス式　　イオニア式　　コリント式

コロッセウム (80)	古代ローマの円形闘技場、下からドリス式、イオニア式、コリント式 【殺せー!→闘技場】 コロッセウム
パンテオン神殿 (128)	古代ローマの万神殿、レンガとコンクリート（無筋）のドーム。パルテノンと間違いやすい
ハギア・ソフィア （アヤ・ソフィア）(537)	ビザンチン様式、ペンデンティブドーム 【VISAで買うソフィアのペンダント　】 ビザンチン様式　ハギア・ソフィア　ペンデンティブドーム
ピサ大聖堂 (1118)	ロマネスク様式、5廊式 【ピザ食べながらロマンス語る】 ピサ大聖堂　　　ロマネスク様式
パリのノートルダム大聖堂 (1250)	ゴシック様式、双塔、尖頭アーチ、フライングバットレス 【ノートに書くゴシップ記事はフライング　】 ノートルダム　　ゴシック　　　フライングバットレス
ミラノ大聖堂 (1386)	ゴシック様式、多数の小尖塔、イタリア最大のゴシック建築 【未来の　ゴシップ記事は戦闘的】 ミラノ大聖堂　ゴシック　　　　小尖塔
フィレンツェ大聖堂 (1436)	ドームはルネサンス様式、ブルネレスキ設計 【ブルマ好きは人間的(人間主義→ルネサンス)】 ブルネレスキ　　人間主義
サン・ピエトロ大聖堂 (1667)	長堂部と楕円形広場はバロック様式、世界最大の聖堂 【ピエロめ、バーロー! 世界一!】 サン・ピエトロ　　バロック
ロビー邸 (1909)、落水荘 (1936)	フランク・ロイド・ライト設計。有機的建築、プレーリーハウス 【ライト(照明)がロビーに落ちて水の泡】 F.L.ライト　　　ロビー邸　　落水荘
シュレーダー邸 (1924)	リートフェルト設計。デ・スティル運動、赤・青・黄の3原色 【フェルトをシュレッダーにかけたような面の構成】 リートフェルト　シュレーダー邸

サヴォア邸 (1931)	ル・コルビュジエ設計。近代建築の5原則、横長連続窓、ピロティ **【サボると…コルああ!】** <u>サヴォア邸</u>　<u>ル・コルビュジエ</u>
母の家 (1962)	ロバート・ヴェンチューリ設計。ポスト・モダニズム **【母 が ベンチで和む】** <u>母の家</u>　<u>ヴェンチューリ</u>
フィッシャー邸 (1967)	ルイス・カーン設計。2つの立方体を45°傾けて接合 **【漁師(フィッシャー)は勘で釣る】** <u>フィッシャー邸</u>　<u>カーン</u>
伊勢神宮内宮正殿 <small>ないくうしょうでん</small>	神明造、掘立柱、平入、式年遷宮<small>しきねんせんぐう</small>、大社造と住吉造は妻入 **【伊勢エビとホタテ】** <u>伊勢神宮</u>　<u>掘立柱</u>
薬師寺東塔 (730)	三重塔、裳階<small>もこし</small>、三手先の組物 **【薬師　三尊】** <u>薬師寺東塔</u>　<u>三手先</u>
中尊寺金色堂 (1124)	総金箔貼り<small>きんぱく</small>、方三間 (3間四方)、平安時代 **【金色 は 平安 の証】** <u>金色堂</u>　<u>平安時代</u>
東大寺南大門 (1199)	大仏様、挿し肘木<small>さ ひじき</small>、鎌倉時代はほかに禅宗様 **【鎌倉の大仏は禅を組んでいる】** <u>大仏様</u>　<u>禅宗様</u>
円覚寺舎利殿 (鎌倉時代)	禅宗様、細い部材、柱間に組物 (詰組)、扇垂木、屋根の反り **【円は禅宗の奥義と反り返る】** <u>円覚寺</u>　<u>扇垂木</u>
鹿苑寺金閣 (1398、1955 再建) <small>ろくおん じ</small>	最上層：禅宗様仏堂、2層：武家造、1層：寝殿造 **【金を抱えて寝る】** <u>金閣</u>　<u>寝殿</u>
桂離宮 (1620)	数寄屋風書院造 (数寄屋)、池泉回遊式庭園<small>ちせん</small> **【かつらは好きや】** <u>桂離宮</u>　<u>数寄屋</u>

11

日光東照宮（1634〜36）	本殿と拝殿を石の間でつなぐ権現造 【石の間（あいだ）に日光が照りつける】 東照宮
日本銀行本店（1896）	辰野金吾　日本近代建築の父、ネオバロック 【日銀の金庫→金吾】 日本銀行本店　辰野金吾
旧赤坂離宮、迎賓館（げいひん）（1909）	片山東熊設計。ネオバロックの宮廷建築 【山の熊さんがお出迎え（迎賓）】 片山　東熊　　迎賓館
聴竹居（ちょうちくきょ）（1928）	藤井厚二設計。環境共生住宅、実験住宅 【竹林と藤棚で環境共生】 聴竹居　藤井厚二
立体最小限住宅（1950）	池辺陽設計。吹抜けの周囲に諸室を配置 【海に比べて最小限の池】 立体最小限　池辺陽 住宅
神奈川県立近代美術館（1951）	坂倉準三設計。ル・コルビュジエ的、ピロティ、中庭 【神の美術品を倉にしまっておく】 神奈川県立　　坂倉準三 近代美術館
広島平和記念資料館（1955）	丹下健三設計。ピロティ、原爆ドームへの軸線 【広島の平和は丹下左膳にまかせた】 広島平和　　丹下健三 記念資料館
スカイハウス（1958）	菊竹清訓設計。メタボリズム、ムーブネット 【空に向かって菊と竹が伸びる】 スカイハウス　菊竹清訓
塔の家（1966）	東孝光設計。3角形状の狭小敷地 【塔→トウ→東→アズマ】 塔の家　　東孝光
小篠邸（こしの）（1981）	安藤忠雄設計。敷地の段差を生かす、 2棟を平行配置 【腰の入ったパンチ打つ安藤忠雄（元ボクサー）】 小篠邸

索引

原口秀昭（はらぐち　ひであき）

1959年東京都生まれ。1982年東京大学建築学科卒業、86年修士課程修了。89年同大学院博士課程単位取得満期退学。大学院では鈴木博之研究室にてラッチェンス、ミース、カーンらの研究を行う。現在、東京家政学院大学生活デザイン学科教授。

著書に『20世紀の住宅－空間構成の比較分析』（鹿島出版会）、『ルイス・カーンの空間構成　アクソメで読む20世紀の建築家たち』『1級建築士受験スーパー記憶術』『構造力学スーパー解法術』『建築士受験　建築法規スーパー解読術』『マンガでわかる構造力学』『マンガでわかる環境工学』『ゼロからはじめる建築の［数学・物理］教室』『ゼロからはじめる［RC造建築］入門』『ゼロからはじめる［木造建築］入門』『ゼロからはじめる建築の［設備］教室』『ゼロからはじめる［S造建築］入門』『ゼロからはじめる建築の［インテリア］入門』『ゼロからはじめる建築の［施工］入門』『ゼロからはじめる建築の［構造］入門』『ゼロからはじめる［構造力学］演習』『ゼロからはじめる［RC＋S構造］演習』『ゼロからはじめる［環境工学］入門』『ゼロからはじめる［建築計画］入門』『ゼロからはじめる建築の［設備］演習』『ゼロからはじめる［RC施工］入門』『ゼロからはじめる建築の［歴史］入門』『ゼロからはじめる［近代建築］入門』（以上、彰国社）など多数。

筆者HP：https://mikao-investor.com

2級建築士受験スーパー記憶術　新訂第2版

1995年2月10日	第1版 発　行	2022年3月10日　新訂第1版 発　行
2003年2月10日	第2版 発　行	2024年5月10日　新訂第2版 発　行
2006年4月10日	第3版 発　行	

著作権者との協定により検印省略

著　者　原　口　秀　昭
発行者　下　出　雅　徳
発行所　株式会社　彰　国　社
162-0067　東京都新宿区富久町8-21
電　話　03-3359-3231（大代表）
振替口座　00160-2-173401

自然科学書協会会員
工学書協会会員

Printed in Japan

© 原口秀昭　2024年
印刷：三美印刷　製本：誠幸堂

ISBN 978-4-395-35083-4　C3052　　https://www.shokokusha.co.jp